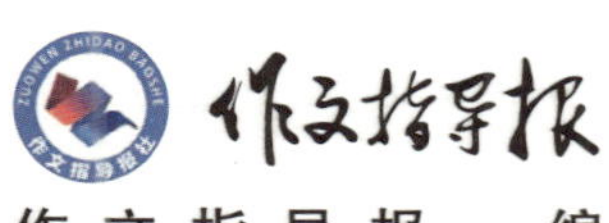

作 文 指 导 报　编

这才是孩子爱看的大语文

汉字篇

北京理工大学出版社
BEIJING INSTITUTE OF TECHNOLOGY PRESS

图书在版编目（CIP）数据

这才是孩子爱看的大语文. 汉字篇 / 作文指导报编
. —北京：北京理工大学出版社，2022. 9
ISBN 978-7-5763-1435-9

Ⅰ. ①这…　Ⅱ. ①作…　Ⅲ. ①识字课 – 小学 – 教学参
考资料 Ⅳ. ①G624.203

中国版本图书馆CIP数据核字（2022）第110502号

出版发行 / 北京理工大学出版社有限责任公司
社　　址 / 北京市海淀区中关村南大街5号
邮　　编 / 100081
电　　话 / （010）68914775（总编室）
（010）82562903（教材售后服务热线）
（010）68944723（其他图书服务热线）
网　　址 / http: //www. bitpress. com. cn
经　　销 / 全国各地新华书店
印　　刷 / 雅迪云印（天津）科技有限公司
开　　本 / 710毫米 × 1000毫米　1/16
印　　张 / 9
字　　数 / 100千字
版　　次 / 2022年9月第1版　2022年9月第1次印刷
定　　价 / 198.00元（全6册）

责任编辑 / 时京京
文案编辑 / 时京京
责任校对 / 刘亚男
责任印制 / 施胜娟

前言

Preface

丁丁的大语文奇妙游

丁丁是实验小学的一名小学生，他从小热爱阅读，知道很多同龄人不知道的知识，所以同学们都喜欢叫他“小博士”。可是，正当丁丁为此欣喜之时，现实却给了他当头一棒。这是为什么呢？

原来，新学期开始后，丁丁发现：随着年级的升高，语文学习的范围迅速扩大了，有复杂难辨的汉字、不明来历的词语、难懂的古文和诗词，还有种类逐渐增多的作文……他常常对着书本上密密麻麻的汉字发呆：“最早的汉字是从什么时候开始的？古代小学生的课本长啥样？古人没有手机、电脑，他们最早的通信工具是什么，又是怎么传递消息的呢？……”

这些稀奇古怪的想法，就像一只只小蚂蚁一样，在丁丁的头脑中爬呀爬，搅得他寝食难安。丁丁积累的知识开始不够用了，当同学们再来向他请教时，他开始支支吾吾，不能自信地说出答案了。

“吾生也有涯，而知也无涯。” 丁丁内心里非常焦虑，想着想着，不由得叹了一口气，“唉，再这样下去，‘小博士’的名号可就保不住了。这可该怎么办呢？”

于是，经过深思熟虑，丁丁将自己的烦恼写进信里，寄给了《作文指导报》的编辑姐姐。很快，编辑姐姐的回信就到了。在信中，编辑姐姐指出，语文学习重在熏陶渐染，贵在日积月累，不可能一口吃成个胖子，所以千万不能急功近利。

针对丁丁提到的语文学习难点，编辑姐姐给出了自己的建议：小学语文的学习重点集中在汉字、词语、古文、诗词、文化、写作等几个方面，这些内容看似相通，实际上学起来颇有技巧。比如，学习汉字和词语时，多探寻它们的起源，可以记得更准确；学习诗词时，多了解作者的写作背景，对理解和记忆大有帮助；写作遇到困难时，发现自己的具体问题，才能对症下药……

在信的末尾，编辑姐姐强调，语文学习并不局限于课堂和书本，它来自生活，每时每刻都与我们相伴，只要有一双善于发现的眼睛，生活中处处是课堂。同时，编辑姐姐为丁丁策划了一场说走就走的大语文奇妙游，来帮助他解决在阅读和学习中遇到的问题。

读完信后，丁丁像吃了定心丸一样，一边继续如饥似渴地阅读，积累语文知识；一边在生活和学习中处处留心，凡事都要多问几个为什么。看到丁丁这副不达目的誓不罢休的气势，身边的亲朋好友也被他感染了，纷纷向他伸出了援手。

小朋友，你想知道丁丁会经历一场什么样的奇妙游吗？快快打开本书，让我们一起出发，去见证奇迹吧！

目录
CONTENTS

第一章 汉字里的男女老少

第二章 汉字里的生肖

第三章 土地里长出的汉字

第四章 汉字里的工具

汉字里的方向

第六章

相似的汉字（一）

第七章 相似的汉字（二）

第八章 汉字里的官员

第一章

汉字里的男女老少

丁丁有话说

小朋友，世界上的每一种文字都是由人创造出来、为人服务的，汉字也是如此。那么，和人有关的汉字有哪些？它们又是怎么被创造出来的呢？

01 天在哪里

国庆节这一天，丁丁一家人守在电视机前，观看了盛大的阅兵仪式。

阅兵仪式让丁丁大呼过瘾，除了整齐划一的阅兵方阵和琳琅满目的游行花车，丁丁最喜欢的就是放飞气球的环节。看，7万个五颜六色的气球一齐飞向天空，越飞越高，真是太壮观了！

可惜，电视镜头不能一直跟着气球往上飞，丁丁连忙问爸爸："气球都飞到哪里去了啊？"

爸爸笑着回答："飞到天上了啊。"

"那天的上面呢？"丁丁不解地问。

"有个成语叫作'天外有天'，天的上面还是天。古代人说了，人脑袋上面的就是天。"

丁丁摸了摸自己的脑袋，一脸疑惑。

小朋友，你知道在汉字里面"天"字和"人"字有什么关系吗？

丁丁陪你来认字

下面是我们祖先使用的三个字，已经有几千年的历史了，你能猜出它们各自代表现在哪个汉字吗？

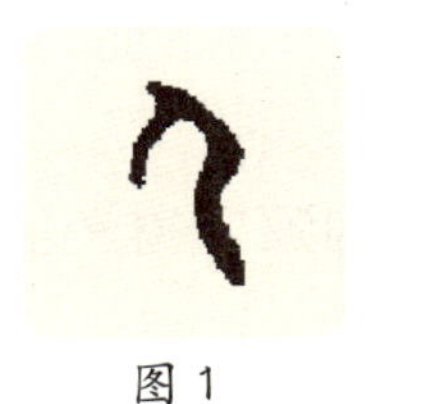
图 1

图 2

图 3

汉字小课堂

在中国古代，人们认为和“天”相比，“人”是渺小和卑微的，而“天”才是神圣和伟大的，所以你看图1，它表示的是一个侧着身体、垂头弯腰的人，古人就用它来代表“人”字。

古人用人的侧面来代表“人”，而用人的正面形象来代表“大”。和天相比，人虽然渺小，但人是地球最大的“掌管者”，是“万物之灵”。我国最早的字典《说文解字》中说：“天大，地大，人亦大。故大象人形。”图2 就代表“大”字：一个人两腿分开，两只手臂平伸，仿佛顶天立地。这就是中国最早的“大”字。

那么，什么东西最大呢？人们抬头一看，是无边无际的天空。天是太阳、月亮和星星的家，所以古人觉得没有什么比天更大了。天在人的头顶上，所以古人在描绘“天”时，就画了一个脑袋很大的人，用来指代人脑袋上面的天空，天空之大是无可比拟的，更是神圣不可侵犯的。图3 就代表“天”字。

丁丁陪你做游戏

1．小朋友，我们一起来玩有趣的汉字谜语吧，它们能让你变得更加聪明！

吞掉一口（打一汉字）

大有千头（打一汉字）

人行横道（打一汉字）

2．欢迎小朋友来到汉字游戏乐园。今天，我们了解了“人”“大”“天”这三个字的来历。其实，很多汉字里都有“人”字，请你好好想一想，带“人”字的汉字都有哪些？试着写一写吧！

【参考答案】

1. 天　夫　大
2. 示例：从　众　会　伞　全　春　闪　认　夹　珍

02 坚强的男子汉

趣味汉字故事

实验小学组织同学们统一打预防针，丁丁班里的女同学们都特别紧张，尤其是最怕疼的小涵，针还没打呢，眼泪就已经在眼眶里打转了。

大家很快就打完了，班主任孙老师很关切地问同学们：“疼吗？”

“不疼！”

“一点儿都不疼，我还想再打一针呢！”

…………

男生们叽叽喳喳地表态。

“可是我很疼啊！”小涵一点儿都不相信男生们的话。

孙老师笑着对小涵说：“男生们都觉得自己是‘男子汉’，很勇敢、很坚强，所以他们就算疼，也不会说出来的。”

小朋友，你知道“男子汉”为什么会和勇敢、坚强联系在一起吗？

丁丁陪你来认字

小朋友，下面这些字都与男性有关，你能认出几个？我们一起来认一认吧！

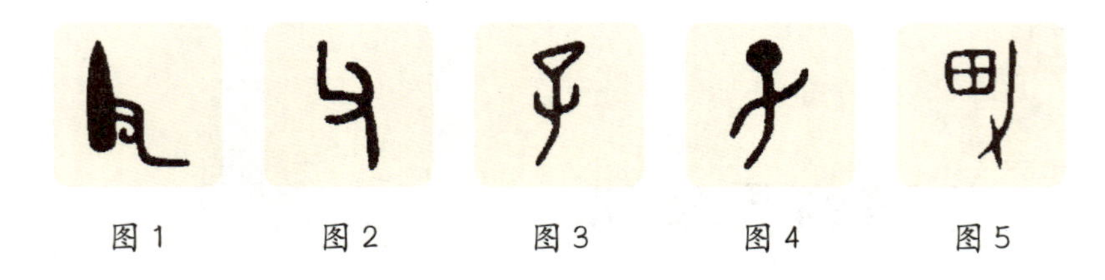

图 1　　图 2　　图 3　　图 4　　图 5

汉字小课堂

古时候，“父”字最早的写法是画一个斧子和一只手，即左边画一个石斧，右边画一只手，表示正在从事野外劳动。其实，这是“斧”字最早的样子。

大家先看图1 和图2 ，它们的右边部分是一只手，左边部分是一把斧头。这两个字都是金文的“父”字，用一只手拿着一把斧头的形象，表示正在劳动的人。

因为那时候有能力打猎觅食、建筑家园的，一般都是身强力壮的成年男人，所以人们就用这个字来表示父亲的“父”字，后来又单独创造了一个“斧”字来表示斧子。

我们再来看图4 ，它像不像一个有着圆圆脑袋、两臂张开、两腿被小被子裹在一起的小孩子？这是金文的“子”字，它的本义是“婴儿”。

图3 是甲骨文的“子”字，也能看出是一个婴儿的形象。

大家看，很多由“子”字组成的字，大都与小孩子有关，比如“孩”“学”“孙”“孕”等。

古代的“男”字很好理解，“田”字就是“农田”的意思，“力”字是古代耕作工具“耒”的象形。农业社会里“男耕女织”，在农田里耕作，这个工作大多是由男人来完成的。所以，图5 就是甲骨文的“男”字。

丁丁陪你做游戏

1. 下面这些成语和俗语中，同时出现了“父”字和“子”字，请你将它们填写完整吧！

（　）承（　）业

（　）慈（　）孝

（　）不教，（　）之过

虎（　）无犬（　）

有其（　）必有其（　）

2. 请大家观察下面这些由“田”字组成的字，想一想它们是不是都与农田或耕作有关。

苗　佃　雷　累　界　亩

【参考答案】

1.（子）承（父）业　（父）慈（子）孝　（子）不教，（父）之过　虎（父）无犬（子）　有其（父）必有其（子）

2. 略

03 一次精彩的汉字大会

趣味汉字故事

丁丁抱着试一试的心态参加了学校举办的汉字听写大会，没想到的是，他竟然一路过关斩将，闯进了最后的决赛！为了鼓励参加决赛的同学们，老师说，决赛时可以邀请自己的爸爸妈妈来当观众。

决赛马上就要开始了，主持老师首先请所有参赛的同学和自己的妈妈一起上台拍照留念。等大家拍完照，老师突然开始提问：“刚才拍照时，每一个妈妈和孩子靠在一起，都能组成同一个字，请问是什么字？”

丁丁马上举手抢答，得到了决赛的第一分。小朋友，你知道这个字是什么吗？

丁丁陪你来认字

找一找，下面哪几个字里包含了妈妈和孩子？

图 1

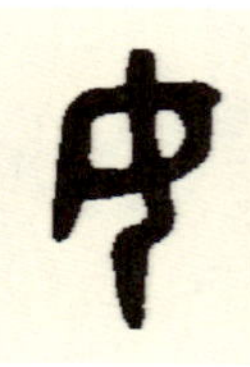

图 2

图 3

图 4

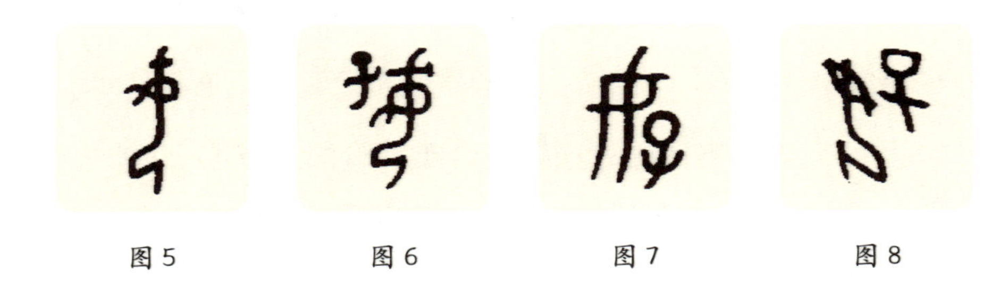

图5　　　　图6　　　　图7　　　　图8

汉字小课堂

图1 画的是一个女人的形象，她面朝左边，膝盖跪地，手臂交叉抱在胸前，上面的一横表示头上戴有装饰品。这就是早期金文的“女”字，这个象形字也说明古时候的女性是十分卑微的。

图2 是东周石鼓文的“女”字。大家看，图3 和图4 都比图2 多了两个点，这两点表示的其实是乳部，这两个字表示一个正在给孩子喂奶的女人，因此这两个字都是母亲的“母”字。

图5 是刻在重达832.84千克的商代最大青铜器“后母戊”青铜古鼎上的“母”字。

我们再来看图6 、图7 和图8 ，这三个字都是一半是“女”字，一半是“子”字，合在一起就是“好”字。那么，为什么一个半跪着的女性，胸前抱着一个婴儿，就表示“好”的意思呢?

我们知道，古代人口稀少，物资匮乏，如果某个族群里的妇女们能够多生育子女，说明这个族群生活稳定、食物充足，这样就能增加族群的人口数量，不断壮大自己的势力。

所以，古代人都希望妇女能多生儿育女，认为养育子女的母亲最美好，这就是“好”字的由来。后来，“好”字就被人们引申，用来形容一切美好的事物。

丁丁陪你做游戏

1．中国古代对女孩在各个年龄阶段的岁数，都有一种美称。请你查一查字典，在括号里写出加点字的拼音。

髫（　）年：七岁

金钗（　）：十二岁

豆蔻（　）：十三四岁到十五六岁

及笄（　）：十五岁

2．由“女”字组成的字大部分与女性有关，请你写出几个词语，要求词语中的每个字都含有“女”字，比如“姑娘”。

____

____

【参考答案】

1. 髫（tiáo）　钗（chāi）　蔻（kòu）　笄（jī）
2. 示例：姐妹　妩媚　婵娟　婀娜　婚姻

04 不老的老师

趣味汉字故事

这个学期，丁丁班上新来了一位音乐老师，同学们都很喜欢他。为什么呢？因为这位老师不仅会弹琴、爱唱歌，说话还非常幽默。

有一次上课时，同学们齐声喊道：“老师好！”

“其实啊，我特别不喜欢你们叫我老师。”

“为什么呢？”大家都很困惑。

“因为啊，我一点儿也不老。”音乐老师笑着说，“我不老，你们为什么还要叫我‘老’师呢？”

“哈哈……”大家全都被他逗乐了。

小朋友，你知道汉字里的“老”字是怎么来的吗？

丁丁陪你来认字

下面这些字都和“老”有关，你能猜出是什么字吗？赶紧来试一试吧！

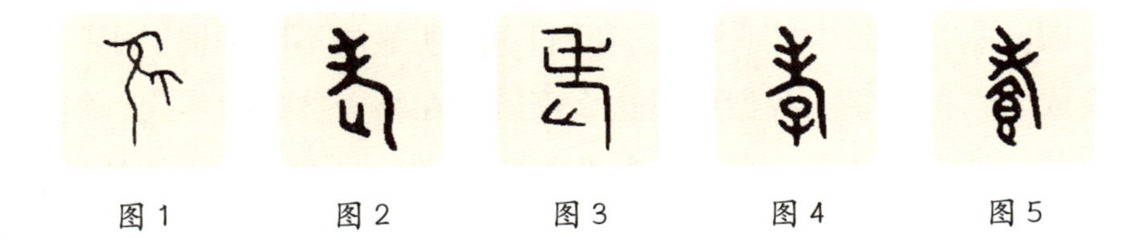

图 1　图 2　图 3　图 4　图 5

汉字小课堂

“老”字是象形字，本义是年老、衰老。古时候，“老”字是一个手持拐杖的长发老人形象，生动地描绘出老态龙钟的样子。

图1  画的是一个年龄很大的男人的身体，他弯着腰，驼着背，手里还拄着一根拐杖，头上似乎长着很长的头发。这正是甲骨文的“老”字。

图2  是西周金文的“老”字，图3 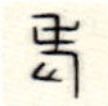 是战国时期的“老”字。这两个字都是由“人”“毛”（须发）和“匕”（“白”的假借字）三个部分组成的，有点儿像神话故事里的白胡子老爷爷，年纪太大了，须发全都白了。

“老”字也是一个部首，我们写作“耂”，念作“老”字头。含有“耂”的字，比如“考”，本义也是老，再如“寿考”这个词，就是年龄大、长寿的意思。因为人一旦年老，就会面临死亡的问题，所以“考”字逐渐有了“终点”“结束”的意思，后来又衍生出一件事做到最后需要验收、检查的含义。小朋友们最熟悉的，莫过于“考试”这个词了。

含有“耂”的字，还有一个是“孝”字。“孝”的本义其实也是老。大家看图4  ，这是金文的“孝”字，画了一个有些驼背的长发老人，老人下面是一个孩子，整个画面就像是一个孩子在搀扶着老人向前行走。所以，“孝”字由“老”字头和“子”字组成，表示晚辈对老人要孝敬的意思。

图5  也是“孝”字，它和图4  明显的不同是把“子”字替换成了“食”字。我们可以这么理解，在物资贫乏的年代，能吃饱都是一件不易的事，所以人们获得食物之后，首先想到的是奉献给老人，这当然也是一种孝顺了。

丁丁陪你做游戏

中国人对不同年龄的老年人都有特定的称谓。请将以下称谓和它对应的年龄用线连起来。

皓首	一百岁
花甲	八九十岁
古稀	形容老年人长寿
耄耋	六十岁
黄发	七十岁
期颐	形容人到老年

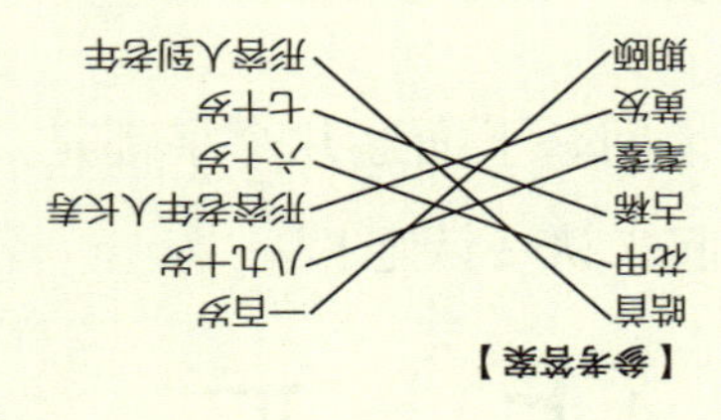

05 唯“我”独尊

趣味汉字故事

一天，丁丁读到这样一个有趣的故事：乔达摩·悉达多是佛教的创始人，被尊称为“释迦牟尼”。佛经里说，他一出生就能自己走路，走了七步后，他环顾四周，左手指天，右手指地，说：“天上天下，唯我独尊。”意思就是：“我，是天地间最神圣的人，是为拯救全人类而生。”

后来，有些骄傲自大的人也用“唯我独尊”来夸耀自己，于是这个词就被用来形容一个人极端自高自大，认为只有“我”最了不起。

小朋友，你知道汉字里的“我”字是怎么来的吗？

丁丁陪你来认字

请问，下面这几个字都是“我”字吗？考眼力的时候到了，赶紧一起来认一认吧！

图 1　图 2　图 3　图 4　图 5

汉字小课堂

现在，“我”字作为第一人称代词使用，表示自己。最早的“我”字其实是指一种打仗杀人或肢解牲畜的工具。在古代，人们需要通过战争来争夺地盘和物资，这是关乎一个国家或者族群生死存亡的事。因此，在战场上骁勇善战的人，往往会被大家尊重和拥戴。图1 [图1] 和图2 [图2] 画的就是一个士兵手拿兵器“戈”的形象。

图3 [图3] 是小篆的“我”字，与现在的写法已经基本一致了，右边的“戈”字非常明显。另外，和“戈”有关的汉字，大多都与战争有关，比如“战”“伐”“戎”“戮”“戒”，等等。

那么，图4 [图4] 和图5 [图5] 是不是也是“我”字？不是，这个字是“砍伐”“杀伐”的“伐”字。大家请仔细对比“我”字，“伐”字描绘的其实是一幅血腥的画面，锋利的武器正好架在一个人的脖颈处，我们可以想象一下接下来会发生的可怕的事。

所以，从“我”字和“伐”字的来源，我们可以看到战争的残酷与和平的珍贵。和平不易，需要我们每一个人共同珍惜和维护。

丁丁陪你做游戏

1. 请将下面含有“戈”字的成语填写完整，并试着说出它们的含义。

（　）戈铁马　大动（　）戈

（　）戈待旦　（　）戈一击

（　）戈为武　同室（　）戈

（　）戈跃马　（　）戈弃甲

2. 猜字谜。

（1）有你的一半，也有我的一半。

（2）飞蛾扑火虫自灭。

（3）禾田操戈，挥去禾一片。

【参考答案】

1. 金戈铁马　大动干戈　枕戈待旦　反戈一击　止戈为武　同室操戈　横戈跃马　抛戈弃甲

2.（1）伐　（2）蛾　（3）我

第二章

汉字里的生肖

丁丁有话说

小朋友，十二生肖是中国的传统文化之一，你知道自己的生肖是什么吗？让我们一起来看一看属于十二生肖的汉字故事吧！

06 如此对联

趣味汉字故事

丁丁总是把一些字形相近的字写错，于是爸爸给他讲了一个关于形相近字的小故事。

从前，有个财主请写字先生写一副对联。先生提笔就写，上联“满门生无底”，下联“一家午出头”，横批“六畜兴旺”。

先生解释道：“对联的意思是说，你家院子很大，你们一家人都会出人头地。”财主十分高兴，连忙把对联贴在自家门上。没想到，邻居们看到后都哈哈大笑。

原来，“生”字无底就是“牛”字，“午”字出头也是一个“牛”字，先生是在嘲笑财主一家人全是牛！

丁丁陪你来认字

猜一猜，下面的字哪一个是“午”字，哪一个是“牛”字？

图 1　　图 2　　图 3

图 4　　图 5　　图 6

汉字小课堂

大家一定看过“铁杵磨成针”的故事吧，讲的是大诗人李白小时候偶然遇见一位老婆婆，她要把很粗的铁杵磨成绣花针。

其实，在古代，“午”字就是用来表示“杵”这种工具的。“杵”就是一头粗一头细的圆木棒，人们用它在石臼里捣粮食，或者在洗衣物时用它捶打衣物。

我们看图1　，它画的就是一根圆木棒的形象。后来，“午”字慢慢演变成了图2　西周金文和图3　汉代木简上的隶书字形。

“牛”字的本义是指家畜之一的牛。古人认为牛头最能代表“牛”，因此就画了一个正面的牛头形象和一对向上弯的牛角，用来表示“牛”字。所以“牛”字也是一个象形字。

我们看图4　，这是甲骨文的“牛”字，画的就是一头牛最有特征的正面形象，上面是坚硬直立的牛角，下面是向外延伸的牛耳。

图5　是西周金文的“牛”字，像不像一头雄壮威猛的牛呢？后来，“牛”字也慢慢简化。比如图6　是汉代竹简上的隶书“牛”字，只剩下左边的犄角，基本就是现在的写法了。

看来，“午”字和“牛”字只是长得像，其实没有什么关联。

丁丁陪你做游戏

1. 生活中，人们赞叹一个人或一件事很厉害时会说：“真牛！”那么，如果一个汉字里有三只牛，是不是更厉害呢？

犇（bēn）→牛惊走，引申为奔跑的意思。

这样的字还有不少，来看看它们都怎么读，是什么意思吧！

猋（biāo）→犬奔跑的样子，同“飙”。

龘（dá）→龙腾飞的样子。

骉（biāo）→众马奔腾的样子。

2. “午”是中国十二地支（子、丑、寅、卯、辰、巳、午、未、申、酉、戌、亥）之一，人们用它们来分别对应一天中的时间。那么，你知道“午”代表哪一个时间段吗？

【参考答案】
1. 略
2. 午时：11时至13时

07 龙的传人

趣味汉字故事

丁丁最近迷上了成语故事，因为每一个成语里都藏着一个有趣的神话传说或者历史典故。比如，成语“叶公好龙”就讲述了一个有趣的故事。

传说，古时候有一个人叫叶公，他常常对人说，自己特别喜欢呼风唤雨、能大能小、变化万端的龙。用今天的话来说，他是龙的忠实粉丝。所以，他的家里到处都是龙的形象，衣服上绣着龙，墙壁上画着龙，门窗上也都雕刻着龙，就连吃饭的餐具、睡觉的寝具都和龙有关。

天上的真龙听说有人这么喜爱自己，十分感动，就特意来到叶公家里，向叶公表示谢意。一天，叶公正在睡觉，听到外面电闪雷鸣、风雨大作，就急忙起来关窗户。这时，真龙把头伸进窗户，把龙尾伸进厅堂，顿时把叶公吓得魂飞魄散、落荒而逃。

原来，叶公并不是真的喜欢龙，他只不过是喜欢那种似龙非龙的东西，借以在众人面前表现自己而已。

丁丁陪你来认字

请仔细观察，下面这些字像一条龙吗？

图 1

图 2

图 3

图 4

图 5

图 6

汉字小课堂

龙，是中国先民想象出来的一种神兽，只存于神话传说之中。相传，龙拥有强大的力量，能够腾云驾雾、呼风唤雨，引发电闪雷鸣。龙是中华民族的象征，自古以来中国人就十分崇拜龙。早在原始社会，龙

就成了先民崇拜的图腾；到了封建时代，龙成了皇权的象征，皇宫中使用的器物也以龙为装饰；现在，中国人常称自己是“龙的传人”，并引以为豪。

龙的形象，其实记载了中华民族的发展和形成。最开始，作为人类的祖先，女娲和伏羲都是人头蛇身。后来，随着不同部落和族群加入这个大家庭，不同的族徽和图腾都被吸纳进来，比如马头、鹿角、鱼鳞、兽足、鸟尾、山羊胡，等等，逐渐形成龙的形象。由此可以看出，中华民族是一个大联合、大团结，有着强大生命力的伟大民族。

“龙”字是象形字，繁体字写作“龍”，最早见于甲骨文。甲骨文和金文的“龙”字都像一个大口长身、站立着的怪兽，样子凶猛、威严，形象地表现出了龙的形体特征。

图1 、图2 和图3  都是甲骨文的“龙”字，画的是人们对龙的想象——身体像蛇，有头有尾，头上有角，身上有鱼鳞状的斑纹。

图4  是西周金文的“龙”字。这时候的“龙”字已经简化成线条，但还能看出龙的形态。

图5  是战国时期印章里的“龙”字。图6  是小篆的“龙”字，基本接近“龍”字。

由于“龍”字笔画繁多，后来人们将这个字简化成了“龙”字，就很难看出龙的形状了。

丁丁陪你做游戏

1．想一想，“龙”字可以变成哪些字，看看你能得到几颗星星。

（1）少一画：（　　　）☆

（2）多两画：（　　　）☆☆

（3）多三画：（　　　）☆☆☆

（4）多四画：（　　　）☆☆☆☆

（5）多五画：（　　　）☆☆☆☆☆

（6）多六画：（　　　）☆☆☆☆☆☆

2．请将下列成语填写完整。

（　）龙（　）睛　（　）飞（　）舞

（　）（　）呈祥　（　）水（　）龙

（　）龙（　）脉　（　）龙（　）虎

【参考答案】

1.（1）尤　（2）陇　（3）庞、宠、拢　（4）珑、胧
（5）砻、昽（6）聋、笼、袭

2. 画龙点睛　龙飞凤舞　龙凤呈祥　车水马龙　来龙去脉　生龙活虎

08 小美是只羊

趣味汉字故事

语文课上，李老师正在给大家讲解“羔”字。她说：“‘羔’的意思就是小羊。大家看，‘羊’字和‘羔’字上面都有两点，像不像羊的两个角？”

“真的呢！”同学们纷纷点头，表示听懂了。

这时候，“捣蛋鬼”丁丁又开始搞怪了。他指着自己的同桌小美说：“老师，我猜小美也是一只羊。因为‘美’字上面也有两个角！”

“哈哈！”大家都笑得东倒西歪。

小朋友，你知道“美”字为什么有个“羊”头吗？

丁丁陪你来认字

下面这些字包含了“羊”字和“羔”字，它们有着相似的字头，你能把它们分别认出来吗？

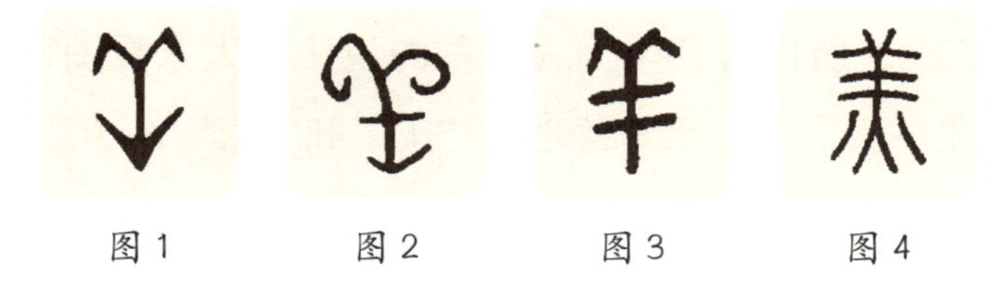

图 1　图 2　图 3　图 4

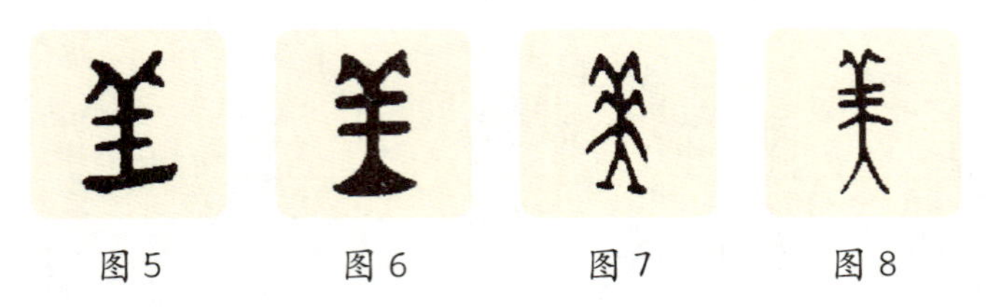

图5　图6　图7　图8

汉字小课堂

“羊”字是象形字。图1和图2是甲骨文的“羊”字，都是按照羊头的正面形象画出来的。上面是羊角，下面是嘴巴，羊角有的竖直，有的弯曲，这可能是古人对山羊和绵羊的不同描绘。

图3是金文的“羊”字，人们逐渐用笔画代替图形，简化成了接近现在的写法。

羊是中国古代一种非常重要的动物，也是古人祭祀的主要祭品之一，寄托了人们祈求吉祥幸福的心愿，被视为吉祥之物。所以，大家看，“祥”字里面是不是有一只“羊”？

“羔”字指初生的小羊。图4是小篆的“羔”字，“羊”字下面是一个“火”字，表示用火烤小羊。为什么要烤小羊呢？因为小羊肉嫩而鲜美，作为食物和祭祀品是一个不错的选择。

图5和图6是金文的“羔”字，下面的“火”字被简化成一横。后来，这一横演变成了四点，表示烹煮食物时火星四溅。大家看，“煮”“熟”“煎”“点”“热”“熏”，都和“火”有关。

在食物匮乏的年代，羊羔虽然好吃，但是太小了，人们更偏爱又大又肥的羊，所以有“羊大为美”的说法。大家看图7和图8，都是“美”字，正好就是由“羊”和“大”两个字组成。

另一种说法是，“大”字其实表示“人”，人顶着一只羊，表示人猎到了食物，心情一定是美好的。

丁丁陪你做游戏

1. 下面表格里是和“羊”有关的成语，你能把它们补充完整吗？试试看吧！

	羊		牢
羊		虎	
	羊	九	牧
羊		鸟	道

2. 汉字谜语。

（1）无尾羊过河。

（2）一叠人民币。

【参考答案】
1. 亡羊补牢　羊入虎口　十羊九牧　羊肠鸟道
2. （1）羔（2）羊

09 狗拿耗子，多管闲事

趣味汉字故事

今天，丁丁看课外书时，读到一句很有意思的话，就马上记在自己的作文素材本里。

他问爸爸："爸爸，有句话叫'狗拿耗子，多管闲事'，你知道是什么意思吗？"

爸爸说："这是中国的一句谚语，意思是说狗的职责是看门捕猎，猫才是专捉老鼠的，如果狗替猫捉老鼠，就是不务正业、没事找事。这句话用来形容有的人越界做事，不该他管的事也去管。"

接着，爸爸解释道："不过，抓老鼠其实不是猫的专利，狗也有这个本领，有些种类的狗甚至是捕鼠能手，在古代还专门有狗抓老鼠的记载呢。"

丁丁笑了："看来人们真是冤枉狗了，我觉得这句话可以改成'狗拿耗子，乐于助人'了。"

小朋友，你想知道"狗"字的故事吗？

请大家想一想，下面的字是“狗”吗？

图 1　图 2　图 3　图 4　图 5

汉字小课堂

在古代，“狗”叫作“犬”。

“犬”明显是一个象形字。图1是商代青铜器上的“犬”字，画的就是一只活灵活现的狗。图2是甲骨文的“犬”字，也保持了狗的形状，到了汉代隶书图3时，“犬”字的写法就基本演变成和现在的一样了。

现在，我们用的“狗”字，其实是一个形声字，左边的反犬旁（犭）其实就是“犬”，是形旁，代表狗的形状；右边的“句”其实是“勾”字，是声旁。

我们再看图4，这是一个什么字呢？左边是“人”，右下角是“犬”，合起来就是“伏”字，它像不像一只狗乖乖地卧在主人的脚下？

看图5，我们应该能看出，这就是“伏”字，它形象地描绘出了狗被人驯化降伏的样子。

所以，狗能成为人类的好朋友，是有道理的。它们对人的忠诚从古至今都没有改变过，我们也应该好好地对待它们。

丁丁陪你做游戏

1．请在空格里填入代表这种动物叫声的字。

狗（　）　虎（　）　狮（　）　龙（　）

狼（　）　鸦（　）　马（　）　猿（　）

2．带反犬旁的字，其实都与狗或者走兽有关，比如“犯”字，左边是一只狗，右边是一个跪着的人，表示狗袭击人，就是“侵犯”的意思。请大家再写出几个反犬旁的字。

____

____

【参考答案】

1. 狗（吠）　虎（啸）　狮（吼）　龙（吟）
狼（嚎）　鸦（啼）　马（嘶）　猿（鸣）

2. 示例：狰　狞　狡　猾　狼　狈　狐　狸　猛　狠　猎

第三章

土地里长出的汉字

丁丁有话说

人们在造字的时候，会特别关注身边的大自然，比如自己生活的土地上都有些什么。请你想一想，茶、草、竹、木这些汉字是怎么来的？

神农尝茶

茶，是中国的传统饮品。

中国很早就有“神农尝茶”的传说。神农其实是“三皇”之一的炎帝，传说他教人种植五谷，发展农业，因此，大家也称他为神农。那时候的人没有粮食的概念，以为一切植物都可以吃，结果经常因为误食有害植物而生病，甚至丧命。

传说中，神农为了解决人们生病的问题，就把能看到的植物都试吃一遍，用自己的身体反应，来判断哪些有毒、哪些无害。他跋山涉水，亲尝百草，经常会中毒，但每次都靠一种开白花的常绿树的嫩叶来解毒，这种植物就是茶。

最初，茶被人们当成药来使用，后来人们在蒸煮食物时也加入茶叶，最后才用水沏茶，茶逐渐变成了一种流行于全世界的饮品。

虽然中国人有着久远的饮茶历史，但“茶”字是唐代以后才有的。

下面，我们一起来看看“茶”字的演变吧。

小朋友，请你仔细看一看，下面这些都是“茶”字吗？赶快来试一试吧！

图 1

图 2

图 3

图 4

汉字小课堂

“茶”字是会意字，由“艹”“人”“木”三个部件组成，会意为“人在草木间”。茶作为一种常食性植物，常被人们采来泡着喝。可是，在古汉字中却没有“茶”这个字。长久以来，人们都是用“荼”（tú）字来表示“茶”字，直到唐代才有了“茶”这个字。

“荼”字的本义是一种苦菜。图1 是西汉马王堆竹简上的“荼”字。大家看，它的上部是草，下部是木，中间是表示人手的“又”字，非常准确地描绘了人们采摘苦菜的场景。

图2 是小篆的“荼”字，和现在的写法基本一致。

图3 是汉朝的“荼”字，那时候这个字还是当“茶”字用，二者不分。

有小朋友会问，这个字难道不是“荣”字吗？

不是。

那么，“荣”字长什么样呢？

图4 是小篆的“荣”字，“荣”字的上部最初并不是草字头，而是两个“火”的形状，表示的是树木枝头繁花绽放的样子，“繁荣”一词的意思就是从这里延伸而来的。

所以，如果我们没有一些基本的汉字知识的话，“茶”字和“荣”字还真是难以区别呢！

丁丁陪你做游戏

1. 含"艹"的字还有哪些？你能按照要求写出来吗？

"艹"加一笔：

"艹"加两笔：

"艹"加三笔：

"艹"加四笔：

2. 请查字典，理解下面两个词语的意思。

茶毒　　如火如茶

【参考答案】

1. 示例：一笔：艺；两笔：艾、节；三笔：芝、芍、芒、芊、芋；四笔：花、芹、芥、芬、芷、芮、芙、芜、芫、苇、芽

2. 略

舅舅的名字

同学们写完命题作文《我的大朋友》之后，李老师专门拿出几位同学的作文念给大家听，让同学们来评一评什么样的作文是好作文。

第二篇作文是丁丁写的。

“我的大朋友是我的舅舅。他的名字叫……”李老师突然停顿了一下，“……木棍。他对我很好，经常给我买零食和玩具，还和我一起打游戏。”

“木棍？”

“这个名字太好笑了吧！”

…………

同学们议论纷纷，都忍不住大笑起来。

这时，丁丁委屈地站起来，大声说：“我舅舅不叫‘木棍’，是‘林昆’！”

原来，丁丁平时写字特别不认真，非常潦草。这不，他把“林”字写得像两个“木”，后面的“木”字和“昆”字挤在一起，就变成了“棍”字。

同学们都说丁丁有一个叫“木棍”的舅舅，丁丁羞愧极了。

小朋友，你有写字潦草的坏习惯吗？你知道为什么“潦草”这个词里有“草”字吗？

丁丁陪你来认字

下面这些字都是“草”字，像不像草丛和小草呢？

图 1　图 2　图 3　图 4　图 5

汉字小课堂

“草”字的主要意思是指草本植物的统称。这一点从古至今都没有多大变化。

“草”字除了本义之外，在古时还用来表示未开垦的荒地山野，后来又延伸出“草率、不细致”的意思。所以，形容一个人做事不认真，我们就可以用到“潦草”这个词。

图1是金文的“草”字，大家看，它像不像两棵破土而出的嫩草呢？后来，人们在的基础上加入“早”（早，表示晨光洒在草地上），造出了新字“草”。图2就是加了“早”字的金文“草”字。

图3和图4都是篆文的“草”字，从字形我们也能看出它的大概含义。

草头的字大多与植物有关。图5是篆文的“芳”字，由草字头和表示读音的“方”组成。什么是“芳”呢？花草的香气就是“芳”。

丁丁陪你做游戏

1．猜谜语。

（1）早有苗头。（猜一字）

（2）寸草心。（猜一字）

2．你知道哪些含“草”字的成语？试着将下面的成语补充完整。

草			兵
	草	不	
风		草	
	草		蛇

【参考答案】

1．（1）草　（2）时

2．草木皆兵　寸草不生　风吹草动　打草惊蛇

竹神的故事

一天，丁丁在练字，爸爸看到他在写“竹”字，为了帮助他加深印象，就给他讲了一个关于竹子的故事。

传说在很久以前，浮流国有一位奇人叫衎公。他天生特别喜爱竹子，终年生活在竹林中。

有一年，天降大旱，万物枯焦。衎公拔起竹子，运用法力滚动巨石，准备在江上筑石壁，蓄水抗旱。可是，天神认为这是对抗天庭，犯上作乱，于是把即将筑好的石壁毁坏了。

衎公不愿放弃，他决心教训一下傲慢的玉帝，于是用竹子做了弓箭，张臂挽弓，将竹箭径直射向玉帝的金銮殿，扎在玉帝的龙椅背上。

玉帝大惊失色，下令天兵天将捉拿放箭之人。天兵天将来到竹林，只见竹林里有个须发飘飘、手持竹笛的人出没，可是就算砍倒所有竹子，还是抓不到那个留着长须的奇人。

玉帝感叹道：“这个人也许不是凡人，是竹神啊！”只好下令龙王降雨，消弥旱情。雨水一降，一棵棵竹笋拔地而起，竹林又是一片郁郁葱葱。

从此，人们把衎公尊为“竹神公”。

小朋友，竹子在中国是一种象征高贵品质的植物，我们一起来了解一下“竹”字的来历吧。

丁丁陪你来认字

请你认一认下面这些与“竹”有关的字。

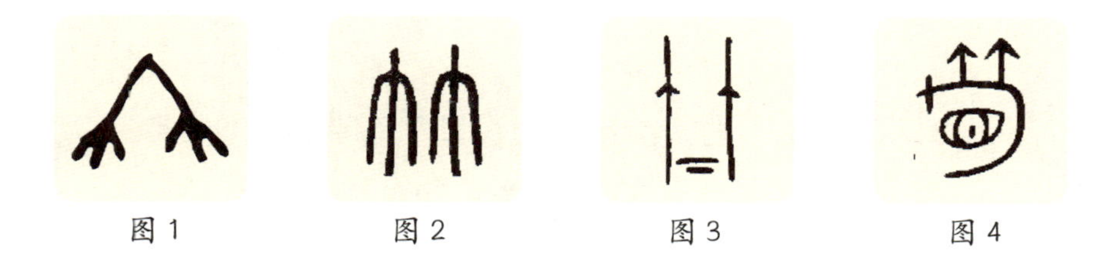

图 1　　图 2　　图 3　　图 4

汉字小课堂

中国人自古就喜爱竹子，宋代大文学家苏东坡就写下过“宁可食无肉，不可居无竹”的句子。

因为竹子修长挺拔、坚硬刚强，又不怕风吹雨打，不惧冷雪冰霜，所以被人们赋予了蓬勃向上的精神和坚强不屈的品格，被誉为“美竹”“嘉木”，也被当作“君子”的象征。中国历史上留下了许多赞美和歌颂竹子的诗词书画作品。

“竹”字是象形字。图1 是甲骨文的“竹”字，像两根细枝上面垂下的叶子，准确地描绘了竹叶的形态。图2 和图3 都是古体的“竹”字，我们仿佛可以看到挺拔笔直的竹子。

大家发现没有，在古代字形中，“竹”和“草”很相似，但是又相反：叶片朝上的是“草”，叶片朝下的是“竹”。

草字头的字一般都与植物有关，同理，竹字头的字也与竹子有关，比如图4 就是竹笋的“笋”字。

丁丁陪你做游戏

1. 小朋友，请问你能写出多少个竹字头的字？

2. 读一读下面两首诗，查资料了解诗的含义。

竹石

［清］郑燮

咬定青山不放松，立根原在破岩中。

千磨万击还坚劲，任尔东西南北风。

庭竹

［唐］刘禹锡

露涤铅粉节，风摇青玉枝。

依依似君子，无地不相宜。

【参考答案】

1. 示例：笛 笃 笠 笑 算 符 笙 第 等 简 筋
篷 答 筐 笨

2. 略

13 积木游戏

趣味汉字故事

周末，舅舅带着表弟来丁丁家做客。大人们在客厅里喝茶、聊天，于是妈妈让丁丁陪表弟玩。

可是，表弟刚上幼儿园大班，他最喜欢的游戏是搭积木，丁丁觉得太幼稚了，一脸不情愿。

舅舅看到丁丁不高兴，于是微笑着建议道："丁丁，你是不是已经在学校认识了很多字？那就让我们一起来搭汉字吧。这样你正好可以教表弟识字。"

"搭汉字？怎么搭？"丁丁不解地问道。

"是啊。你想一想，如果我们先搭出一个积木的'木'字，然后多加一笔，能变成什么字？那么，多加两笔，又能变成什么字呢？"舅舅慢条斯理地说。

听到这里，丁丁觉得很有意思，马上拿起积木跟表弟一起比划起来。经过一番努力，他们果然搭出了好多字。

小朋友，你能想到哪些与"木"字相关的汉字？你想试试吗？

丁丁陪你来认字

小朋友，下面这些和"木"有关的字，都是什么字呢？

图 1	图 2	图 3	图 4	图 5

汉字小课堂

小朋友，如果要考考你，在“木”字上面加一横能组成什么字，你能很快写出来吗？

聪明的你一定能想到这三个字：“本”“未”“末”。

那么，这三个字和“木”字到底有什么关系，它们之间又该怎么区别呢？

我们通过古汉字的图形，一起来看看吧。

在古代，“树”其实就叫作“木”。树木从土地里生长起来，向上，长出了茂密的枝叶；向下，在地底下长出了盘根错节的树根。

大家看图1，就是金文的“木”字，古人把树的树杈、树干、树根，用这个图形全部画了出来。所以，“木”的字义就是“树”。

我们看图2，在“木”字上面加了一笔，这一笔起到指示的作用。什么是指示呢？举个例子，比如“刃”字上的一点，就是指示，表示刀边缘最锋利的地方，我们称之为“刃”。

所以，“木”字上面加一横，就是“末”字，表示树枝和树梢，也指代一个事物的末尾或者末端。

我们再看图3，“木”的下面多了一笔，这一笔指示的是什么呢？显然，这一笔指的是树根。大家想一想，如果一棵树被连根拔起，失去土地的滋养，那么它一定会干枯而死。所以，树根是一棵树最重要的部分，人们就称之为树的“根本”。“本”字就由此而来。

图4 是在“木”字中间加了一笔，就是“朱”字，表示“这棵树”的意思，也指树干红色的内芯。后来，“朱”字逐渐演变成红色的意思，人们为了作出区分，在“朱”字旁边加上“木”字旁，就形成了现在的“株”字。

图5 是“木”字上面加了枝叶形状的笔画，表示树木繁茂，这个字就是“未”。“未”在古时是十二地支中的第八位，表示树木繁茂的农历六月。

小朋友，现在你不会再弄混“本”“末”“未”这几个字了吧？

丁丁陪你做游戏

1．你能写出几个带“木”的汉字？想一想，它们都与树或者木头有关吗？

2．猜字谜

（1）桃李杏梅，个个有份。（打一汉字）

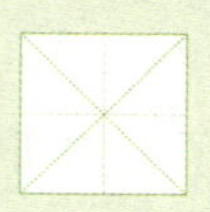

（2）一头牛，两条腿。（打一汉字）

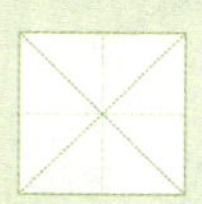

【参考答案】

1．示例：朽 桩 朴 机 朵 杖 枭 柜 杯 柔

2．（1）木 （2）失

14 麻婆豆腐

周末，妈妈带丁丁到餐馆吃饭，点了一份麻婆豆腐。突然，丁丁的小脑袋中冒出这样一个问题：“这道菜为什么叫麻婆豆腐呢？”

妈妈听后，给丁丁讲了一个“麻婆豆腐”的故事。

清朝末年，成都有一家小饭馆，因为老板娘脸上有麻子，人们都叫她陈麻婆。

有一天快打烊的时候，店里来了一伙在外干活的工人和脚夫，他们要求做一点儿又下饭又便宜的菜。

店里就剩下几盘豆腐和一点儿牛肉末了，陈麻婆急中生智，先把牛肉末爆炒，用豆瓣和豆豉炒香，加汤之后放入切成两厘米见方的豆腐块，再配上青蒜，勾芡收汁，起锅以后再撒上花椒面等调料，一盆色鲜味美、又麻又辣、又鲜又嫩的豆腐就上桌了。

这一伙人个个吃得大呼过瘾，于是一传十、十传百，这道菜就成了陈家的招牌菜。因为老板娘叫陈麻婆，人们也就把这道菜称作“麻婆豆腐”。

我们都知道，豆腐是用豆子做成的。可是，你知道吗？古时候，豆是一种盛肉或其他食品的器皿，也用作古代容量单位。你想知道这是怎么回事吗？

丁丁陪你来认字

请你认一认，下面这些“豆”字你都认识吗？

图 1　图 2　图 3　图 4　图 5

汉字小课堂

“豆”，是豆类植物的统称，比如黄豆、绿豆、豌豆、花生等，也用来表示形状像豆类的东西，比如土豆。

但是，你知道吗？在上古时代，“豆”字并不是指农作物，而是表示一种盛食物的器皿。古代表示豆类统称的，其实是“菽”字。

右面两张图就是古时的“豆”，它既是人们日常使用的饮食器具，也常作为祭祀用的礼器。后来，人们又把“豆”由器皿引申为容量单位，四升就是一豆。

古人把这种器皿的样子画出来，就是“豆”字。我们看图1、图2和图3，这几个都是甲骨文的“豆”字，完全绘出了这种器皿的形状。

图1上面有一横，表示器皿的盖子。图2和图3都没有盖子，但它们中部都有一横，表示器皿里面装有食物。

图4是西周金文的“豆”字，图5是小篆的“豆”字，它们的写法和现在已基本一致了。

丁丁陪你做游戏

1. 关于豆腐，有很多有趣的歇后语。请你给它们配配对吧！

小葱拌豆腐　　软刀子

叫花子吃豆腐　　一清（青）二白

豆腐做匕首　　黑白分明

木耳烧豆腐　　一穷二白

咸菜拌豆腐　　有言（盐）在先

2. 请完成下面的成语接龙。

目光如□　蔻年华而不□　至□　归

□　似□　在弦□　善若□　中捞□

黑□　高

【参考答案】

1. 小葱拌豆腐——清（青）二白；叫花子吃豆腐——穷二白；豆腐做匕首——软刀子；木耳烧豆腐——黑白分明；咸菜拌豆腐——有言（盐）在先

2. 目光如豆　豆蔻年华　华而不实　实至名归　归心似箭　箭在弦上　上善若水　水中捞月　月黑风高

沧海一粟

每到秋天，丁丁最爱的零食就是糖炒栗子。

有一次，丁丁正在看书，突然大叫起来："妈妈，我看到一个词语，叫'沧海一栗'，是说大海里有一个我最爱吃的栗子吗？"

妈妈走过来一看，用手指着书上的"粟"字，笑着说："傻孩子，这是一个成语，叫'沧海一粟'。这个字念'sù'，不是栗子的'lì'。"

"沧海一粟？是什么意思呢？"

"这个成语来自苏轼的名篇《赤壁赋》，意思是说，人与天地相比，十分渺小，就好像茫茫大海里的一粒米一般。'粟'就是谷子，去掉壳就是小米。"

"原来如此！"丁丁恍然大悟。

丁丁陪你来认字

小朋友，"粟"和"栗"字你能分清楚吗？

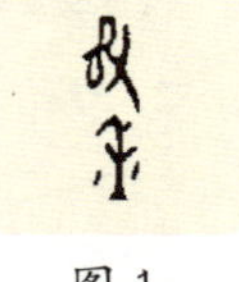
图 1

图 2

图 3

图 4

图5　图6　图7　图8

汉字小课堂

小朋友，“粟”字与“栗”字长得非常像，就像双胞胎一样，所以大家稍微一粗心就会认错、写错。那么，我们应该怎么区分它们呢？

办法其实很简单。当我们看到这两个字时，在脑海里想一想：“粟”是指小米，所以它的下部是“米”字；“栗子”是长在树上的，所以它的下部应该是“木”字。

我们还可以从它们的演变过程来理解这两个字的区别。

“粟”指的是谷子，就是带皮的小米。我们看图1，这是甲骨文的“粟”字，上面画的是谷穗的形状，下面是“禾苗”的“禾”字。图2和图3是小篆的“粟”字，字形有了变化，上面变成了“卤”字，下面变成了“米”字。到了汉代，“粟”字就成了图4的写法，已经演化成现在的写法了。

“栗”指的就是栗子树。我们看图5，这是甲骨文的“栗”字，它形象地画了一棵周身长满带刺栗子的树。图6和图7是小篆的“栗”字。图8是汉代的“栗”字，和现在的写法一样。

丁丁陪你做游戏

1．请问“米”字和“木”字分别还能组成哪些字？

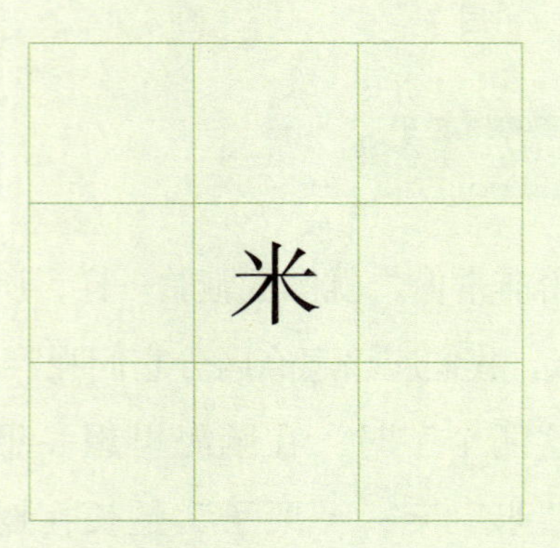

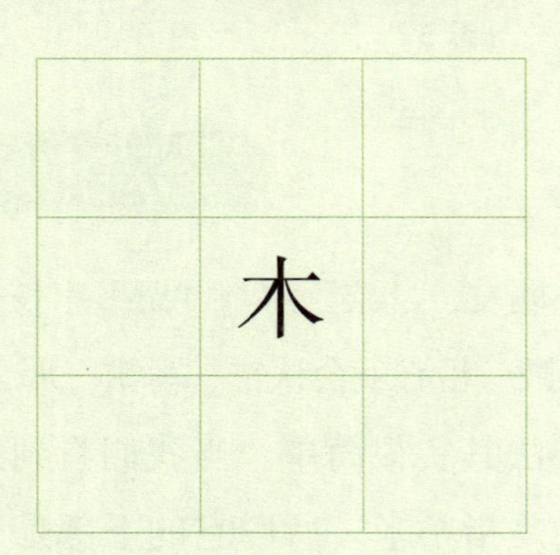

2．请将“栗”和“栗”填入正确的括号内。

颤（　　）　　罂（　　）　　不寒而（　　）

板（　　）　　（　　）米　　沧海一（　　）

【参考答案】

1．米：迷、咪、眯、粗、粒、粉、粥、类；　木：栖、模、李、相、柏、查、杖、杨

2．颤（栗）　罂（粟）　不寒而（栗）　板（栗）　（粟）米　沧海一（粟）

第四章

汉字里的工具

丁丁有话说

“车”字的形状怎么没有车轮？“船”和“舟”到底有什么区别？小朋友，让我们一起在这些常用的生活工具里发现其中藏着的有趣知识吧！

筷子的由来

晚上，爸爸陪丁丁一起阅读课外书，还没看多大会儿，丁丁就开始摆弄起玩具来。

爸爸合上手中的书，无奈地摇着头说：“丁丁，你呀，可真是一个贪玩的小和尚。”

丁丁知道爸爸是在批评自己不专心看书，可是为什么要说自己是一个贪玩的小和尚呢?

爸爸看到丁丁满脸不解，马上明白了他心中的疑惑，于是翻开手中的书，指着其中的一篇故事让丁丁自己阅读。

一个小和尚因为不用功诵读经书，被师父惩罚面壁思过。受罚之后，师父为他准备了两本经书、一碗菜和一碗饭，都放在桌子上。

小和尚一看到饭菜，就拿起筷子端起碗狼吞虎咽地吃起来。吃饱喝足以后，他压根不看经书一眼，转身就躺下，呼呼地睡着了。

小和尚醒来后，师父又要罚他面壁。小和尚很不高兴。

师父对小和尚说：“你知道我为什么再次让你面壁吗？是因为你不知道修炼，不诵读经文。面壁之后，你还是一心执‘箸’于吃喝，何时才能执‘著’于经书呢？这‘箸’和‘著’，可不是一个境界啊！”

小朋友，你能从这个故事里领悟到什么道理吗？

下面几个字是“箸”还是“著”呢？

图 1　　图 2　　图 3　　图 4

汉字小课堂

在远古时代，“箸”和“著”其实是同一个字。在前面的汉字故事里，我们说过，草字头和竹字头非常相似，只是字形上下颠倒。“箸”和“著”的下半部都是“者”字。

“者”字在最初其实是“煮”字，表示煮熟的食物。“者”字上面加一个“竹”字，表示人们用竹制的工具来夹取食物，或者将竹棍插在食物上面，用于祭祀。所以，“箸”字的本义就是筷子。

筷子是最具中国特色的餐具，每个中国人从小都要学习使用筷子，这是已经延续了几千年的传统。筷子是手指的延长，它帮助人们在处理食物时既不怕热，也不怕冷。筷子、手抓和刀叉，是全世界最主要的三种进食方式。

图1 箸 是战国石刻里的“箸”字，竹字头非常明显。图2 箸 是汉代石刻里的“箸”字，其中“者”字的写法已经和现在完全一样了。

“箸”字在古代还有彰显、写作等意思，后来人们把竹字头换成了草字头，造了一个“著”字，如图3 著 和图4 著 ，专门来表示著作。

丁丁陪你做游戏

与“著”和“箸”一样，“籍”和“藉”除了部首，其他部分完全一样。你能辨别它们，并把它们写在相应的括号里吗？

藉　籍

（1）桌子上一片狼（　　）。

（2）书（　　）是人类进步的阶梯。

（3）初冬黎明时的灯光，总给人一种温暖、一种慰（　　）。

（4）我哥却连他的（　　）贯和历史都没有问。

【参考答案】

（1）藉（2）籍（3）藉（4）籍

17 鲤鱼跳龙门

自从读了小和尚的故事后，丁丁阅读课外书的积极性越来越高，每天晚上睡觉前都要抱着书看上几页，还自鸣得意地说：“这叫睡前阅读法。”

原来，他不想当贪玩的小和尚，而是要做跳龙门的鲤鱼。这又是怎么回事呢？

传说，由于黄河河水浑浊，一般的鱼类都不能存活，只有鲤鱼例外。它们不仅耐污，在黄河里生长良好，而且由于生活在黄色的泥水中，它们身上长出了金黄色的鳞片，十分漂亮。

到了春季，这些金色的鲤鱼逆流而上，游向一个叫作龙门的峡谷。由于龙门位于瀑布以上，水流湍急，鱼类很难游上去。

这时，其中的一条大红鲤鱼对大家说：“我来试一试！”只见它从半里开外就纵身一跃，使出全身力量跳到空中。

这时，一团天火从它身后追来，烧掉了它的尾巴。它忍着疼痛，继续朝前飞跃，终于越过龙门，一眨眼就变成了一条巨龙。

所以，古人借用鲤鱼跳过龙门的传说，来比喻中举、升官等飞黄腾达之事，也比喻一个人能够逆流前进、奋发向上。

“鲤鱼跳龙门”的传说也影响了亚洲其他国家，比如日本有一个风俗，就是在男孩节的时候，每家每户都会悬挂鲤鱼旗，以此祝福孩子健康成长，能像鲤鱼一样跳过龙门。

可是，你知道汉字里的“门”字是怎么来的吗？

丁丁陪你来认字

小朋友，我们一起来看看“门”字的变化吧。

图 1　图 2　图 3　图 4

汉字小课堂

“门”字是个象形字，古代的门基本上都是两扇门板组成的，我们看“门”的繁体字“門”，会看得更清楚。

图1 和图2 都是甲骨文的“门”字。古人把家门、院门形象地画了出来。图1 是左右两个门柱，中间有两扇可开关的门板。图2 上面多了一横，表示门上的门楣。

图3 是隶书的“门”字，和“門”字写法一致。

图4 是草书的“门”字，简化的“门”可能就是来源于此。

“门”在古代不是特指门，而是指“门户”。大家想一想，每扇大门里面就是一个家庭，所以“门”也代表“家”或“家族”。

北宋文学家王安石的诗作《元日》里面有一句：“千门万户曈曈日，总把新桃换旧符。”这里的“千门万户”其实就是“千家万户”的意思。

丁丁陪你做游戏

小朋友，有些汉字喜欢躲在“门”字里面，和“门”字组成新的汉字。根据提示，你来试着写一写吧！

口	才	三	木
耳	兑	马	日
心	人	一	王

【参考答案】

问　闭　闫　闲　闻　阅　闯　间　闷　闪　闩　闰

得寸进尺

新学期开学了，丁丁班上开始统计购买新校服的人数，老师让家长把学生的姓名和尺码一起报上去。

妈妈一边给丁丁量尺寸，一边感叹地说：“男孩子长得太快了，刚过一年，以前的衣服就都穿不上了，又要给你重新量尺寸。”

丁丁问道：“妈妈，我在数学课上学了长度单位，常用的长度单位是米、分米和厘米。你说给我量尺寸，‘尺寸’是什么意思呢？”

“尺和寸都是中国古代的长度单位。一尺等于十寸，三尺约等于现在的一米。大家用‘尺寸’这个词来表示东西的长短大小。”

听到这里，丁丁嚷着说：“我在语文课上还学过一个成语，叫得寸进尺，意思是得到一寸还想进一尺，比喻贪得无厌。”

小朋友，你知道“尺”和“寸”这两个字是怎么来的吗？那就接着往下看一看它的来龙去脉吧！

请你来认一认下面这些字。

图 1　图 2　图 3

图 4　图 5　图 6

汉字小课堂

在远古的时候，人类还没有长度单位的概念，不能进行非常精确的测量，所以人们的通用办法就是用人身体的某个部位作为长度的衡量标准。

比如，在古埃及，法老胡夫就把自己小臂的长度作为单位，称之为“腕尺”；在10世纪，英国国王埃德加就把自己拇指关节之间的长度定为“一吋”。

这种测量方法沿用了很长时间，到了中国唐代，唐太宗李世民还规定，以他的双步，也就是左右脚各走一步的距离作为长度单位，叫作“步”。

我们从“寸”的古体字里，也可以看出这种测量方法。图1 是小篆的“寸”字，是个指示字，画的是一只手，下面加了一小横，表示的就是手腕下面“寸”的位置。这个地方叫作“寸口”，是中医切脉诊病的部位，它离掌根的距离，就是一寸。

图2 是战国时期的“寸”字。战国时期的1寸约为2.3厘米，现在的1寸相当于3.333厘米。

“尺”字同样是古人用身体作为长度标准的一个典型。图3  是小篆的“尺”字，图4  是战国时期的“尺”字。“尺”字最初是从“尸”字而来，而“尸”字的本义是一个人坐着的样子。也有说法认为，中国最初的“尺”，指的是男人伸展的拇指和中指之间的距离，大约等于现在的20厘米。

由于精确度不高，古代的“尺”和今天的其实大不相同。根据考古的研究，“一尺”这个单位，时间越古老，表示的长度就越短。

比如，秦汉时期的一尺，相当于现在的23.1厘米。据《史记》记载，著名的西楚霸王项羽“八尺有余”，计算下来，他至少有1.84米。

到了唐代，一尺相当于现在的29厘米～31.8厘米。李白曾说自己“虽长不满七尺”，这样算下来，李白的身高至少也有1.74米。

除了“尺”和“寸”，中国古代还有一个常用的长度单位，叫“丈”。古人规定一丈等于十尺。

图5  和图6  都是“丈”字，下部表示一只手，上面是“十”字，表示十尺为一丈。也有人认为，“十”其实表示的是一根大的树杈，“丈”的意思是手里拿着一根木棍。“丈”字用来表示长度之后，人们给它加了一个“木”字，造了“杖”这个字来表示木棍。

丁丁陪你做游戏

请将“寸”“尺”“丈”三个字分别填入对应的成语和俗语中。

（　　）有所短，（　　）有所长

一（　　）光阴一（　　）金

垂涎三（　　）

（　　）二和尚——摸不着头脑

得（　　）进（　　）

有理走遍天下，无理（　　）步难行

道高一（　　），魔高一（　　）

【参考答案】

（尺）有所短，（寸）有所长

一（寸）光阴一（寸）金

垂涎三（尺）

（丈）二和尚——摸不着头脑

得（寸）进（尺）

有理走遍天下，无理（寸）步难行

道高一（尺），魔高一（丈）

19 唐诗里的船

丁丁在学习唐诗的时候，发现了一个非常有趣的问题。

他发现，古人出行时，经常要用到两种水上交通工具，一种是“舟”，一种是“船”。

比如，带有“舟”字的诗有：

“君看一叶舟，出没风波里。”

“李白乘舟将欲行，忽闻岸上踏歌声。”

“两岸猿声啼不住，轻舟已过万重山。”

带有“船”字的诗有：

“姑苏城外寒山寺，夜半钟声到客船。”

“窗含西岭千秋雪，门泊东吴万里船。”

“野径云俱黑，江船火独明。”

丁丁很好奇，他问李老师：“这两个字都是船的意思，为什么有的诗句里用‘舟’，有的诗句里用‘船’呢？”

李老师没想到丁丁能问出这么有趣的问题，连忙表扬了他善于思考的良好学习习惯。

接着，李老师说：“‘舟’和‘船’的区别，大概有以下几点。第一，‘舟’字出现的时间比‘船’字更早；第二，‘舟’一般指小船，‘舟’小而‘船’大；第三，诗人有时候会根据诗句的韵律，来选择相同意思的字眼，所以这两个字在诗里都有。”

请分辨下面的“舟”字和“船”字。

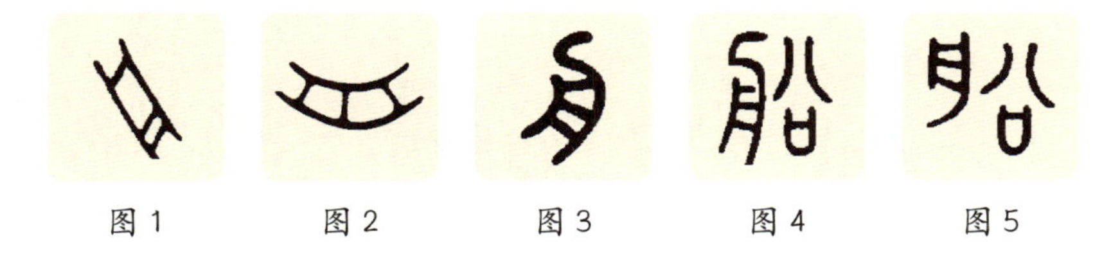

图 1　图 2　图 3　图 4　图 5

汉字小课堂

图1 是甲骨文的“舟”字，古人很形象地把一条小船画了出来。最早的船是什么样子呢？人们把一根非常粗大的木头，从中间纵向一分为二，取其中一半，把剖开的平面中间挖空，留下边缘，让木头变成水瓢的形状，这种简易的工具就能帮助人们渡河了。

图2 是金文的“舟”字，就像小船正漂浮在水面上。

图3 是石鼓文的“舟”字，字形上有了变化，但仍然能看出船的形态。

“舟”一般是指小船，我们现在说“一艘船”“一叶扁舟”，从量词角度也能看出二者的大小不同。

图4 是小篆的“船”字，图5 是金文的“船”字。它们的左半部分与图3 非常相似，说明“船”字是从“舟”字演变而来的。右边是一个“㕣”的形状，这个“㕣”其实就是“沿”的意思，“沿”表示顺流而下，与“舟”合起来，正好体现了船顺水而行的特点。

丁丁陪你做游戏

1. 请写出至少5个以“舟”为偏旁的字，看一看它们是不是都和“船”有关。

2. 请将下列带“舟”的成语填写完整。

（　）（　）同舟　（　）（　）沉舟

刻舟（　）（　）　同舟（　）（　）

（　）（　）行舟　舟车（　）（　）

【参考答案】

1. 示例：航　舱　般　舰　舫

2. （风）（雨）同舟　（破）（釜）沉舟

刻舟（求）（剑）　同舟（共）（济）

（逆）（水）行舟　舟车（劳）（顿）

20 威力巨大的车

趣味汉字故事

晚上，爸爸和妈妈在下象棋，丁丁在旁边看得津津有味。

一开始，他们旗鼓相当，不分胜负。妈妈虽然吃了爸爸几个卒，但自己的马和炮也丢了。

可是，没几个回合，爸爸就采用双车交替将军的战术，取得了最后胜利。

丁丁竖起大拇指，对爸爸说：“爸爸，你真是太厉害啦！”

爸爸得意地炫耀道：“在中国象棋中，车的威力最大！不论横线还是竖线，车都可以行走；前面只要没有棋子阻拦，车行走的步数就不受限制。所以，一个车最多可以控制十七个点，也正是因为这样，才有了‘一车十子寒’的说法。”

接着，妈妈补充道：“丁丁，你知道吗？中国象棋中的‘车’是从古代的车兵演变来的。在我国古代，战车是非常重要的军事装备，车兵则是非常重要的兵种。一般情况下，一辆战车上有三名车兵。一个国家拥有的战车越多，军事实力就越强。因此，一些军事强国常被称为‘千乘之国’。‘乘’在这里指的就是车兵。”

“哇！难怪‘车’在象棋中这么厉害！”丁丁由衷地感叹道。

小朋友，车除了用来运输、乘坐、作战之外，你知道它还有什

么作用吗？让我们一起来了解一下吧。

请仔细看一看，下面这些形态各异的“车”字你都认识吗？

汉字小课堂

“车”字是一个象形字，是“車”（“车”的繁体字）简化后的写法。在古代，它的本义是指有轮子、靠牛马驱动的战斗工具，后来引申为有轮子、靠牛马牵引的交通、运输工具等。

中国是世界上最早发明和使用车的国家之一。相传，车是由黄帝发明的。在中国古代神话中，有黄帝造车之说，所以黄帝又称“轩辕氏”。轩是古代一种有围棚的车，辕是车的基本构件。

据《左传》《荀子》等史料记载，在4 000多年前的夏朝，大发明家奚仲制造了世界上第一辆马车。这辆马车设有车架、车轴、车厢，为了保持平衡，采用左右两个轮子。因而，奚仲被世人称为车神。

图1 和图2 是商代早期金文的“车”字，看起来就像是一辆两轮的马车，上部是套在牛或马身上的轭具，下部中间是起保护作用的车厢，左右两边分别是装在车轴上的轮子，非常形象。

图3 和图4 是甲骨文的“车”字，前者有车轴、车厢和两个车轮，后者只有车轴和两个车轮，如同两轮马车的简笔画，突出了车轮的重要性。

图5 、图6 和图7 都是西周金文的“车”字，前面两个“车”字与甲骨文的“车”字非常接近，左侧是车轴、车厢和车轮，右侧则是拉车的牛或马。而图7 金文的“车”字则与图8 石鼓文的“车”字和图9 小篆的“车”字一样，只在中间画出了车厢，用两横来代表车轮，与“車”字写法基本一样。

由此不难看出，轮子与车有着十分密切的关系。在中国古代，以轮为特征的机械都称为车，比如水车、纺车等。今天，随着现代科学技术的发展，“车”字的含义在不断扩展，有些含有“车”字的词语，比如电脑键盘上的“回车键”，试运行新机器时的术语“试车”等，其实都已经与轮子无关了。

丁丁陪你做游戏

1．下面是和“车”有关的成语，你能把缺失的内容补充完整吗？

杯水□薪　　□水□龙

下□伊始　　□载斗量

2．下面的诗句都提到了“车”，你知道它们的作者是谁吗？请将作者的名字填入括号内。

（1）单车欲问边，属国过居延。（　　）

（2）车辚辚，马萧萧，行人弓箭各在腰。（　　）

（3）停车坐爱枫林晚，霜叶红于二月花。（　　）

（4）向晚意不适，驱车登古原。（　　）

（5）夜来城外一尺雪，晓驾炭车辗冰辙。（　　）

【参考答案】

1．杯水车薪　车水马龙　下车伊始　车载斗量

2．（1）王维　（2）杜甫　（3）杜牧　（4）李商隐　（5）白居易

第五章

汉字里的方向

丁丁有话说

小朋友，有些汉字意思相反，字形也是相反的，比如“上”和“下”。可是，“南”和“北”、“东”和“西”，这两组字为什么字形毫无关联呢？

21 南北不分的人

语文课上，李老师讲了“南辕北辙”后，让丁丁和陶陶上台表演。

丁丁假装坐在马车上，急匆匆地催着马夫往前赶路。陶陶扮作丁丁的朋友，迎面与丁丁偶遇：“你这是要去哪里呀？”

丁丁告诉陶陶：“我想到楚国去。”

陶陶不解地说：“楚国在南边，你为什么往北走呢？”

丁丁炫耀道：“我的马很好，我的路费很多。”

陶陶着急地说：“虽然你的马很好、路费很多，但这不是去楚国的路。”

丁丁骄傲地说：“我的马夫驾车技术很好。”说完，他扬长而去。

陶陶说：“你怎么南北不分呢？这样只会离楚国越来越远！”

丁丁陪你来认字

小朋友，下面这些字是“南”还是“北”，你能分辨出来吗？

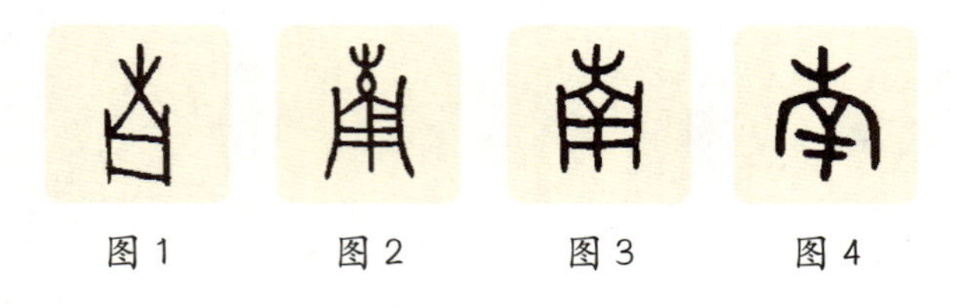

图 1　图 2　图 3　图 4

图5　　图6　　图7　　图8

汉字小课堂

“南”字是一个非常有意思的字。它始见于商代甲骨文，本义不详，早在殷墟卜辞中已借用为方位词，即早晨面对太阳，右手的一边。更有趣的是，从古至今，“南”字的字形变化不是很大。

图1 是甲骨文的“南”字，看起来非常像乌龟的简笔画。由于龟类居住的洞穴大多朝南，因此有人认为古人是用龟的形状代指南方，为了与“龟”字区别开，于是就用龟甲腹面前半截的形象来表示“南”。不过，这一说法目前还没有确凿的证据。

图2 是战国时期金文的“南”字，大致轮廓已经接近今天的“南”字。图3 和图4 是西周时期金文的“南”字，图5 是小篆的“南”字，都与现在的写法非常接近。

“北”字也很有意思。它与“南”字一样，也是始见于商代甲骨文，字形变化也不是很大。你看，图6 是甲骨文的“北”字，像不像两个背靠背、互相背着对方的人？图7 是小篆的“北”字，像不像两个背靠背站着的人？图8 是帛书里写的“北”字，像不像两个背靠背坐着的人？

也就是说，不论甲骨文、小篆，还是帛书，“北”字都是根据两个人背靠背的形象演变而来的。“北”字的本义是背离，后来引申为败走、败逃者，又引申为北方、北部地区等。于是，“北”字作为与“南”字相反的方向字，一直沿用到今天。

丁丁陪你做游戏

1．下面这些成语的顺序被打乱了，你能将它们梳理清楚吗？请把它们写在下面的横线上。

南	往	征	北
枳	南	战	来
调	橘	北	南
南	北	腔	北

________　________

________　________

2．下面这些城市，哪些是在我们祖国的南方，哪些是在北方呢？

◎石家庄　◎桂林

◎大　理　◎长春

【参考答案】

1．南来北往　南腔北调　南征北战　南橘北枳

2．石家庄 北方；桂林 南方；大理 南方；长春 北方

22 买东西不买南北

一天，妈妈叫丁丁陪她一起去超市买点东西。

丁丁好奇地问道：“妈妈，为什么是买东西，而不是买南北呢？”

于是，妈妈给丁丁讲了“买东西”的由来。

宋朝理学大师朱熹，对于不懂的问题，他总是追问到底。

有一天，朱熹去拜访朋友盛温如，正巧盛温如提着一个竹篮要出门。于是，朱熹好奇地问：“你这是去做什么呀？”

盛温如回答说：“我去买点东西。”

朱熹听了盛温如的话，又问道：“买东西？难道不能买南北吗？”

盛温如回答说：“东方为木，西方为金，南方为火，北方为水。我的竹篮可以装木和金，怎么能装火和水呢？所以，我只能买‘东西’，不能买‘南北’啊。”

朱熹听了之后，连连点头，说：“原来如此！竹篮只能装东西！”

于是，“东西”一词和“买东西”的说法，便从此流传下来了。

丁丁陪你来认字

下面这些图到底是什么“东西”？赶快来认一认吧！

图 1　图 2　图 3　图 4　图 5
图 6　图 7　图 8　图 9　图 10

汉字小课堂

“东”字的常用义是指太阳升起的方向，引申指向东。不过，你看图1和图2，它们都是甲骨文的“东”字，非常像一个竹木编的笼子，也像装满物品的口袋，两头用绳子扎了起来。由此可见，在古代，“东”字的本义很可能指的就是东西或物品。

图3是战国时期帛书上写的“东”字，图4是小篆的“东”字，图5是汉代简牍上的“东”字，它们与现在的“東”（“东”的繁体字）已基本一样。

我们再来看图6，它是甲骨文的“西”字，就像挂在树上的鸟巢。其实，它就是表示鸟在巢里栖息的意思。

《说文解字》中说：“西，鸟在巢上也。”鸟儿回巢栖息时，正好是太阳西坠之际，于是人们借用“西”字来代指太阳落下的方向。

图7是西周时期金文的“西”字，图8是石鼓文的“西”字，都简化了鸟巢的形状，而在鸟巢旁添加了一个简单的鸟的形象，表示鸟儿落在巢上，有回巢之意。

图9和图10分别是汉代简牍上和印章里的“西”字，已经与现在的写法基本一样了。

丁丁陪你做游戏

1. 从下面的表格中挑选词语，和“东”“西”组成成语，写在下面的横线上。

倒	跑	道	移
走	歪	顾	击
说	声	奔	补

______ ______ ______

______ ______ ______

2. 给“东”“西”加上部首，会成为什么字？

东：______ ______ ______

西：______ ______ ______

【参考答案】

1. 东走西顾　东倒西歪　说东道西　声东击西　东奔西跑　移东补西

2. 示例：陈 冻 栋；牺 栖 茜

23 同心协力的兄弟

趣味汉字故事

哥俩长得像，中间隔着墙；
哥哥用脚踩，弟弟用肩扛。

一天，李老师出了一个谜语，让大家猜一对汉字，猜到谜底后，写在纸条上交上去。

李老师还提示说，这两个字不仅笔画简单，而且意思相反。

很快，同学们就猜到了答案，纷纷把自己的纸条交给了李老师。

可是，丁丁脑袋都要想破了，却怎么也猜不出来。

小朋友，你能猜到是哪一对汉字吗？请你帮丁丁想一想到底是哪一对汉字吧。

丁丁陪你来认字

下面这四个字就是谜语的答案，你看出来了吗？

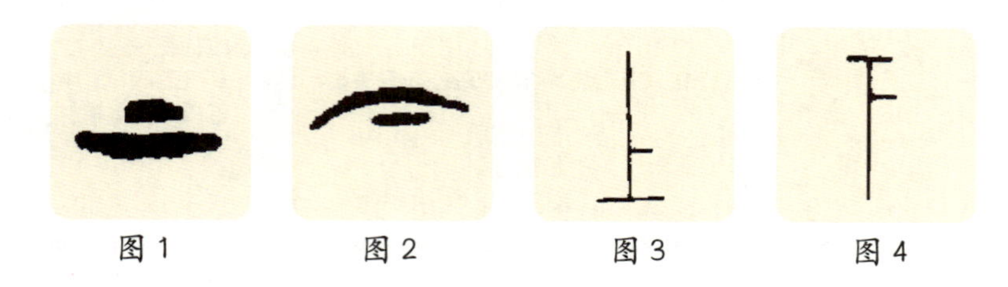

图 1　图 2　图 3　图 4

汉字小课堂

聪明的小朋友，你应该已经猜到谜底了吧？对，这一对汉字就是“上”和“下”。

你看，把“上”和“下”两个字摞起来，就成了“卡”字。如果把“卡”字的上部遮住，就成了“下”字；相反，如果把“卡”字的下部遮住，就成了“上”字。

《说文解字》中说：“上，高也。”“下，底也。”由此，我们不难看出，“上”字的本义是指位置在高处，“下”字的本义则是指位置在低处，它们是一对意思相反的汉字。

那么，古代人是如何造出这两个字的呢？

图1 和图2 分别是甲骨文的“上”字和“下”字。

古代人画一条长横（或有点圆弧形的曲线）表示基准线，代表地面。画一条短横在基准线之上，表示东西放在了地面之上；如果短横画在基准线之下，则表示东西在地面之下。这就从根本上解释了“上”和“下”的意思。

图3 和图4 是小篆的“上”字和“下”字，已经与现在的写法基本一样了。

虽然它们的写法与甲骨文的稍有变化，但其基本结构的构成原理与甲骨文的还是一样：长横线作为基准线，短横线在长横线之上即为“上”，反之则为“下”。

如今，“上”和“下”的意义，已不局限于表示位置的高低，还引申出了很多意义。比如，表示次序的“上册”“下册”，表示动词的“上楼”“下楼”，表示时间前后的“上下五千年”，等等。

丁丁陪你做游戏

1. 请根据提示，填写下面的空格。

上　　　　不

\+ ＝卡　　+ ＝

下　

2. “上”和“下”是一对反义词，你知道它们能组成什么成语吗？请试着写一写。

3. 给“上”和“下”两个字各加一个“心”字，就变成了“忐忑”。“朝”和“夕”两个字加上什么可以变成另外一组词语？

【参考答案】

1. 用 甭
2. 示例：上行下效　七上八下　上蹿下跳
3. 潮汐

寻找天下的中央

周朝建立后，周武王姬发将都城定在了镐京（今陕西西安附近）。但是，在当时人们的观念里，镐京偏西，周朝国土又那么大，定都镐京难以控制遥远的东方。周武王为此很发愁，就派周公姬旦去寻找天下的中央。

周公利用圭表测影的方法，经过周密的测算，发现阳城（今河南登封）就是天下的中央，就建议周武王在附近建都城。周武王实地考察后，就接受周公的建议，在距离阳城仅一百多里的洛邑（今河南洛阳）规划了一个新都城。

可是，新都城还没动工，周武王就去世了。周成王姬诵继位后，周公遵照周武王的遗嘱，开始营建新都城洛邑。洛邑建成后，逐步发展成为周王朝的政治、军事和文化中心。因为镐京在西，洛邑在东，所以镐京被称为西都，洛邑被称为东都。

也正因为周公测定阳城是天下的中央，所以后来中原地区就被称为中国，豫州（今河南及周边）被称为中州，华夏民族被称为中华民族。

这里的“中”字读“zhōng”，是中心的意思，即跟四周的距离相等。其实，“中”字并不是只有这一个读音和意思，它还有其他的读音和意思。你想知道吗？

丁丁陪你来认字

小朋友，下面这些都是“中”字，你能认出几个？

图 1　图 2　图 3　图 4

图 5　图 6　图 7　图 8

汉字小课堂

“中国”二字，最早出现在西周初年的青铜器“何尊”铭文“余其宅兹中国，自之乂民”中。而“中国”一词，最早是指西周的国都镐京及其周围由周王直接统治的区域，后来包括各大小诸侯国在内的黄河中下游地区也被称为“中国”。

再后来，秦统一全国，包括不属于黄河流域的所有统辖地区，也全部称为“中国”。从此，“中国”成为我国通用的称号，与“中华”“中夏”“中州”等含义相同。19世纪中叶以来，“中国”开始专指我们国家全部领土，不作他用。

由此可见，古人普遍认为中国居天下之中，乃是“中央之城”“中央之邦”，故称中国。其实，古人的这种观念，单从一个

“中”字，就可见一斑。

你看图1 ，它是甲骨文的“中”字，就像一面竖立的旗帜，旗杆穿过底盘圆心的中央，两条旗旓向左飘动，方口表示中间。图2 也是甲骨文的“中”字，在上下两面旗的对称位置加了一个圆点，并在圆点的左右两边各加了一个小点，表示在相互对峙的两股军事、政治力量之间没有倾向，即中立的意思。图3 还是甲骨文的“中”字，与现在的写法已基本一样，它的本义就是里面、居于中央。

图4 、图5 、图6 和图7 则是从商代到战国时期的“中”字，它们的写法一脉相承，都画出了那时军队中央指挥部的旗帜，用以表示“中军”位置，非常形象地体现出了“中”字的意义。

图8 是小篆的“中”字，与图3 甲骨文的“中”字一样，已演化成由“口”和一竖组成，极大地简化了字形。

现在，“中”字表示的意思有很多种，比如在表示“居中”的意思时读“zhōng”，表示“正对上”“遭受”的意思时读“zhòng”。更有趣的是，“中”已经成为河南人的标志。在河南方言中，“中不中”就是“好不好”“行不行”的意思，人们一说“中”，就表示行了、同意了。

丁丁陪你做游戏

1. 小朋友，“中”字添一笔是“申”，添两笔是“冲”或“虫”，添三笔是“束”，你能通过添笔画把“又”字变成新的汉字吗？

（1）“又”字添一笔是：（　　）

（2）“又”字添两笔是：（　　）

（3）“又”字添三笔是：（　　）

2. 我们给家中兄弟姐妹排行时，一般用老大、老二、老三、老四表示，简单明了。但是，在古代，兄弟姐妹的排行很有讲究，你知道是什么吗？问一问家里的长辈，然后填写下来。

老大：（　　）　　老二：（　　）

老三：（　　）　　最小的：（　　）

【参考答案】

1. 示例：（1）叉（2）仅　友（3）汉　叹　圣

2. 老大：“伯”；老二：“仲”；老三：“叔”；最小的：“季”

25 躺着睡觉的“川”字

自习课上，丁丁看到陶陶写的字歪歪扭扭的，就提醒他把字写工整。可是，陶陶满不在乎。于是，丁丁就给陶陶讲了一个故事。

从前，有一个教书先生才疏学浅，只认识一个“川”字。但是，他很爱面子，上课的时候总是拿“川”字糊弄学生。

一次，一个学生请教书先生指点生字。教书先生故伎重演，想用“川”字糊弄他。可是，他把书翻了好几遍都没找到“川”字。

忙乱之中，教书先生看到一个“三”字，便气愤地指着“三”字骂道：“我到处找你找不着，原来你躺在这里睡大觉！”

讲完故事，丁丁说：“他这种横竖不分的行为是不是很可笑？”

陶陶一下子认识到了自己的错误，连忙向丁丁道歉。

丁丁陪你来认字

下面这些像河流一样的曲线都是什么字呢？赶快来认一认吧！

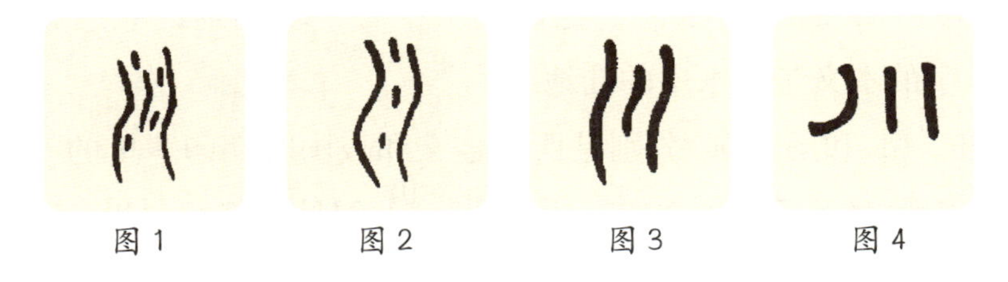

图 1　　图 2　　图 3　　图 4

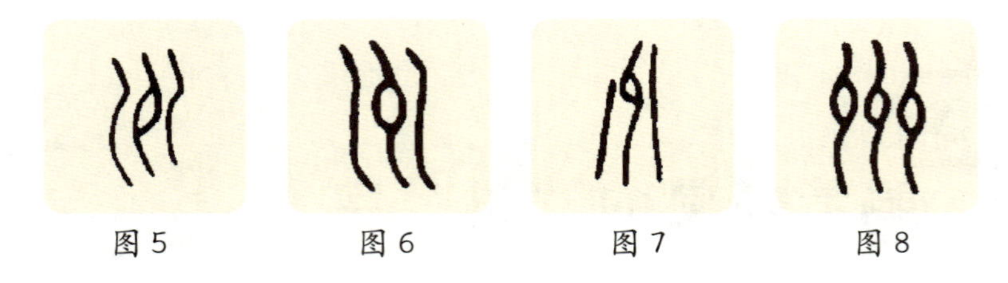

图 5　图 6　图 7　图 8

汉字小课堂

“川”字是一个象形字，始见于商代甲骨文，本义是指河流、水道，后来引申为平坦的原野或平地。

所以，你看图1 ，它是甲骨文的“川”字，两边的曲线形象地描画出了河流的两岸，两条曲线中间的五个点则代表流动的水，整个字看起来就像是一条河流在弯弯曲曲的两岸之间缓缓流动。

图2 也是甲骨文的“川”字，与图1 的写法基本一样，但中间的水已经简化成了三点。图3 还是甲骨文的“川”字，为了方便书写，中间的三个小点消失了，变成了一条弯曲的线，已经接近后来的写法。

图4 是汉代隶书的“川”字，与图3 甲骨文的“川”字非常接近。由于在隶书的笔法里，竖没有带弯的写法，所以“川”字的笔画就被平直化，变成了一撇加两竖的写法，已经与现在的写法基本一样。

接着，我们来看图5 ，它是甲骨文的“州”字，与图1 甲骨文的“川”字相比，两条曲线中间的五个点被一条中部画有小圆圈的曲线所取代，这代表水中有一块陆地的意思，所以“州”字的本义是指水中的陆地。

图6 和图7 分别是西周金文和战国时期印章里的“州”字，它们都继承了甲骨文的写法。图8 则是小篆的“州”字，三

条曲线的中部都画了代表陆地的小圆圈，与“川”字的区别非常明显。

相传，大禹治水之后，成为夏王，他以各地的高山和大河作为边界，将天下划分成九个州来治理。于是，“州”字就成为中国古代地理区域划分的单位，后来又演变成一种民族自治行政区划。

当“州”字有了第二个意义时，为了对这两个意义加以区分，人们就在“州”字前面加上三点水，造出一个新的“洲”字，专指水中的陆地，以及由此引申出来的意义，都由“洲”字承担，如橘子洲、鹦鹉洲，以及亚洲、欧洲等；而“州”字的意义也固定了下来，只指行政区划的单位，如杭州、苏州、郑州，以及西双版纳傣族自治州等。

丁丁陪你做游戏

1. 猜谜语。

（1）小溪纵横入江流。（打一字）

（2）二水中分白鹭州。（打一字）

（3）东洲定如山，西洲水流走。（打一字）

2. 下面的成语中各混入了一个错别字，你能把它们指出来吗？请在错别字下画横线，并将正确的字填入括号内。

穿流不息　（　　）

海纳百船　（　　）

只许洲官放火，不许百姓点灯　（　　）

【参考答案】

1.（1）洲（2）川（3）州

2. 穿—川　船—川　洲—州

第六章

相似的汉字（一）

汉字里有很多同音字，也有很多形近字，特别容易混淆，比如“查”和“察”，“做”和“作”。小朋友，你能准确区分它们吗？

26 鬼才喜欢

趣味汉字故事

陶陶是班里出了名的淘气鬼，他经常因为调皮捣蛋被李老师批评。

有一次，陶陶在教室里对丁丁说："小狗才喜欢李老师！"没想到李老师正好站在教室门口。陶陶眼珠一转，赶紧装作小狗的样子，嘴里还汪汪汪地叫了起来。

第二天，陶陶又在教室里对丁丁说："鬼才喜欢李老师！"这时，李老师幽幽地从后面走来，笑着对陶陶说："这次你是要变成鬼吗？"于是，同学们都大笑起来。

小朋友，你知道"鬼"到底是什么样子的吗？

丁丁陪你来认字

看一看，下面这些字都是"鬼"字吗？

图 1　图 2　图 3　图 4　图 5

汉字小课堂

在古代，由于受到科技水平的限制，人们对很多事物都无法解释。比如，人死以后会去哪里，会变成什么？古人认为，人死以后灵魂还在，就是“鬼”。再比如，干燥夏季的坟地周边经常出现的磷火，就被人们称为“鬼火”。

图1 [甲骨文字形] 和图2 [甲骨文字形] 都是甲骨文的“鬼”字，一个画的是跪坐着的“鬼”，一个画的是站立着的“鬼”，它们有一个共同点就是，脑袋巨大而且丑陋。

图3 [小篆字形] 是小篆的“鬼”字，加了一个“厶”，这是“私”字的异体字，表示不公开、秘密、暗地里，我们常说的鬼主意、内鬼，都带有这一层意思。

图4 [古文字字形] 是“鬼”字吗？其实也是。不过，这个“鬼”的手里多了一个类似棍子的东西。大家想一想，鬼的形象本来就丑恶，如果加上手持棍棒向前扑打的模样，是不是更加令人恐惧、害怕呢？所以，这个字是“畏惧”的“畏”字。

图5 [小篆字形] 是小篆的“畏”字，鬼脑袋下面加了类似老虎爪子的部分，“鬼头虎爪”，你如果还不害怕，那真的是“无畏”了。

丁丁陪你做游戏

1. 请将含有“鬼”和“畏”的成语填写完整。

人言可（　　）　（　　）哭狼嚎　（　　）话连篇

神出（　　）没　（　　）斧神工　（　　）罪潜逃

装神弄（　　）　望而生（　　）　（　　）迷心窍

2. 下面这些词语都含有“鬼”字，你认识吗？

魑（　　）　魅（　　）　魍（　　）

魉（　　）　魂（　　）　魄（　　）

魔（　　）　魇（　　）　魁（　　）

【参考答案】

1. 人言可（畏）　（鬼）哭狼嚎　（鬼）话连篇
神出（鬼）没　（鬼）斧神工　（畏）罪潜逃
装神弄（鬼）　望而生（畏）　（鬼）迷心窍

2. 魑（chī）　魅（mèi）　魍（wǎng）
魉（liǎng）　魂（hún）　魄（pò）
魔（mó）　魇（yǎn）　魁（kuí）

27 明察秋毫的县令

一天，班里举行阅读分享会，丁丁给大家讲了一个断案的故事。

古时候，一个盐贩子和一个樵夫为铺在地上的一张羊皮争执起来，都说这是自己垫背的东西。最后，他们把官司打到了县衙。

樵夫抢着说：“我进山砍柴时总要披着它取暖，背柴的时候总拿它垫在肩上。”盐贩子也嚷道：“我带着它走南闯北贩盐，用了五年了。”两个人都讲得头头是道，县令也分不出谁在说谎话。

于是，县令吩咐衙役说：“把羊皮放在席子上，狠狠地打它四十大板。”四十大板打过之后，县令指着散落在席子上的盐屑，大喝道：“大胆樵夫，你还不认罪吗？”樵夫只好认罪了。

丁丁刚讲完，陶陶就大声喝彩：“真是一位明察秋毫的好官！”

丁丁陪你来认字

一起来看看，这两个“chá”字在古代都是怎么写的。

图 1　　图 2　　图 3　　图 4　　图 5

汉字小课堂

“察”，读“chá”，是一个形声字兼会意字，由“宀”和“祭”字组成。上部的“宀”表示房屋或家的意思，下部的“祭”字表示字义，即祭祀。

古时候，祭祀是一件非常重要的事情，在举行祭祀之前，要仔细地察看祭品，一旦发现问题，要及时纠正。所以，“察”字的本义是指认真仔细地看。

你看，图1、图2和图3分别是小篆、战国末期简牍和汉代石刻里的“察”字，它们与现在的写法非常接近。

另外，“祭”字除了表示字义，还表示字的读音。先秦时期，“察”和“祭”的读音相同，现在这两个字的读音已经完全区分开了。

从先秦时期开始，中国就建立了监察制度，设置了监察官职，对公职人员进行监督，以防止权力滥用和腐败。此后，国家监察制度不断发展，并趋于完善，逐步稳定下来。因此，“察”字又引申为明辨、详审，以及考察、调查。

“查”字出现后，取代了“察”字的部分意义，比如“检查”与“考查”，早先都直接写作“检察”“考察”，现在这两组词语在意义和程度上都有较大差别。

“查”字有两种读法：作为姓氏时，读作“zhā”；读“chá”时，意为调查、查访等。图4查是“查”字最早的正体字，从图5相演化而来，将左右结构变成了上下结构。

丁丁陪你做游戏

1．“查”字去掉一笔，会变成什么字？“察”字摘掉“帽子”，会变成什么字？请把它们填入对应的横线上，并分别给它们组词。

查 － 一 ＝ ______ → __________

察 － 宀 ＝ ______ → __________

2．请把下面两个字填入对应的括号内，将句子补充完整。

查　察

（1）哥哥这次以随从人员的身份出国考（　）。

（2）试卷答完了，一定要仔细检（　）一遍。

（3）正写着字，妈妈又来巡（　）了：“你的字怎么写得这么难看？”

（4）检（　）院审理案件既快捷又公正。

【参考答案】

1．杳　杳无音信　祭　祭祀

2．（1）察（2）查（3）查（4）察

28 木头做的枪

趣味汉字故事

小说《红岩》中有一个传奇人物，因为她能双手使枪，枪法极准，被誉为“双枪老太婆”。

丁丁非常钦佩她。于是，他在自己的日记本上写道：“等我长大了，我要做一个警察，像双抢老奶奶那样去抓坏人，保护大家。”

写完以后，丁丁就拿给妈妈看，让妈妈批阅自己写的日记。

妈妈看后，在日记本上写了这样一行字：“‘双抢’还是‘双枪’？‘双抢’是强盗，‘双枪’是英雄！”

原来，丁丁把“枪”字写成“抢”字了。

丁丁看了妈妈的批语，不好意思地笑起来。

枪都是金属做的，那为什么“枪”字是“木”字旁呢？

丁丁陪你来认字

请你来认一认下面这些字，哪些是“枪”字，哪些是“抢”字。

图 1

图 2

图 3

汉字小课堂

“枪”字是一个形声字，左边的“木”字指木械，右边的“仓”是“倉”字简化后的写法，指粮仓，“木”和“仓”两个字联在一起，意思就是“保卫粮仓的木械”。

在远古时期，人们把竹木的一端削尖或磨尖，用于狩猎、战斗，这就是最早的枪。

后来，人们将尖利的石头固定在木头杆的一端，就制成了原始的石矛，比尖头的竹木更锋利、更耐用。

再后来，到了青铜时代，人们用青铜铸造矛头；随着冶炼技术的发展，人们又用铁制的矛头逐渐取代了青铜矛头。这种矛式枪被称为冷兵器。

由此，我们知道，“枪”作为武器，原本是指削尖的竹木，后来才逐渐用来指矛类兵器。现在，我们所说的枪，通常是指手枪、步枪、冲锋枪等武器，它们都被称为热兵器。

图1  和图2  分别是小篆和秦代隶书的“枪”字，与现在“槍”（“枪”的繁体字）写法基本一样。

“抢”字，由“扌”和“仓”字构成，“仓”指“粮仓”，“扌”与“仓”联在一起，意思就是“动手夺粮食”。所以，“抢”字的本义是指开仓夺粮，引申义是夺取本不属于自己的东西。

目前，“抢”字的古代字形还没有发现。“抢”字的字形，最早见于先秦《战国策》：“‘衣之怒，亦免冠徒跣，以头抢地尔。”这里的“抢”读“qiāng”，是“撞、触”的意思。

而“抢”作为“争夺”的意思使用，最早出现在明朝印刷的《水浒传》里。图3  就是《水浒传》中出现的“抢”字。

丁丁陪你做游戏

根据提示，分别给下面的字加上同一个偏旁部首，使它们变成新字并组词。

仓 仑

（1）左边加提手旁：

（2）左边加三点水：

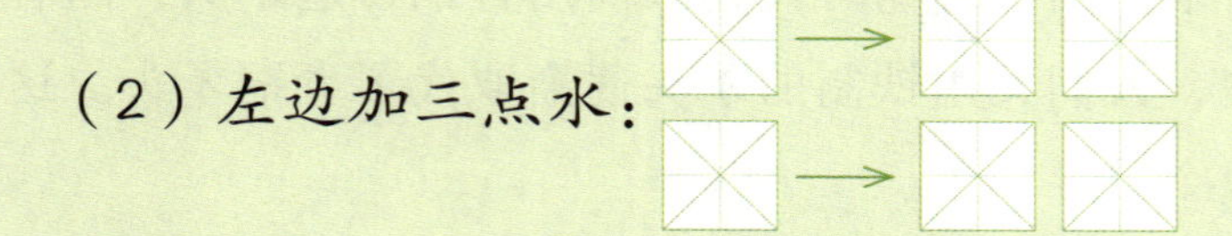

（3）左边加单人旁：

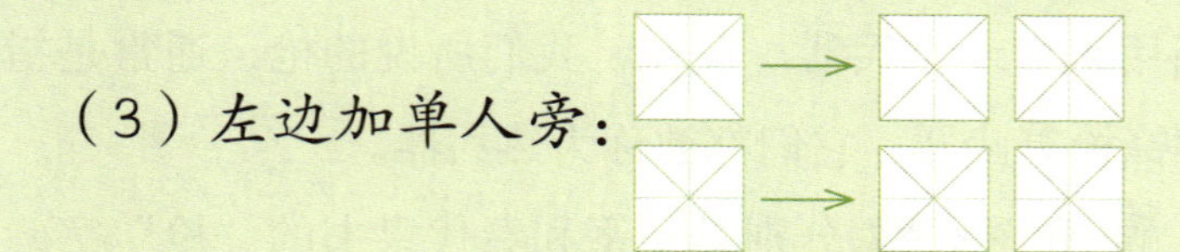

【参考答案】

（1）抢—抢劫 抡—抡起 （2）沧—沧海 沦—沦落

（3）伧—寒伧 伦—伦理

百步穿杨

趣味汉字故事

作文点评课上，李老师表扬了丁丁的作文，夸他成语运用得恰到好处，还专门念了其中一句给大家听：“只见他一脚精彩的远射，足球画着弧线直接破门，这个进球太精彩了，堪称百步穿杨。”

陶陶站起来，说：“老师，踢球怎么能用‘百步穿杨’呢？”

李老师听后，没有直接回答陶陶，而是给大家讲了一个故事。

春秋时期，楚国有一个著名的弓箭手，名叫养由基，非常擅长射箭。当时，有一个叫潘虎的勇士，也擅长射箭，很不服养由基，总想跟他比试比试，看看谁更厉害。

一天，两人约定在校场比试射箭，很多人围着观看。在距离靶子五十步以外的地方，潘虎一连三箭都正中靶心，人们连声喝彩。

养由基看了看四周，说：“箭靶的红心目标太大了，我射百步外的杨柳叶吧！”说着，他拉弓、射箭，正中杨柳叶的中心。

潘虎不信，给三片杨柳叶编上序号，让养由基按次序重新射。养由基看清编号后，连着射出三箭，按次序分别射中了三片杨柳叶。

顿时，周围响起一片喝彩声，潘虎也佩服不已。

于是，“百步穿杨”后来就被用来形容人的射术高明，并引申为本领非常高强。

看了这个射箭的故事，你想知道“射”字是怎么来的吗？

小朋友，下面这4个“射”字，你都认识吗？

图 1　　图 2　　图 3　　图 4

汉字小课堂

“射”字，始见于商代，本义是指开弓放箭。在甲骨文中，“射”字大多由一张弓和一支箭（矢）组成，箭在弦上，待机而发，形象地表现出了射箭时弓与箭的联系。

图1 就是甲骨文的“射”字，是不是很像一个人张弓发箭的样子？

图2 是金文的“射”字，与图1 相比，在左部的弓箭旁边又加了一只手，表示拉弓的意思，而右部则变成了“又”字，代表挽箭的右手，非常形象。

图3 是战国时期石鼓文的“射”字，与图1 、图2 相比，字形发生了很大变化，左部的弓箭变得不容易辨别了，但右部保持了代表手的“又”字。

图4 射 是三国时期隶书的“射”字，由“身”字和“寸”字组成，与现在的写法基本一样。从字形的演变可以看出，这个“身”字是由“弓”演变过来的。

现在，“射”字有多种引申义。比如，做动词用时，指气体或液体等受到压力迅速流出；做名词用时，指官名或射手，等等。

丁丁陪你做游戏

“射”字有左右两部分，分别是汉字“身”和“寸”，像这样由两个汉字组合成为一个新的汉字，你还能写出来几个？

+ =

+ =

+ =

+ =

【参考答案】

示例：鱼+羊=鲜　火+兰=烂　米+分=粉　禾+高=稿

我也是做鞋的

趣味汉字故事

周末，丁丁在家写日记时，被同音字“作”和“做”难住了，不知道究竟该用哪个字。于是，妈妈给他讲了一个幽默的小故事。

在车站有一个修鞋摊，修鞋的是一位其貌不扬的老师傅。

一天，一个年轻人走下长途汽车，急匆匆地来到摊前，问道：“老师傅，您知道‘作协’在哪里吗？”

老师傅看了看年轻人，说：“做鞋呀，光这一条街上就好几家，你要找哪一家？其实，我也是做鞋的。”

年轻人吃惊地看着老师傅，暗想：“果然是真人不露相啊！”

于是，他赶紧把自己的书稿递到老师傅面前，谦恭地说：“老师，失敬啦！这是我写的一部书稿，您看我能去‘作协’吗？”

老师傅笑着说：“做鞋量脚就可以了，不用看这个。”

原来老师傅说的是“做鞋”，不是“作协”。

“做鞋”与“作协”有着天壤之别，那“作”和“做”又有什么区别呢？

丁丁陪你来认字

下面这些字是“做”还是“作”，你能认出来吗？试试看吧！

图1 图2 图3 图4 图5 图6 图7

汉字小课堂

“作”字最早见于甲骨文，本义是指开始治卜龟。在春秋战国时期的《仪礼》中，有“卜人坐作龟”的记载。在这里，“作”字就是卜人用刀刮削、钻刻龟甲，然后灼烧，视其裂兆进行占卜的意思。

图1 是殷商时代甲骨文的“作”字，图2 是西周金文的“作”字，都没有左边的“亻”，写成“乍”，这种写法在青铜器的铭文里很常见。图3 是战国时期楚国帛书上的“作”字，还是没有左边的“亻”，仍写成“乍”。

图4 是小篆的“作”字，左边已有“亻”。图5 是汉代隶书的“作”字，右部“乍”字的竖不出头；图6 是汉代木简上的“作”字，右部“乍”字只有三笔。它们都是由“亻”和“乍”组成。

“做”字，从甲骨文到汉代隶书都没有，最早出现在宋、元时代，当“播弄”“做作”讲，但不在官方正式文书中使用。到明代，“做”成了“作”的俗字，渐渐演变成为“作”的同义词。

图7 是现存比较早的“做”字的原样，出现在明朝印刷的《水浒传》里。

现在，“作”字多用于书面语言，偏于“雅”，比如“工作”“作为”等，表示比较抽象的事；“做”字多用于生活事物，偏于“俗”，比如“做买卖”“做饭”等，指具体的事情。

丁丁陪你做游戏

1．下面这些句子的括号内该填“做”还是“作”？

（1）妈妈一回到家里，就开始（　　）饭。

（2）语文课上，老师夸奖明明的（　　）文写得好。

（3）“你到底会不会（　　）衣服？”一个女人冲她怒吼道。

2．读音为“zuo”的同音字都有哪些？请把它们写在下面的方格里。

【参考答案】

1．（1）做（2）作（3）做

2．示例：座　坐　左　昨　佐　嘬

第七章

相似的汉字（二）

丁丁有话说

“王”字和“玉”字是双胞胎吗？“亨”字和“享”字是两兄弟吗？这些字虽然意思不一样，但还真有着千丝万缕的联系呢！

是祸是福

趣味汉字故事

吃过晚饭，丁丁就自觉地开始阅读课外书了。看完之后，他就把“塞翁失马”的故事复述给爸爸听。

战国时期，有一位老人叫塞翁，他养了许多马，一天，有一匹马走失了。邻居们来安慰他。塞翁说：“丢了一匹马，没准会带来什么福气呢。”过了几天，丢失的马带着一匹骏马回来了。邻居听说了，向塞翁道贺。塞翁反而说：“这也许会惹出什么麻烦来。”

塞翁有个独生子，非常喜欢骑马。一天，他从马背上跌下来，摔断了腿。邻居纷纷来慰问。塞翁说：“这或许是福气呢。”不久，匈奴兵大举入侵，青年人都应征入伍了，唯有塞翁的儿子因为断腿不能去当兵，保全了性命。

爸爸听后，补充道：“其实，这个故事可以用‘祸兮福之所倚，福兮祸之所伏’来形容，意思就是说坏事可以引出好的结果，好事也可以引出坏的结果。”

那么，你知道“福”字和“祸”字是怎么来的吗？

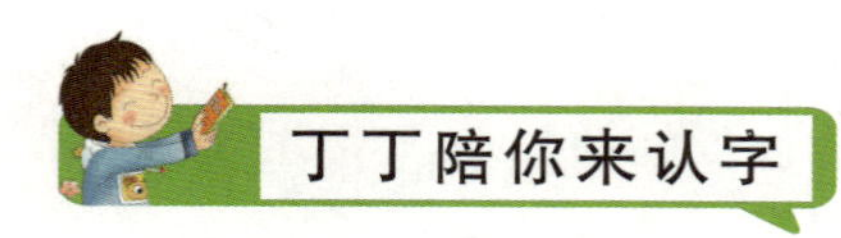

下面这几个字，哪个是“福”，哪个是“祸”，你能分辨出来吗？

图 1　图 2　图 3　图 4　图 5　图 6　图 7

汉字小课堂

“福”字，最早见于甲骨文。在甲骨文中，“福”字的意思是：用双手捧着酒浇在祭台上，乞求祖先神灵的护佑。这是古人举办祭祀活动的真实写照。在古代，人们用酒象征生活富裕。

图1 和图2 都是甲骨文的“福”字，左或右侧都有表示祭祀的“示”字，另一侧是祭祀时用的酒杯或酒，它们生动地描绘出了古人双手捧着酒坛虔诚地敬神的形象。

图3 是西周金文的“福”字，主要表意的“示”字和“酉”字得以保留，但右侧下部变成了“田”字，已接近现在的写法。图4 是小篆的“福”字，右侧的“酉”字已经变成了“一”和“口”两个字，“田”字得以保留，与现在的写法已经一致。

“祸”字，是“禍”（“祸”的繁体字）简化后的写法。“祸”字就是灾难的意思，与“福”字相对。

图5 是甲骨文的“祸”字。从字形上来说，在一个歪着的口里画了一个“占卜”的“卜”字，意思就是嘴里说兵戈的事情，兵戈当然是不祥的事情，所以这个字就是“祸”字。

图6 是战国时期的“祸”字，图7 是小篆的“祸”字，它们的左侧都多出了“示”部，右侧逐步演化成了“咼”字。《说文解字》说：“咼，口戾不正也。”意思是说，嘴里说不吉祥或者谣言一类的事，神仙就会降下灾祸。这大概就是“祸从口出”吧。

丁丁陪你做游戏

1．“福”字的部首是“礻”，这个部首很容易和“衤”混淆。下面的字把部首弄丢了，请你帮它们找回来。

寸　土　斤　彡　末　库　卜　夭

乚　且　兄　羊　果　内　巳　司

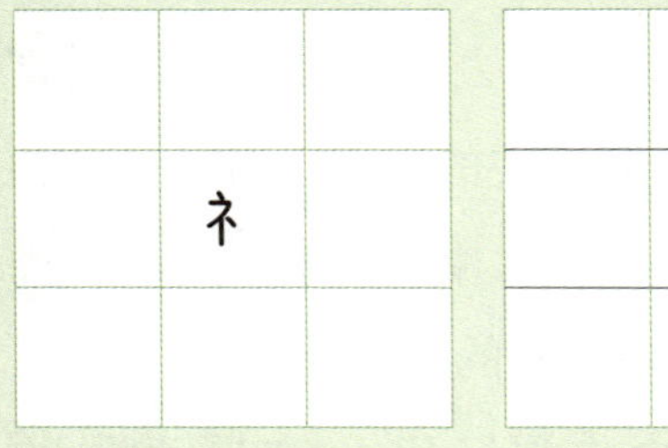

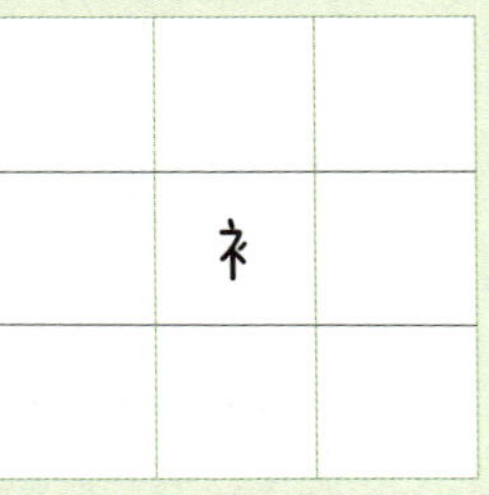

2．猜谜语。

（1）不字加一点，一人一块田。家家日子好，人人笑连连。（打一字）

（2）空难事故。（打一成语）

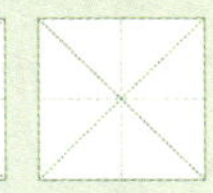

【参考答案】

1. 礻：社　祈　礼　祖　祝　祥　祀　祠

衤：衬　衫　袜　裤　补　袄　裸　衲

2.（1）福（2）祸从天降

课间休息时，丁丁得意地问陶陶："你听说过和氏璧的故事吗？"陶陶摇了摇头，表示没听过。丁丁马上就给他讲起来。

传说，春秋时期，楚国人卞和向楚厉王献了一块璞玉，厉王命玉工查看，玉工说："这只不过是一块石头。"厉王大怒，命人砍下了卞和的左脚。

厉王死后，武王即位，卞和再次捧着璞玉去见武王，武王也命玉工查看，玉工仍然说它只是一块石头，卞和因此又失去了右脚。

武王死后，文王即位，卞和抱着璞玉在楚山下痛哭了三天三夜，眼泪流干了，接着流出来的是血。

文王得知后派人询问，卞和说："我并非因失去双脚而哭，而是因为宝玉被当成了石头，忠贞之人被当成了欺君之徒，无罪而受刑辱。"

文王命人剖开这块璞玉，果真是稀世之玉，于是将它命名为"和氏璧"。

小朋友，你知道"玉"字是怎么来的吗？

看一看，下面这些都是"玉"字吗？好好看一看，可别认错啊。

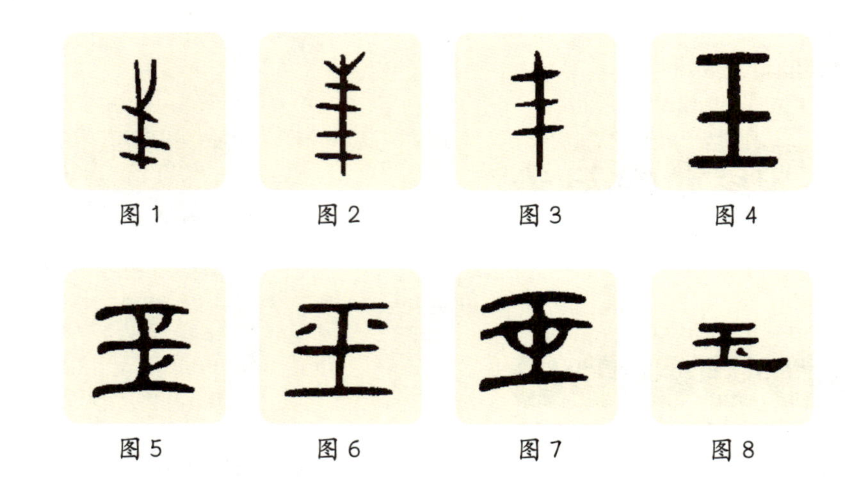
图1　图2　图3　图4
图5　图6　图7　图8

汉字小课堂

中国古代先民开发和使用玉器的历史，比文字的产生还早，至少已有八千年以上的历史。

“玉”字是一个象形字，最早见于甲骨文，本义就是指玉石。《说文解字》说：“玉，石之美。”

图1、图2和图3都是甲骨文的“玉”字，从字形上来看，它们就像用丝绳串起来的玉石。

图4是西周金文的“玉”字，有点像“王”字。它的三横差不多长，中竖上下不出头，中间的横在竖画正中位置，而“王”字中间的横是靠上一些，所以这两个字并不太容易混淆。“玉”字的这个写法，在金文里保持了大约有一千年。

到了春秋战国时期，为了与“王”字相区别，人们给“玉”字加上两个点或用斜笔加以区别，图5、图6和图7就是那个时期的“玉”字。

图8是汉代石刻里的“玉”字，沿袭了春秋战国时期加区别符号的做法，给“玉”字加了一个点，与现在的写法基本一样。

丁丁陪你做游戏

1. 成语接龙。

金□ 良□ 而有□ 誓旦□

夕之□ 不容□ 人深□ 衣节□

不知味同嚼□

2. 将下列诗句补充完整。

（1）青海长云暗雪山，孤城遥望（　）门关。

（2）洛阳亲友如相问，一片冰心在（　）壶。

（3）碧（　）妆成一树高，万条垂下绿丝绦。

（4）沧海月明珠有泪，蓝田日暖（　）生烟。

（5）羌笛何须怨杨柳，春风不度（　）门关。

【参考答案】

1. 金玉良言　言而有信　信誓旦旦　旦夕之间　间不容发
发人深省　省衣节食　食不知味　味同嚼蜡

2. （1）玉　（2）玉　（3）玉　（4）玉　（5）玉

33 繁荣“冒”盛

春节，家家户户都要贴春联，这是中国自古以来的传统习俗。

今年，丁丁和爸爸请了一位老爷爷帮忙写春联。

老爷爷的毛笔字写得很棒，可是眼神不大好。他拿出一个写满春联的小本子递给丁丁，让丁丁念一句，他写一句。

可是，丁丁约了村里的小伙伴去放鞭炮，根本就没把心思放在念春联上。他只看了一眼，就信口念道：“繁荣冒（昌）盛。”于是，老爷爷就把横幅写成了“繁荣茂盛”。

等春联贴出来后，爸爸才发现写错了。原来，丁丁把“繁荣昌盛”念成了“繁荣冒盛”，老爷爷就跟着错写成了“繁荣茂盛”。

小朋友，“昌”字和“冒”字非常相似，你能分清楚吗？

你知道下面哪个是“昌”字、哪个是“冒”字吗？

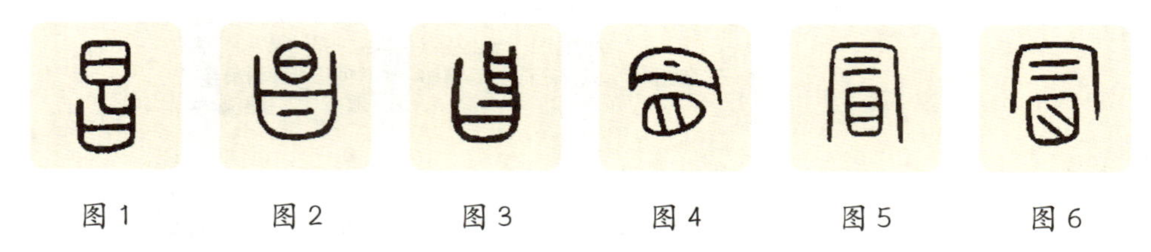

图 1　图 2　图 3　图 4　图 5　图 6

汉字小课堂

“昌”字是一个会意字，由“日”和“曰”二字组成，上部的“日”字是阳光、光明、明白的意思，下部的“曰”字表示开口说话，这两个字上下结合在一起，意思就是美好、兴旺。

图1  是小篆的“昌”字，正好说明了上面所述之意。你看，它下部“曰”字的一侧有一个曲笔作为象形兼指事的符号，就是表示从嘴里发出的声音。

图2  是战国时期古印里的“昌”字，下部的“曰”字写成了“甘”字，表示甜美的意思。《说文解字》说：“昌，美言也。”所以，“昌”字在这里是善言、美言之意。

图3  是西周金文的“昌”字，下部“曰”字的右上角与上部“日”字的右侧连在了一起。有人解释说，这里表示“唱”的意思，即对着太阳唱赞歌。

“冒”字，由“冃”字和“目”字构成，是“帽”字最早的写法。它上部的“冃”字是一个象形字，在古代就是画了一顶帽子的形象；下部的“目”字则是画了一只明亮的大眼睛，这只眼睛其实代表了整个脑袋。

图4  是西周金文的“冒”字，图5  是小篆的“冒”字，图6  是战国时期的“冒”字，都说明了上面所述的意思。所以，“冒”字的本义是“帽子”，因为帽子戴在头上，就有“覆盖”的意思。

由于“冒”字表示的义项比较多，后来人们就给“冒”字加上“巾”字，造出了一个“帽”字，使“冒”“帽”二字的分工更加明确。

丁丁陪你做游戏

有些汉字非常相像，在下面的句子中，有一些字冒充了别的字，你能把它们辨别出来并改正吗？

（1）这是你自已的事，不应该来问我。

（　）——（　）

（2）水底不断有泉水汨汨冒出，形成水泡，宛若珍珠。

（　）——（　）

（3）子日：“学而时习之，不亦说乎？有朋自远方来，不亦乐乎？人不知而不愠，不亦君子乎？”

（　）——（　）

（4）这件事你要保密，干万不能让第三个人知道。

（　）——（　）

（5）他出门时一向准备齐全，跟着他，不用担心辨不清方句。

（　）——（　）

【参考答案】

（1）自已—自己（2）汨汨—汩汩（3）子日—子曰（4）干万—千万
（5）方句—方向

孔融是东汉时期有名的文学家。他自幼聪明好学，非常懂事，四岁就已经能背诵许多诗赋，是个远近闻名的神童。

孔融有五个哥哥和一个弟弟，兄弟七人相处得十分融洽。

一天，父亲的朋友带来一盘梨。饭后，父亲让孔融把梨分给兄弟们吃。于是，孔融给自己挑了一个最小的梨，其余的按照长幼顺序分给了哥哥和弟弟。然后，他对父亲说：“我年纪小，应该吃小梨，大的应给哥哥们。”

父亲又问：“可是，弟弟比你小啊，为什么他的梨也比你的大呢？”

孔融从容地说：“我是哥哥，弟弟比我小，我更应该让着他。”

父亲听后，大笑着说：“好孩子，你以后一定会很有出息。”

后来，果然像父亲所说的那样，孔融成为东汉文学界的大亨，成为“建安七子”之一。

从孔融让梨的故事中，我们不仅学到了谦让与分享的传统美德，而且认识了“享”和“亨”这两个有趣的汉字。

仔细想一想，下面的字是“享”还是“亨”呢？

图1　图2　图3　图4　图5　图6

汉字小课堂

在古代，鬼神享用祭品称为“享”。所以，“享”字的本义是奉献祭品，祭祀祖先，后引申为拥有或享受。

“享”字，始见于商代甲骨文及商代金文，其古字写作“亯”，看起来很像祭祀祖先的宗庙。

图1 就是甲骨文的“享”字，画了一个有很高基座的房子，表示祭祖的庙宇，也就是献祭品的地方。

图2 是西周时期金文的“享”字，在庙宇下部的“口”中加一横，表示神灵和祖先受用祭品。

图3 是小篆的“享”字，上部庙宇的形象消失，简化为一点、一横和一个“口”字，下部的台基正式变成了“曰”字。

图4 也是小篆的“享”字，不过它是当时“享”字的异体字。

图5 是汉代石刻隶书的“享”字，上部的庙宇与图3 一样，下部写成了“子”字，与后来的写法基本一致。

在古时候，“享”和“亨”是一个字，都写成“享”字。比如图4 ，它既是小篆的“享”字，也是最早的“亨”字。能“享”后人祭祀的“神”，都是在某些方面通达、顺利的人，所以人们就用“亨”字代表通达、顺利的意思。

图6 是战国后期帛书上的“亨”字，已经与“享”字区分开。

现在，“享”与“亨”是两个形相近的字，只有一横之差，很容易混淆，大家千万别写错。

丁丁陪你做游戏

1．“烹”字是由“亨”字和“灬”组成的，表示饮食制作，“灬”代表的就是一堆燃烧的柴火。其实，还有很多跟“烹”字类似的字，你能从下面的字里找出来吗？

杰　点　熬　羔　烈　热　蒸　煮

焦　然　煎　照　煞　熙　熊　熟

表示饮食制作的字：________________

2．分别找出“享”和“亨”的好朋友。

受　分　通　大　利　乐

享（　　　）（　　　）享　享（　　　）

亨（　　　）（　　　）亨　亨（　　　）

【参考答案】

1．熬、热、蒸、煮、煎、熟

2．享受　分享　享乐　亨通　大亨　亨利

洛阳纸贵

左思是西晋时著名的文学家。小时候，父亲希望他将来能有所作为，先是请人教他书法，后来又教他学习鼓琴，都半途而废了。

有一次，父亲对朋友说：“左思虽然已经成年了，可是他掌握的知识还赶不上我小时候呢！”左思听后，便发愤学习。经过长时间的努力，左思终于写得一手好文章。

后来，左思与家人一起来到京城洛阳，目睹了洛阳的壮观繁华，就决心写一篇记叙三国时期魏、蜀、吴三国都城的《三都赋》。

经过十年的努力，左思终于把《三都赋》写成了。一时间，人们争相传抄，以至洛阳城里的纸张供不应求，纸价也昂贵起来。

这就是“洛阳纸贵”的故事。

丁丁陪你来认字

认一认，“贵”字和“贯”字在古代都是怎么写的。

图 6 图 7 图 8 图 9 图 10

汉字小课堂

远古时期，中国是农耕社会，由于土能萌生万物，人们对土地非常崇拜。

你看，图1、图2和图3都是甲骨文的“贵”字，从字形上来看，它们就像双手捧着泥土。因此，“贵”字的本义是崇尚和重视。

不过，也有人认为，这里的“土”是指古时用火烧过的陶器。因为早期的陶器生产制作很难，所以陶器自然就很贵重。

图4是战国时期金文的“贵”字，土堆变成了代表人的“大”字，下面是“心”字，意思是“贵”要用心来体会和评估。

图5是小篆的“贵”字，下部则演变成了“贝”字；图6是汉代简牍上的“贵”字，下部沿袭了小篆的写法。贝壳是古代的流通货币，表现出了“贵”字所代表的“物品贵重”的意思。

图7是汉代石刻里的“贵”字，下部与现在“貴”（“贵”的繁体字）字的写法基本一样，上部已经变化成现在通行的写法。

“贯”字与“贵”字的字形非常接近，两个字很容易混淆。在最早的时候，“贯”字是指串起贝币或铜钱的那根绳子，即钱串的意思。现在，“贯”字用得最多的是穿过、通、连续等意思。

图8是小篆的“贯”字，图9是战国后期帛书上的“贯”字，图10是汉代石刻上的“贯”字，都与后来的“貴”字写法一致。

丁丁陪你做游戏

1. 判断下面句子表述的意思是否正确，对的打“√”，错的打“×”。

（1）“贵”和“贯”的笔画数不同。（ ）

（2）“贵”“溃”“遗”的读音相同。（ ）

（3）“惯”和“贯”的读音不同。（ ）

2. 用“贵”或“贯”将下列句子补充完整。

（1）春雨（ ）如油。

（2）久仰久仰，您的大名早已如雷（ ）耳！

（3）老师教导同学们要对学过的知识举一反三、融会（ ）通。

（4）一个人犯了错误没关系，知错必改才是难能可（ ）的。

【参考答案】

1.（1）√ （2）× （3）×

2.（1）贵 （2）贯 （3）贯 （4）贵

北京理工大学出版社
BEIJING INSTITUTE OF TECHNOLOGY PRESS

图书在版编目（CIP）数据

这才是孩子爱看的大语文. 古文篇／作文指导报编
. —北京：北京理工大学出版社，2022. 9
ISBN 978-7-5763-1435-9

Ⅰ. ①这…　Ⅱ. ①作…　Ⅲ. ①文言文－阅读教学－小学－教学参考资料 Ⅳ. ①G624.203

中国版本图书馆CIP数据核字（2022）第110499号

出版发行／北京理工大学出版社有限责任公司
社　　址／北京市海淀区中关村南大街5号
邮　　编／100081
电　　话／（010）68914775（总编室）
（010）82562903（教材售后服务热线）
（010）68944723（其他图书服务热线）
网　　址／http: //www. bitpress. com. cn
经　　销／全国各地新华书店
印　　刷／雅迪云印（天津）科技有限公司
开　　本／710毫米 × 1000毫米　1/16
印　　张／9
字　　数／100千字
版　　次／2022年9月第1版　2022年9月第1次印刷
定　　价／198.00元（全6册）

责任编辑／时京京
文案编辑／时京京
责任校对／刘亚男
责任印制／施胜娟

前言

Preface

丁丁的大语文奇妙游

丁丁是实验小学的一名小学生，他从小热爱阅读，知道很多同龄人不知道的知识，所以同学们都喜欢叫他“小博士”。可是，正当丁丁为此欣喜之时，现实却给了他当头一棒。这是为什么呢?

原来，新学期开始后，丁丁发现：随着年级的升高，语文学习的范围迅速扩大了，有复杂难辨的汉字、不明来历的词语、难懂的古文和诗词，还有种类逐渐增多的作文……他常常对着书本上密密麻麻的汉字发呆：“最早的汉字是从什么时候开始的? 古代小学生的课本长啥样? 古人没有手机、电脑，他们最早的通信工具是什么，又是怎么传递消息的呢? ……”

这些稀奇古怪的想法，就像一只只小蚂蚁一样，在丁丁的头脑中爬呀爬，搅得他寝食难安。丁丁积累的知识开始不够用了，当同学们再来向他请教时，他开始支支吾吾，不能自信地说出答案了。

“吾生也有涯，而知也无涯。” 丁丁内心里非常焦虑，想着想着，不由得叹了一口气，“唉，再这样下去，‘小博士’的名号可就保不住了。这可该怎么办呢? ”

于是，经过深思熟虑，丁丁将自己的烦恼写进信里，寄给了《作文指导报》的编辑姐姐。很快，编辑姐姐的回信就到了。在信中，编辑姐姐指出，语文学习重在熏陶渐染，贵在日积月累，不可能一口吃成个胖子，所以千万不能急功近利。

针对丁丁提到的语文学习难点，编辑姐姐给出了自己的建议：小学语文的学习重点集中在汉字、词语、古文、诗词、文化、写作等几个方面，这些内容看似相通，实际上学起来颇有技巧。比如，学习汉字和词语时，多探寻它们的起源，可以记得更准确；学习诗词时，多了解作者的写作背景，对理解和记忆大有帮助；写作遇到困难时，发现自己的具体问题，才能对症下药……

在信的末尾，编辑姐姐强调，语文学习并不局限于课堂和书本，它来自生活，每时每刻都与我们相伴，只要有一双善于发现的眼睛，生活中处处是课堂。同时，编辑姐姐为丁丁策划了一场说走就走的大语文奇妙游，来帮助他解决在阅读和学习中遇到的问题。

读完信后，丁丁像吃了定心丸一样，一边继续如饥似渴地阅读，积累语文知识；一边在生活和学习中处处留心，凡事都要多问几个为什么。看到丁丁这副不达目的誓不罢休的气势，身边的亲朋好友也被他感染了，纷纷向他伸出了援手。

小朋友，你想知道丁丁会经历一场什么样的奇妙游吗？快快打开本书，让我们一起出发，去见证奇迹吧！

目录
CONTENTS

第一章 神话传说

读小古文，一览流传千年的美丽故事

第二章 诸子百家

读小古文，感受群星闪耀的先秦智慧

第三章 历史故事

读小古文，欣赏色彩斑斓的时代画卷

第四章 山水游记

读小古文，走进字里行间的大千世界

第五章

求学问道

读小古文，揭秘古代学霸的学习秘诀

第六章

物语杂谈

读小古文，倾听超有趣的动植物独白

第七章 智慧寓言
读小古文，领悟小故事中的大道理

成语典故

读小古文，探索四个字里隐藏的秘密

第一章

神话传说

读小古文，一览流传千年的美丽故事

丁丁有话说

盘古开天辟地、女娲造人补天、夸父逐日、精卫填海、后羿射日、神农尝百草……这些瑰奇优美的上古神话，有哪些是你没有听说过的，又有哪些是你耳熟能详的？让我们读一读相关的小古文，一起来了解一下吧。

到底是谁创造了人类世界？

最近，丁丁遇到一个问题：“这个世界上是先有鸡，还是先有蛋？”

爸爸知道后，笑着对丁丁说：“恐怕没有人能回答这个问题。不过，在‘盘古开天辟地’这个故事里面，的确是先有了一个像‘蛋’一样的物体，才有了人类世界。”

在远古的时候，天和地还没有分开，世界混沌一片，分不清上下左右，也辨不出东南西北，就像被裹在一个鸡蛋里面。有一个叫盘古的人，在这片混沌之中沉睡了一万八千年。

终于有一天，盘古醒来了，他发现周围一片漆黑，什么也看不见。于是，他拿起一把神斧，朝眼前的黑暗猛劈过去。只听一声巨响，混沌一片的东西渐渐分开了。那轻而清的阳气缓缓向上飘去，形成了天；重而浊的阴气慢慢向下沉去，形成了地。

盘古就站在天地中间。天每日升高一丈，地每日增厚一丈，盘古也随着越长越高。就这样，又过了一万八千年，盘古变成了顶天立地的巨人。天地形成，才逐渐有了万物。

接着，爸爸总结道：“这就是‘盘古开天辟地’的故事。我们中国人一直认为，是盘古开天辟地之后，由女娲创造了人类。”

丁丁陪你学古文

盘古①开天辟地

《三五历纪》

天地浑沌如鸡子，盘古生其中。万八千岁，天地开辟，阳清②为天，阴浊③为地。盘古在其中，一日九变，神于天，圣于地。天日高一丈，地日厚一丈，盘古日长一丈，如此万八千岁。天数极高，地数极深，盘古极长。

/ 注释 /

①盘古：又称盘古氏、浑沌氏，是中国传说中开天辟地创造人类世界的始祖。②阳清：轻而清的阳气。③阴浊（zhuó）：重而浊的阴气。

丁丁陪你做练习

1. 解释下列加点的字。

（1）日长一丈________________

（2）盘古极长________________

2. 根据提示，写出下列词语的反义词。

上升——（　　　）　严肃——（　　　）　轻——（　　）

参考答案

1.（1）长高。（2）身材高。

2. 下降　活泼　重

02 女娲为什么是人首蛇身？

趣味古文故事

夏天，雨水特别多。听着窗外滴滴答答的雨声，陶陶自言自语地说：“雨是从天上来的，我们人类是从哪里来的呢？”

丁丁笑着说：“在上古神话中，人类是女娲用黄泥巴捏出来的。”

陶陶满脸惊讶地问：“女娲用黄泥巴造人是怎么回事？人类不是猴子进化来的吗？你给我讲讲吧，你知道我最爱听你讲故事啦！”

于是，丁丁给陶陶讲了“女娲造人”的故事。

女娲，又称娲皇，是中国上古神话中的创世女神。相传，女娲

不但是补天救世的英雄和抟土造人的女神，还是一位创造万物的自然之神。因此，女娲被人们称为中华民族的母亲。

据民间传说，盘古开天辟地以后，天地间充满了生机和活力，天上有了太阳、月亮和星星，地上有了山川、草木和鸟兽，可是偏偏没有人类。

不知道从何时开始，世间出现了一位神通广大的女神，名叫女娲。据说，她一天能变化七十次，每天至少能创造出七十样东西。

一天，女娲行走在苍茫的大地上，看着周围生机勃勃的景象，心中非常高兴。可是，她内心里十分苦恼。这是为什么呢？原来，山川、草木、虫鱼、鸟兽都听不懂她的话，她感到非常孤独、寂寞。

当女娲看到水里自己的倒影时，决定创造一种像自己一样的生物。于是，她挖了一些黄泥巴捏制成一个泥人，刚往地上一放，泥人就活了。接着，女娲满心欢喜地继续捏制泥人。

刚开始，女娲一个一个地捏人，又忙又累，她感觉自己没有足够的力量来完成造人的工作。于是，她拿了一条绳子放入泥浆中，然后举起一甩，溅落在地上的泥点也都变成了一个个活生生的人。

后来，人们就说，富贵的人是女娲亲手用黄土创造的，而贫贱的人就是女娲用绳子甩出的泥点变成的。

自从女娲创造了人类以后，人们过着幸福、快乐的生活，大地上到处都充满了欢声笑语。

陶陶好奇地说："女娲是华夏民族的祖先，我听说她是人首蛇身，为什么会这样呢？"

接着，丁丁说："在远古时期，人的寿命往往都很短，蛇不仅具有顽强的生命力，而且繁衍后代的能力也很强。所以，蛇在当时是一种十分尊贵的动物。女娲的身上融合了蛇的形象特征，这既是永恒生命的象征，也是人们对蛇的繁殖生育能力的崇拜。”

丁丁陪你学古文

女娲[1]造人

《风俗通》

俗说开天辟地，未有人民，女娲抟[2]黄土做人。剧务[3]，力不暇供[4]，乃引[5]绳于泥中，举以为人。故富贵者，黄土人，贫贱者，引絙[6]人也。

/ 注释 /

①女娲（wā）：中国上古神话中的创世女神。②抟（tuán）：把散碎的东西捏聚成团。③剧务：工作十分繁忙。④力不暇供：没有多余的力量来供应需要。⑤引：牵、拉。⑥絙（gēng）：粗绳索。

丁丁陪你做练习

1. 解释下列加点的字。

（1）未有人民 ________________

（2）力不暇供 ________________

2. 用四字短语概括本文记载的主要内容：________________。

参考答案

1.（1）没 （2）空闲

2. 女娲造人

你见过追太阳的人吗？

趣味古文故事

语文课上，李老师说："太阳东升西落，这是大自然的运行规律。可是，有一个人却想把太阳留住。你们知道他是谁吗？"

丁丁立刻回答道："夸父！"接着，他就讲了夸父追日的故事。

很久以前，北方有一座大山，山上居住着一群巨人，他们个个身材高大、力大无穷，所以被称为巨人族。北方的冬天寒冷、漫长，夏季虽然暖和，但是很短。因此，人们想让太阳一直待在天上，使四季温暖，庄稼能够更好地生长。为此，他们推选夸父去追赶太阳。

于是，夸父拿起手杖就朝着太阳追去。他从太阳升起的地方，走呀走呀，一直追往太阳落下的地方。夸父走了很久，十分口渴，就到黄河、渭水喝水。很快，他就把两条大河都喝干了，还是不解渴，只好继续找水喝。

可是，夸父还没赶到北方的大湖，就被渴死了。第二天，太阳从东方升起的时候，夸父的身躯已化作一座高山，而他的手杖则化作一片桃林。后来，人们路过这里口渴了，就可以摘几个桃子吃。

丁丁刚讲完，陶陶就嚷道："夸父真傻！人怎么能追上太阳呢？"

接着，同学们开始议论纷纷，很多人都认为夸父太傻了。

李老师总结道："现在我们看来，夸父的行为可能真的有点傻。但是，夸父英勇无畏的气概是值得我们敬仰和学习的。”

丁丁陪你学古文

夸父①逐日

《山海经》

夸父与日逐走②，入日③；渴，欲得饮④，饮于河、渭⑤；河、渭不足，北饮大泽⑥。未至，道渴而死。弃其杖，化为邓林⑦。

/ 注释 /

①夸父：中国上古时期神话传说人物之一。②逐走：竞跑，赛跑。③入日：追赶到太阳落下的地方。④欲得饮：想要喝水解渴。⑤河、渭：黄河、渭水。⑥大泽：大湖。⑦邓林：地名，即“桃林”。

丁丁陪你做练习

用原文内容填空。

（1）表明夸父口渴后的做法的句子：

____

（2）表明夸父逐日的结果的句子：

____

（1）饮于河、渭；河、渭不足，北饮大泽。（2）未至，道渴而死。

比大海更伟大的是什么？

趣味古文故事

晚上，丁丁一边唉声叹气，一边不停地翻书。

妈妈看到丁丁一副愁眉苦脸的样子，就问他怎么了。

丁丁苦恼地说：“我读了好几遍都没读懂，不想预习它了。”

于是，妈妈翻开课本，说：“精卫填海是中国上古神话传说之一。精卫是谁？她为什么要填海呢？这要从一个悲伤的故事说起。”

据《山海经》记载，从中原再向北走二百里，有一座山叫发鸠山，山上生长着茂密的柘树。柘树林里有一种鸟，它的形状像乌

鸦，却长着花脑袋、白嘴巴、红爪子，名字叫精卫，它发出的鸣叫声就像在呼唤自己的名字。所以，人们就称这种鸟为精卫鸟。

传说，精卫鸟其实是炎帝小女儿的化身，名叫女娃。有一次，女娃去东海游泳，不幸溺水身亡，化为精卫鸟。她用嘴叼着西山上的树枝和石块，想要把东海填平，为自己报仇。

可是，东海实在太大、太深了，精卫怎么也不能把它填平。但是，她毫不气馁，成年累月地往复飞翔在西山和东海之间，直到今天还在做着这件事。

千百年来，精卫填海的故事一直震撼着人们的心灵。后人常用精卫填海来形容一个人意志坚决、不畏艰难。

妈妈笑着问道："学完这篇神话故事，你有什么感想和体会？"

"我们应该学习精卫这种意志坚决、不畏艰难的精神，做事不能半途而废。"

这时，妈妈指了指面前的课本，丁丁马上明白了妈妈的意思："嘿嘿，我接着预习，不达目的誓不罢休！"

丁丁陪你学古文

精卫填海

《山海经》

又北二百里，曰[①]发鸠之山[②]，其上多柘木[③]。有鸟焉，其状如乌，文首，白喙，赤足，名曰"精卫"，其鸣自詨[④]。是炎帝[⑤]之少女[⑥]，名曰女娃。女娃游于东海，溺[⑦]而不返，故[⑧]为精卫，常衔西山之木石，以堙[⑨]于东海。

/ 注释 /

①曰：叫作。②发鸠（jiū）之山：古代传说中的山名。③柘（zhè）木：柘树，桑树的一种。④其鸣自詨（xiào）：它的叫声很像是在呼唤自己的名字。⑤炎帝：传说中上古时期的部落首领，号烈山氏，与黄帝一起被尊为中华民族的祖先。⑥少女：小女儿。⑦溺：溺水，淹没。⑧故：因此。⑨堙（yīn）：填塞，堵塞。

丁丁陪你做练习

1. 解释下列加点的字。

（1）文首，白喙，赤足____________

（2）溺而不返____________

2. 用原文内容填空。

（1）描写精卫鸟外形的句子：____________

____

（2）表明精卫鸟名字由来的句子：____________

____

3. 精卫填海是为了（　）。

A. 造福百姓　　B. 报仇雪恨　　C. 征服大海

参考答案

1.（1）通"纹"，花纹　（2）溺水而死

2.（1）其状如乌，文首，白喙，赤足　（2）名曰"精卫"，其鸣自詨

3. B

05 我们需要几个太阳？

趣味古文故事

这天，李老师让同学们打开课本，说："同学们，今天我们一起学习《羿射九日》。"

"太阳不是生命之源吗？为什么这个叫羿的人要射太阳呢？"丁丁忍不住问道。

李老师笑着说："太阳可不是越多越好。试想一下，如果天上同时出现了十个太阳，地上的生物哪个能受得了呢？"

据《淮南子》记载：到了尧执政的时候，有十个太阳一同出来。结果，灼热的阳光晒焦了庄稼，花草树木也都干枯死了，老百姓连吃的东西也没有。猰貐、凿齿、九婴、大风、封豨、修蛇等妖怪都来祸害人民。

于是，尧派善于射箭的后羿到南方荒野杀死凿齿，到北方的凶水杀死九婴，到东方的大湖青邱用箭射大风，接着射掉九个太阳，杀死猰貐，在洞庭湖砍断修蛇，在中原一带的桑林擒获封豨。

当天空只剩一个太阳时，阳光照射到地面上温暖而舒适，花草树木开始焕发生机，田地里的庄稼也活过来了，老百姓十分开心。

丁丁恍然大悟，赞叹道："后羿可真是个为民除害的大英雄。"

李老师总结道："后羿射日这个英雄故事深受人们的喜爱，千百年来广为流传。这则神话表现了远古先民尝试征服自然的主题，反映了我国古代劳动人民想要战胜自然、改造自然的美好愿望。"

丁丁陪你学古文

后羿射日

《淮南子》

逮至尧之时，十日并出。焦禾稼，杀草木，而民无所食。猰貐[①]、凿齿[②]、九婴[③]、大风[④]、封豨[⑤]、修蛇[⑥]皆为民害。尧乃使羿诛凿齿于畴华[⑦]之野，杀九婴于凶水[⑧]之上，缴大风于青邱[⑨]之泽，上射十日而下杀猰貐，断修蛇于洞庭[⑩]，擒封豨于桑林。万民皆喜，置尧以为天子。

/ 注释 /

①猰貐（yà yǔ）：古代传说中的一种可怕的怪兽，跑得快，叫声如婴儿啼哭。②凿齿：古代传说中的一种野兽，露出口外的牙齿有三

尺长。③九婴：古代传说中的一种怪兽，有九个头。④大风：古代传说中的一种大猛禽，飞时伴有狂风。⑤封豨（xī）：大野猪。⑥修蛇：古代传说中一种能吞食大象的长蛇。⑦畴华：地名，在南方。⑧凶水：地名，在北方。⑨青邱：大泽名，在东方。⑩洞庭：即洞庭湖。

1. 解释下列加点的字。

（1）逮至尧之时＿＿＿＿＿＿

（2）置尧以为天子＿＿＿＿＿＿

2. 用现代汉语翻译下面的句子。

尧乃使羿诛凿齿于畴华之野。

译文：＿＿＿＿＿＿＿＿＿＿＿＿＿＿＿＿

3. 后羿为什么要射日？（用原文回答）

＿＿＿＿＿＿＿＿＿＿＿＿＿＿＿＿＿＿＿＿

1.（1）及，到 （2）推举

2. 略

3. 十日并出。焦禾稼，杀草木，而民无所食。

是谁为我们带来了火？

丁丁看着电视上的消防节目，问爸爸：“火这么危险，破坏性又强，人类却离不开它，这是为什么？”

爸爸说：“火为人类驱走黑暗，带来光明，让人们能够吃上热腾腾的食物，不受气候和地域限制地生活在寒冷的地区，它的用途和好处三天三夜也说不完。”

丁丁想象了一下没有火的世界，不得不承认爸爸说得对。他又问：“那最初是谁发明了火呢？古代又没有打火机这种东西。”

爸爸说：“别急，听完这个钻木取火的故事，你就知道了。”

在远古时期，人们吮吸自然雨露和天地精华，吃草木的果实，靠山居住就吃飞鸟和野兽，穿羽毛和兽皮做的衣服，临水而居则吃鱼鳖蚌蛤，他们还不知道用火烧煮食物，因此食物腥臊恶臭，伤害肠胃。这时，有一位圣人诞生了，他因为发明了火而被人民推举为王。他创造出了钻木取火的方法，教会人们用火烧煮食物，用火冶

炼金属铸造刀具。人们非常高兴，称他为“燧人”。

燧人氏结束了远古人类茹毛饮血的历史，开创了华夏文明的新纪元，被后世奉为“火祖”。

丁丁好奇地说：“华夏文明的发源地是中原，这么说，燧人氏也是中原人？”

爸爸点点头，说：“燧人氏去世后，被葬在河南商丘古城西南的燧皇陵。因此，商丘被誉为华夏文明的发祥地。每年正月初一到二月二，燧皇陵都有一个盛大的古庙会，先后有上百万人从全国各地前来朝拜，纪念华夏民族始祖燧人氏。”

丁丁陪你学古文

钻木取火

《古史考》

太古之初，人吮①露精，食草木实，山居则食鸟兽，衣其羽皮，近水则食鱼鳖蚌蛤，未有火化②，腥臊多，害肠胃。于是有圣人出，以火德王③，造作钻燧出火，教人熟食，铸金作刃④，民人大说，号曰燧人⑤。

/ 注释 /

①吮（shǔn）：吮吸。②未有火化：还不知道用火煮熟食物。③以火德王：因为发明了火而被人们推举为王。④刃：刀。⑤燧（suì）人：即取火者的意思，是中国上古神话中火的发明者。

1. 解释下列加点的字。

（1）衣其羽皮＿＿＿＿＿＿＿＿＿＿

（2）以火德王＿＿＿＿＿＿＿＿＿＿

（3）民人大说＿＿＿＿＿＿＿＿＿＿

2. 根据原文填空。

太古人们在会用火之前的饮食对身体有什么害处？

＿＿＿＿＿＿＿＿＿＿＿＿＿＿＿＿＿＿＿＿＿＿＿＿＿＿＿＿＿＿

3. 用现代汉语翻译下面的句子。

山居则食鸟兽，衣其羽皮。

译文：＿＿＿＿＿＿＿＿＿＿＿＿＿＿＿＿＿＿＿＿＿＿＿＿＿＿

参考答案

1.（1）穿　（2）凭借　（3）通“悦”，高兴

2. 腥臊多，害肠胃

3. 略

为什么中国人自称炎黄子孙？

课堂上，李老师问大家：“如今，我们海内外的华人有一个引以为荣的自我称谓，那就是‘炎黄子孙’，有谁知道这是为什么吗？”

丁丁反应最快，举手回答道：“我知道！”随即，他讲起了炎黄二帝的故事。

上古时期，在我国黄河流域和长江流域生活着许多部落，其中最著名的是有熊部落、神农部落和九黎族。

九黎族的首领蚩尤，生性善战，十分强悍，经常带着他的部落四处侵扰，闹得周围部落不得安宁。神农部落的首领炎帝，几次起兵抵挡，但都被打得一败涂地，炎帝只好向有熊部落的首领黄帝求援。

据《山海经·大荒北经》记载，蚩尤发兵攻打黄帝，黄帝让应龙在冀州的平原上迎战；应龙善于蓄水，但蚩尤请来了风伯和雨师，降下暴雨，给黄帝的军队带来很大麻烦。于是，黄帝又请天女魃下凡，使风静雨止，最后杀了蚩尤。

不久，炎帝和黄帝也发生了冲突，双方在阪泉（今河北涿鹿东南）打了一仗，最终炎帝被打败，神农部落彻底归服了黄帝。这就是“阪泉之战”。从此，黄帝成了中原地区的部落联盟首领。

后来，神农部落、有熊部落和九黎族三个部落相互融合，形成了以黄帝的有熊部落为主的华夏族，炎黄二帝被人们称为中华民族的始祖。

丁丁讲完后，同学们都露出了钦佩的目光。

李老师总结道：“炎黄二帝开拓疆土，促进了民族大融合，在伏羲氏的基础上开创了许多中华文明，创造了中华文化，繁衍了炎黄子孙，因此，后人尊崇他们为中华民族的人文始祖。”

丁丁陪你学古文

黄帝①战蚩尤②

《山海经》

蚩尤作兵伐黄帝，黄帝乃令应龙③攻之冀州之野；应龙蓄水，蚩尤请风伯雨师，纵大风雨。黄帝乃下天女曰魃④，雨止，遂杀蚩尤。

/ 注释 /

①黄帝：号轩辕氏，生于有熊（今河南新郑市），亦称有熊氏，

是中国远古时代华夏民族的始祖，五帝之首，被尊为中华“人文初祖”。②蚩尤：上古时代九黎氏族部落联盟的首领，中国神话中的战神。③应龙：黄帝手下的大将。④魃（bá）：传说中的旱神。

1. 解释下列加点的字。

（1）蚩尤作兵伐黄帝________

（2）黄帝乃下天女曰魃________

2. 根据原文填空。

从这则神话中可以看出，这场战争的挑起者是________，文中能证明这一点的句子是________________。

3. 用现代汉语翻译下面的句子。

黄帝乃令应龙攻之冀州之野。

译文：________________________________

参考答案

1.（1）攻打 （2）请

2. 蚩尤 蚩尤作兵伐黄帝

3. 略

第二章

诸子百家

读小古文，感受群星闪耀的先秦智慧

丁丁有话说

我国春秋战国时期出现了许多思想流派，孔子、孟子、老子、庄子、墨子就是这些学派中的代表人物，他们或著书立说，或论学议政，影响深远。下面就让我们通过一篇篇小古文，一起穿越回群星闪耀的先秦时代，去领略一番诸子百家的精神风韵吧。

08 《论语》是孔子自己写的吗？

趣味古文故事

李老师对同学们说：“孔子是儒家学派创始人，是我国伟大的思想家和教育家。他的思想及言论，通常能给人重大的启示，教会人们做人的道理。你们听过他的哪些名言？”

同学们顿时七嘴八舌地说起了自己知道的孔子名言。

孔子说：“学习知识并时常践习，不也很愉快吗？有志同道合者从远方来，不也很快乐吗？别人不理解我，我却不怨恨，不也是君子吗？”

孔子说：“温习旧知识，能得出新的理解与体会，就可以做老师了。”

孔子说：“只学习却不思考，就会感到迷

茫而无所适从；只思考但不学习，就会精神疲倦而没有收获。”

孔子说：“仲由啊，我教给你的，你明白了吗？知道就是知道，不知道就是不知道，这样才是聪明的人。”

子贡问：“有什么话是可以终身奉行的吗？”孔子回答：“那就应该是‘恕’了吧！自己不想要的，也不要强加给别人。”

李老师赞许地说：“不错，这些都是《论语》一书中记载的关于孔子及其弟子言行的名句。那么，《论语》是孔子自己写的吗？”

丁丁不假思索地回答道：“那当然了！”

李老师摆摆手，说：“其实不是。孔子去世以后，他的弟子及再传弟子为了不让孔子和弟子们的言行思想流失，便将它们整理编写，最终才形成了这本流传千古的儒家经典——《论语》。”

丁丁陪你学古文

学而时习之

《论语》

子曰：“学而时[①]习之，不亦说[②]乎？有朋自远方来，不亦乐[③]乎？人不知而不愠[④]，不亦君子乎？”

子曰：“温故而知新，可以为师矣。”

子曰：“学而不思则罔[⑤]，思而不学则殆[⑥]。”

子曰：“由，诲女[⑦]知之乎！知之为知之，不知为不知，是知[⑧]也。”

子贡问曰：“有一言而可以终身行之者乎？”

子曰：“其恕乎！己所不欲，勿施于人。”

/ 注释 /

①时：时常。②说（yuè）：通“悦”，高兴，愉快的意思。③乐（lè）：快乐。④愠（yùn）：生气、发怒的样子。⑤罔（wǎng）：迷惑，感到迷茫而无所适从的意思。⑥殆（dài）：危害。⑦女（rǔ）：人称代词，你，后作“汝”。⑧知（zhì）：通“智”，智慧，这里指聪明。

1. 解释下列加点的字。

（1）学而时习之________

（2）温故而知新________

2. 根据原文填空。

《论语》是记录________________的一部书。

3. 用现代汉语翻译下面的句子。

学而不思则罔，思而不学则殆。

译文：________________________________

参考答案

1. （1）练习　（2）温习
2. 孔子及其弟子言行
3. 略

孟子为什么被称为“亚圣”？

趣味古文故事

丁丁最近看了奥运比赛，开始对赛事排名有所了解。

这天，他问爸爸：“‘亚军’的‘亚’字有次一等的意思，就是在次序排列中位于第二位。我听说孔子被后世称为‘圣人’，而孟子则被称为‘亚圣’。这么高的评价为什么给了孟子呢？”

爸爸听了丁丁的疑问，就将孟子的故事娓娓道来。

孟子是战国时期著名的思想家、政治家和教育家，他继承了孔子的德治思想，并发展为仁政学说，对后来的儒家影响很大。

孟子一生志在匡世济民、兼济天下。从中年时起，他便怀着极大的政治热情和治国平天下的理想抱负，带着众多弟子周

游列国，到处宣传“仁政”“王道”的主张。晚年，他结束了自己的游历生涯，在家乡聚徒讲学，与弟子共同编写完成了《孟子》一书。

《孟子》有一篇著名篇章，孟子写到，鱼是我所喜爱的，熊掌也是我所喜爱的，如果这两种东西不能同时得到，那么我宁愿舍弃鱼而选取熊掌。生命是我所想要得到的，大义也是我所想要得到的，如果这两样东西不能同时得到，那么我宁愿牺牲生命而选取大义。

丁丁听得津津有味，认同地说：“历史上的英雄们为了正义事业，不惧流血牺牲，这种精神实在难能可贵。”

爸爸总结道：“孟子提倡的‘舍生取义’和孔子提倡的‘杀身成仁’，一起成为中华民族的最高道德准则，激励着历代仁人志士，慷慨赴难，为国捐躯。”

丁丁陪你学古文

鱼我所欲[1]也

《孟子》

鱼，我所欲也；熊掌，亦[2]我所欲也。二者不可得兼[3]，舍鱼而取[4]熊掌者也。生，亦我所欲也；义，亦我所欲也。二者不可得兼，舍生而取义者也。

/ 注释 /

①欲：喜爱。②亦：也。③得兼：两种东西都得到。④取：选取。

1. 解释下列加点的字。

（1）二者不可得兼________

（2）舍鱼而取熊掌者也________

2. 根据原文填空。

（1）孟子是________时期伟大的思想家、政治家、教育家，________家学派的代表人物，有“________”之称。

（2）《孟子》是记录________的政治、教育、哲学、伦理等思想观点和政治活动的书，现存七篇。

3. 用现代汉语翻译下面的句子。

二者不可得兼，舍生而取义者也。

译文：________________

参考答案

1.（1）同时　（2）舍弃

2.（1）战国　儒　亚圣　（2）孟轲及其弟子

3. 略

10 神话里的太上老君确有其人吗？

趣味古文故事

一天，陶陶问丁丁："《西游记》里的太上老君，历史上确有其人吗？"

丁丁回答道："其实，在古代还真有一位太上老君，他就是老子。"

老子是我国春秋时期著名的哲学家、思想家、文学家和史学家，道家学派创始人。他姓李，名耳，大约生活在公元前571年至公元前471年之间，曾做过周朝的守藏史（管理藏书的官员）。

"上善若水"是老子最有代表性的人生哲思之一，他认为，最高的德行好像水一样。水最善于便利万物而不与它们相争，停留在众人都不喜欢的地方，所以最接近于"道"。最有德行的人，居住的地方最能适应地势，心思最沉静、深沉，交往最真诚、友好，说话最讲信用，执政的时候最会治理国家，办事的时候最能干，行动起来最能把握时机。正因为有不与万物相争的美德，所以没有过失，心中也就没有怨恨。

在道教中，老子被尊为道教始祖，并被称为"太上老君"。

接着，丁丁说：“老子的学问十分渊博，孔子都向他请教过问题。”

丁丁陪你学古文

上善[①]若水

《老子》

上善若水。水善利万物而不争，处众人之所恶[②]，故几于道。居善地；心善渊；与[③]善仁[④]；言善信；政善治[⑤]；事善能；动善时[⑥]。夫唯不争，故无尤[⑦]。

/ 注释 /

①上善：最高的德行。②恶（wù）：不喜欢，不愿意。③与：指与别人来往。④善仁：指有修养之人。⑤政善治：为政善于治理国家。⑥动善时：行为动作善于把握有利的时机。⑦尤：怨咎。

丁丁陪你做练习

1. 解释下列加点的字。

（1）故几于道________

（2）心，善渊________

2. 根据原文填空。

在道教中，老子被尊为道教始祖，并被称为“________”。

参考答案

1.（1）接近　（2）沉静、深沉

2. 太上老君

将哲学变有趣的秘诀是什么？

看到爸爸阅读哲学书时那副陶醉的表情，丁丁嘀咕道："'哲学'这两个字听起来就没意思，为什么爸爸会这么喜欢呢？"

爸爸听到了，说："一般的哲学是有些枯燥难懂。可是，有一个叫庄子的人，却能把哲学变得趣味十足，你相信吗？"

看着丁丁怀疑的表情，爸爸便给丁丁讲了《逍遥游》里的故事。

庄子，姓庄，名周，战国时期道家学派的主要代表人物之一，与老子并称"老庄"。他的代表作品为《庄子》，《逍遥游》是其中的名篇之一，里面有这样的描述：有一种巨鸟，名字叫鹏，它向南方迁徙的时候，翅膀拍击水面激起三千里的波涛，借着旋风盘旋而上九万里高空，一飞就是六个月，然后才停歇下来……蝉和灰雀嘲笑大鹏："我奋力起飞，也就到达树枝的高度，有时飞不上去，就落回地上。何必要飞九万里而往南海去呢？"……小智慧比不上大智慧，寿命短的也理解不了长寿的。比如朝生暮死的菌草不知道有黑夜与黎明；夏生秋死的寒蝉不知道一年有四季。而楚国南方有一种大灵龟，以五百年为春，五百年为秋；上古时代有一种树叫作大椿，以八千年为春，八千年为秋。

丁丁说："飞上九万里高空的巨鸟……这位庄子的想象力实在

太丰富了。那么，庄子将哲学变有趣的秘诀是什么呢？”

爸爸总结道：“一个是你说的，丰富的想象力；另一个是高超的语言技巧。庄子将巨大的鹏鸟描绘得活灵活现，仿佛真实存在，就在我们眼前。同时，他也通过大鹏和蜩鸠的对比，告诉大家，飞得高才看得远，一个人视野越宽广，心胸也越开阔；人的能力有大有小，做人的境界也有高低之别。庄子把微妙难言的哲理通过通俗易懂的语言变得妙趣横生、引人入胜，让哲学和文学相辅相成，趣味性也就大大增加了。”

丁丁陪你学古文

北冥[①]有鱼（节选）

《庄子》

《谐》之言曰：“鹏之徙[②]于南冥也，水击三千里，抟[③]扶摇[④]而上者九万里，去以六月息者也。”……蜩[⑤]与学鸠[⑥]笑之曰：“我决起而飞，抢[⑦]榆枋而止，时则不至，而控[⑧]于地而已矣，奚以[⑨]之九万里而南为？”……小知不及大知，小年[⑩]不及大年。奚以知其然也？朝菌[⑪]不知晦朔[⑫]，蟪蛄[⑬]不知春秋，此小年也。楚之南有冥灵者，以五百岁为春，五百岁为秋；上古有大椿者，以八千岁为春，八千岁为秋。此大年也。

/ 注释 /

①北冥：北海。②徙：迁移。③抟：盘旋上升。④扶摇：旋风。⑤蜩（tiáo）：蝉。⑥学鸠（jiū）：灰雀一类的小鸟。⑦抢：撞到，碰到。⑧控：投下，落下来。⑨奚（xī）以：何必，哪里用得着。⑩年：指寿命。

⑪朝菌：一种朝生暮死的菌类植物。⑫晦（huì）朔（shuò）：月亮的盈缺。⑬蟪（huì）蛄（gū）：寒蝉，春生夏死或夏生秋死。

1. 解释下列加点的字。

（1）我决起而飞________

（2）小知不及大知________

2. 用现代汉语翻译下面的句子。

鹏之徙于南冥也，水击三千里，抟扶摇而上者九万里，去以六月息者也。

____

参考答案

1.（1）迅速跃起

（2）小聪明。知，通"智"

2. 略

12 一个国家需要什么样的人才？

趣味古文故事

一次语文课上，李老师为大家讲了一个著名的历史故事：

“战国时期，赵国有个大将叫赵奢，他曾为赵国立下无数战功，深得赵王的信任。赵奢有个儿子叫赵括，自小学习兵法，每次赵奢与儿子谈论兵事，赵奢都说不赢他。赵奢去世后，秦军前来侵犯赵国，赵王就拜赵括为大将，认为赵括带兵作战，一定可以战胜秦国。

“赵括到了前线，凭借书上学到的理论与秦军展开正面交锋，结果因为不知变通，中了秦军的埋伏，四十余万赵军全部被俘，赵括也战死沙场。”

听完，丁丁说："赵军的失利，其实赵王要负主要责任。因为赵括这样的人，看起来是国家的栋梁之才，谈论国事也头头是道，却不能做实事。"

李老师说："那么，对于一个国家来说，到底需要什么样的人才呢？我们来看看思想家荀子给出的答案。"

荀子，名况，字卿，是战国末期著名的思想家、文学家、政治家，他和孔孟一样，是儒家学派的代表人物。在《荀子》中有这样的描述：嘴上能讲，也能身体力行的人就是国家的珍宝，国家要敬重这类"国宝"；不太擅长说话，却能以身作则、身体力行的人是国家的栋梁之才，国家要爱护这类"国器"；嘴上说得漂亮，行动力差的人，有时候也能为国家所用；嘴上说得好听，行动上却为非作歹的人是国家的祸害，应该铲除。

最后，李老师说："这是荀子为治国者提出的建议，明确了什么样的人才是国家的栋梁之才。"

同学们听后，都陷入了沉思。

丁丁陪你学古文

国之器[1]用

《荀子》

口能言之，身能行之，国宝[2]也。口不能言，身能行之，国器[3]也。口能言之，身不能行，国用[4]也。口言善，身行恶，国妖[5]也。治国者敬其宝，爱其器，任其用，除其妖。

/ 注释 /

①器：栋梁之材。②国宝：国家的宝物，指那些为国家做出特殊贡献的人。③国器：指能治理国家的人才。④国用：指能为国家所用的人。⑤国妖：国家的妖孽，指危害国家的人。

丁丁陪你做练习

1. 解释下列加点的字。

（1）国器也________

（2）身行恶________

2. 根据原文填空。

（1）荀子是先秦________家学派的代表人物，他的代表作品是________。

（2）荀子与________一起被称为“辞赋之祖”。

3. 用现代汉语翻译下面的句子。

治国者敬其宝，爱其器，任其用，除其妖。

译文：________

参考答案

1.（1）栋梁之材　（2）不好，坏

2.（1）儒　《荀子》　（2）屈原

3. 略

13 孔子也有不懂的问题吗？

趣味古文故事

课堂上，李老师提了一个问题："我们都知道，孔子是春秋时期的大学问家。他博学多闻，被人们尊为圣人，但是有一个问题，连他也无法判断解决。难倒孔子的到底是什么问题，你们知道吗？"

丁丁早就听过这个故事，因此脱口而出说道："是关于太阳距离我们远近的问题！"说完，他就讲起了两小儿辩日的故事。

在道家学派代表人物列子的著作《列子》中，记载了这样一个故事。

一天，孔子向东游历，途中遇见两个小孩在争辩，便问他们为什么争辩。

一个小孩说："我认为太阳刚刚升起时离人近，而到中午时离人远。"

另一个小孩则认为，太阳刚升起时离人远，而到中午时离人近。

第一个小孩说："太阳刚出来时大得像一个车盖，到了中午却小得像一个盘子，这不是远小近大的道理吗？"

另一个小孩说：

“太阳刚出来时人们感觉到清凉而略带寒意，到了中午时人们却觉得像把手伸进热水里一样热，这不是近热远凉的道理吗？”

孔子听了，不能判断他们谁对谁错。

两个小孩笑着说：“谁说您十分有智慧呢？”

丁丁讲完故事，同学们也觉得这两个孩子分析得都有道理。

陶陶说：“怪不得孔子也无法判断对错，这个问题实在太难了！”

李老师总结道：“太阳距离人类远近这样复杂的问题，古人无法完全给予解释，但他们这种大胆探求真理的精神是难能可贵的。两个小孩的辩论让我们明白，从不同的角度看待事物，就会得出不同的结论，遇事要注意科学客观地分析。另外，孔子作为大学问家，认真对待小孩子提出的问题，没有妄加论断，完美践行了他说的‘知之为知之，不知为不知，是知也’。”

丁丁陪你学古文

两小儿辩日

《列子·汤问》

孔子东游[①]，见两小儿辩斗，问其故[②]。一儿曰：“我以[③]日始[④]出时去[⑤]人近，而日中[⑥]时远也。”一儿以日初[⑦]出远，而日中时近也。一儿曰：“日初出大如车盖，及[⑧]日中则如盘盂，此不为[⑨]远者小而近者大乎？”一儿曰：“日初出沧沧凉凉[⑩]，及其日中如探汤[⑪]，此不为近者热而远者凉乎？”孔子不能决也。两小儿笑曰：“孰[⑫]为汝[⑬]多知[⑭]乎？”

/ 注释 /

①东游：向东游历。②故：缘故，原因。③以：认为。④始：刚刚，才。⑤去：离。⑥日中：正午。⑦初：刚刚。⑧及：到。⑨为：通“谓”，说的意思。⑩沧沧凉凉：沧沧，寒冷，形容清凉的感觉。⑪ 探汤：汤，热水。把手伸向热水里，意思是天气很热。⑫ 孰(shú)：谁。⑬ 汝(rǔ)：你。⑭ 知（zhì）：同“智”，在这里指智慧。

丁丁陪你做练习

1. 解释下列加点的字词。

（1）见两小儿辩斗________

（2）孔子不能决也________

2. 根据原文填空。

从哪一句话可以看出两小儿辩论内容的复杂性？

____

3. 用现代汉语翻译下面的句子。

孰为汝多知乎？

译文：________________________________

参考答案

1.（1）辩论，争论，争辩（2）判断

2. 孔子不能决也

3. 略

第三章

历史故事

读小古文，
欣赏色彩斑斓的时代画卷

丁丁有话说

在漫长的历史长河中，中华大地上涌现了许多叱咤风云的人物，有杰出的政治家、军事家和思想家，还有著名的文学家、科学家和艺术家，他们演绎了一幕幕激动人心的故事，留下了一个个可歌可泣的英雄故事，编织出一幅幅色彩斑斓的历史画卷。

许衡为什么不吃无主之梨？

趣味古文故事

这天，妈妈洗了几个梨放在桌子上，丁丁回到家正口渴，看到梨就迫不及待地拿起一个吃起来。

爸爸看到丁丁在吃梨，说："丁丁，你想不想听一个吃梨的故事？"

丁丁好奇地问道："除了孔融让梨，还有其他吃梨的故事吗？"

许衡是元代初期的名臣，也是一位著名的学者。他不但勤奋好学，而且十分注意自己的品德修养。

年轻的时候，许衡为了躲避战乱，曾经跟很多人一起逃难。经过河阳（今河南孟州）时，由于走了很远的路，天气又热，大家都十分口渴。正好，路

旁有一棵梨树，大家都争着摘梨吃，只有许衡独自端正地坐在梨树下，安然如常。

有人问他，为什么不摘梨吃。许衡说："不是属于自己的东西却去拿，这是不可以的。"那人又说："现在时局这么乱，这些梨早就没有主人了。"许衡说："梨没有主人，难道我心中也没有主人吗？别人丢失的，即便是很小的东西，如果违背了道义，也不能接受。别人家的庭院里有果树，果子熟了，掉落在地上，小孩子从旁经过，也不会斜着眼睛看一眼，而是径直离去。这要归功于他家人的教化。"

丁丁看着手里的梨，说："许衡在这么艰难的处境下，能抵制这样的诱惑，实在了不起。"

爸爸说："许衡恪守自己的原则，不吃无主之梨，赢得了大家的尊重，为后人深深敬仰。由此可见，诚实就像金子一样珍贵，只有诚实的人才能得到别人的尊敬。"

丁丁陪你学古文

许衡不食梨　　《元史·许衡传》

（许衡）尝[①]暑中过河阳，渴甚[②]，道有梨，众争取啖[③]之，衡独危坐树下自若。或[④]问之，曰："非其有而取之，不可也。"人曰："世乱，此无主。"曰："梨无主，吾心独无主乎？人所遗[⑤]，一毫弗[⑥]义弗受也。庭有果，熟烂堕地，童子过之，亦不睨视[⑦]而去。其家人化[⑧]之如此。"

/ 注释 /

①尝：曾经。②甚：非常。③啖（dàn）：吃。④或：有人。⑤遗：丢失。⑥弗：不。⑦睨视：斜着眼看。⑧化：教化，教导。

丁丁陪你做练习

1. 解释下列加点的字。

（1）衡独危坐树下自若________________

（2）吾心独无主乎________________

2. 根据原文填空。

许衡不吃梨的原因：________________________

3. 用现代汉语翻译下面的句子。

非其有而取之，不可也。

译文：____

参考答案

1.（1）独自　（2）难道

2. 梨无主，吾心独无主乎

3. 略

15 中国人为什么特别重视“孝”？

趣味古文故事

课堂上，李老师为同学们讲述中国的感恩文化，说：“俗话说，‘百善孝为先’。孝道是我们中国特有的感恩文化。我国著名的思想家曾子，他十六岁就拜孔子为师，勤奋好学，是孔子的得意门生。齐王曾想要请他当官，但曾子因在家孝敬父母，辞而不就。”

丁丁问：“为什么中国人特别重视孝道呢？”

李老师说：“这个问题的答案，也要从曾子的故事中寻找。”随后，李老师为大家讲述了“曾子避席”的故事。

曾子，名参，春秋末年鲁国人，我国古代著名的思想家、教育家。

曾子性情沉静，举止稳重，为人谨慎，待人谦恭，以贤德著称。儒家的伦理经典著作《孝经》，据传就是曾子所著。《孝经》第一篇就为我们解释了什么是孝：孔子在家，学生曾子侍坐在旁边。

孔子说："古代的帝王有至高无上的品行和最精要的道理，以其使天下人心归顺，人民和睦相处。人们无论是尊贵还是卑贱，上上下下都没有怨恨不满。你知道这是为什么吗？"

曾子站起身，离开座位说："学生我不够聪明，哪里会知道呢？"

孔子说："这就是因为孝。孝是一切德行的根本，也是教化产生的根源。我们的身体四肢、毛发皮肤，都是父母给我们的，不敢损毁伤残，这是孝的开始。人在世上遵循仁义道德，有所建树，扬名于后世，从而使父母享有荣耀，这是孝的终极目标。所谓孝，最初是从侍奉父母开始，然后效力于国君，最终建功立业。"

李老师总结道："曾子提出的以孝为本的伦理思想，影响了中国两千多年，到现在都具有极其宝贵的社会意义。"

丁丁陪你学古文

曾子避席

《孝经》

仲尼居[①]，曾子侍[②]。子曰："先王有至德要道[③]，以顺天下。民用和睦，上下无怨[④]。汝知之乎？"曾子避席曰："参不敏，何足以知之？"

子曰："夫孝，德之本也，教之所由生也。复坐，吾语汝。"

"身体发肤，受之父母，不敢毁伤，孝之始也。立身行道，扬名于后世，以显父母，孝之终也。夫孝，始于事亲，中于事君，终于立身。"

/ 注释 /

①居：闲坐。②侍：侍奉、伺候。③至德要道：至高无上的品行和最精要的道理。④怨：怨恨，不满。

丁丁陪你做练习

1. 解释下列加点的字。

（1）汝知之乎________

（2）参不敏________

2. 用现代汉语翻译下面的句子。

参不敏，何足以知之？

译文：________________________________

3. 对下列句子中加点词的解释，不正确的一项是（　）。

A. 仲尼居　　居：居住

B. 曾子侍　　侍：侍坐

C. 参不敏　　敏：聪敏

参考答案

1.（1）知道　（2）聪敏

2. 略

3. A

寒食节是怎么来的？

马上要到清明节了。

爸爸对丁丁说："清明节虽然重要，但也不要忽视寒食节。寒食节在清明节的前一天，已经有两千多年的历史。每到寒食节这天，人们禁烟火，只吃冷食，还会参与祭扫、踏青、荡秋千等活动。这个节日的来历你知道吗？"

介之推，是春秋时期晋国的忠臣。晋献公时，晋国发生动乱，介之推跟随公子重耳在外逃亡19年，历尽艰难险阻，依旧忠心不二。他曾把自己大腿上的肉割下来，煮熟了给饥饿的重耳吃，救了重耳一命。后来，重耳返回晋国成为国君，即晋文公。晋文公赏赐了曾跟随自己流亡的人，但封赏之中唯独遗忘了介之推。介之推性格耿直，淡泊名利，他并不在意封赏的事，很快带着母亲到绵山隐居去了。

介之推说："献公有九个儿子，现在只有我们国君还在人世。上天没有断绝晋国的后嗣，所以一定会有新的君主。这实际是上天的安排，而跟随国君逃亡的几个人，却认为是自己的功劳，这不是骗人吗？盗窃别人的财物，尚且被称为小偷，更何况窃取上天的功劳，将其作为自己的功劳呢？下面的臣子将他们的罪过当作道义，上面的国君对这些奸诈的人给予赏赐。上下互相欺瞒，我难以和他们相处啊！”

晋文公知道了介之推不愿邀功争宠的事后，想要报答介之推的恩情，请他出山为官。为了逼介之推下山，晋文公命人放火焚山。谁料想，介之推抱着母亲被烧死在一棵柳树下。晋文公后悔万分，他把介之推安葬在绵山之下，并将他的忌日定为火禁日，禁烟止火，只吃冷食，以寄托哀思。后来，人们相传的寒食节就与这个故事有关。

丁丁不解地说：“介之推为什么不让晋文公知道自己的功劳呢？”

爸爸说：“介之推不求荣华富贵，不贪功好利。他心中怎么想，就怎么做，绝不肯做心口不一的事情。他认为晋文公成为君主是上天的安排，没有自己的功劳。如果像其他人那样到晋文公面前邀功，就违背了他的本心。他藐视富贵、正气凛然、言行合一，这种品行至今也仍然备受敬仰。”

丁丁陪你学古文

介之推不言禄　《左传·僖公二十四年》

晋侯[①]赏[②]从亡者[③]，介之推不言禄[④]，禄亦弗及[⑤]。推曰：“献公之子九人，唯君在矣。惠、怀[⑥]无亲，外内弃之。天未绝[⑦]晋，必将有主。主[⑧]晋祀者，非君而谁？天实置[⑨]之，而二三子[⑩]以为己力，不亦诬乎？窃人之财，犹谓之盗。况贪天之功，以为己力乎？下义其罪，上赏其奸[⑪]。上下相蒙[⑫]，难与处矣。”

/ 注释 /

①晋侯：指晋文公，即重耳，春秋时期晋国的君主。②赏：赏赐，奖赏。③从亡者：从，跟从，跟随。亡，逃亡。跟随（晋文公）逃亡的人。④禄：古代官吏的俸禄。⑤及：到。这里有“给予”的意思。⑥惠、怀：指晋惠公、晋怀公。⑦绝：断绝。⑧主：主持。⑨置：安排。⑩二三子：这里指跟随晋文公逃亡的人。⑪奸：邪恶，诈伪。⑫ 蒙：欺骗。

1. 解释下列加点的字。

（1）唯君在矣________

（2）不亦诬乎________

2. 相传寒食节是为了纪念（　）。

A. 屈原　B. 晋文公　C. 重耳　D. 介之推

3. 用现代汉语翻译下面的句子。

况贪天之功，以为己力乎？

译文：________________________________

参考答案

1.（1）存在，生存　（2）欺骗

2. D

3. 略

孟母为什么要割断织物？

趣味古文故事

晚上，丁丁做作业时总是不专心，看看这儿，摸摸那儿。妈妈看到他这个样子，便给他讲了“孟母断织”的故事。

孟子幼年丧父，母亲靠织布维持生计。孟子的母亲很重视对孟子的教育，尽管家中生活贫苦，她仍设法送孟子去读书。

有一次，孟子在家背书，母亲在一旁纺织。孟子可能是受到母亲纺织声音的影响，突然停了下来，过了一会儿，又开始背诵。母亲知道，他是因分心而遗忘了诗文的内容，就问道：“你背诵时为什么要停顿一下呢？”孟子回答说：“有的地方忘记了，后来又想起来了。”于是，母亲拿起刀把她的织物割断了，说：“织物割断了，还能再接上去吗？”从此，孟子读书时再也不三心二意了。

丁丁明白了妈妈的用意，他说：“学习一定要全神贯注、专心致志，否则将半途而废。我一定努力改正不专心的毛病！”

丁丁陪你学古文

孟母断织

《韩诗外传》

孟子少时诵①，其母方织。孟子辍②然中止③，乃复进。其母知其喧④也，呼而问之曰：“何为⑤中止？”对曰：“有所失复得⑥。”其母引⑦刀裂⑧其织，曰：“此织断，能复续乎？”以此诫之。自是之后，孟子不复喧矣。

/注释/

①诵：背诵。②辍（chuò）：停止，废止。③止：停止。④喧（xuān）：因分心而遗忘。⑤何为：即“为何”，为什么。⑥有所失，复得：有的地方忘记了，后来又想起来了。⑦引：拿来。⑧裂：割断。

丁丁陪你做练习

根据原文回答问题。

从孟母教子的角度，本文给你的启示是什么？

____

示例：做事应该一心一意，不应三心二意。

我们应该怎样对待老师？

趣味古文故事

晚上，丁丁在学习上遇到了问题，便发了条信息请教李老师。五分钟过去，李老师还没有回复，丁丁想打电话催促一下。

爸爸拦住了丁丁，说："别急，在等待的过程中，来听一个'程门立雪'的故事。"

杨时是北宋著名的理学家、教育家和诗人。当时，河南人程颢、程颐兄弟俩都是极有学问的人，很多读书人都拜他们为师。

杨时专门来到颍昌（今河南许昌），以学生礼节拜程颢为师，师生相处十分融洽。杨时回家的时候，程颢目送他说："'你回家了，我的学说就可以向南方（杨时是福建人）传播了。"四年后，程颢去世了。杨时得知后，在卧室里设了程颢的灵位哭祭，又用书信将程颢去世的消息告知他的同学们。

程颢去世以后，杨时又到洛阳拜见程颐。有一天，杨时和游酢去拜见程颐，正巧程颐瞑目而坐。为了不打扰老师休息，杨时和游酢就站在一旁等待。等到程颐醒来后，门外的积雪已经一尺深了。杨时和游酢并没有一丝疲倦和不耐烦的神情。于是，后人就用"程门立雪"形容尊师重道，恭敬求教。

丁丁反思道：“我也要学习杨时尊敬师长、恭敬求学的精神。”这时，李老师的回复来了，丁丁的问题也得到了解答。

丁丁陪你学古文

程门立雪

《宋史·杨时传》

至是，又见程颐于洛，时盖[①]年四十矣。一日见颐，颐偶瞑[②]坐，时与游酢[③]侍立不去。颐既[④]觉，则门外雪深一尺矣。

/ 注释 /

①盖：大概。②瞑：小睡。③游酢（zuò）：字定夫，建州建阳（今属福建）人，程门四大弟子之一。④既：后来。

丁丁陪你做练习

1. 解释下列加点的字。

（1）时与游酢侍立不去________

（2）颐既觉________

2. 根据原文回答问题。

为什么杨时与游酢“侍立不去”？

____

参考答案

1. （1）离开 （2）睡醒

2. 示例：因为老师正在闭目而坐，他们不想打扰老师。

屈原为什么投江自尽？

趣味古文故事

这天，丁丁问李老师："屈原才华横溢，为什么投江自尽？"

李老师解释道："这和他所处的时代背景有关系。"

屈原是战国时期楚国人。楚怀王时，任左徒（即左丞相）、三闾大夫（掌管楚国三大姓宗族事务的官），兼管内政外交大事，对内主张举贤授能，修明政治，对外主张联齐抗秦。

后来，屈原因遭贵族排挤毁谤，先后被流放至汉北和沅湘流域。屈原沿着江边走边唱，脸色焦黄，形体枯瘦。渔父见了他，便问道："您不是三闾大夫吗？为什么落到这步田地？"屈原说："天下人都浑浊不堪，只有我不同流合污；世人都迷醉了，唯独我清醒，因此被放逐。"

公元前278年，秦将白起攻破楚都郢，屈原在极度苦闷、完全绝望的心情下，于农历五月五日投入汨罗江以身殉国。

李老师总结道："屈原是我国历史上第一位爱国诗人。他创作的《楚辞》是中国浪漫主义文学的源头，与《诗经》并称'风骚'，对后世诗歌产生了深远影响。"

丁丁陪你学古文

渔父（节选）

《楚辞》

屈原既①放②，游于江潭，行吟泽畔，颜色③憔悴，形容枯槁。渔父见而问之曰：“子非三闾大夫④与？何故至于斯！”屈原曰：“举世皆浊我独清，众人皆醉我独醒，是以见放。”

/ 注释 /

①既：已经，引申为“（在）……之后”。②放：放逐，即流放。③颜色：脸色。④三闾大夫：楚国官职名，掌管楚国王族屈、景、昭三姓宗族子弟。文中指代屈原，因他曾任此职。

丁丁陪你做练习

根据原文回答问题。

屈原被流放的原因是什么？

____

举世皆浊我独清，众人皆醉我独醒，是以见放。

第四章

山水游记

读小古文，走进字里行间的大千世界

丁丁有话说

古人在不得志的时候，往往喜欢寄情山水，把自己的情感寄托在大自然中。比如，范仲淹被贬到邓州时，写下了千古名篇《岳阳楼记》；欧阳修被贬到滁州后，写了《醉翁亭记》。在浩瀚的中国历史上，像范仲淹和欧阳修这样失意而不消沉的文人还有很多。你都知道哪些呢？

什么样的人才能称为天才？

课堂上，李老师说：“今天，给大家介绍一位当之无愧的天才诗人——王勃。”

王勃是初唐时期的诗人，文章写得非常好。他和骆宾王、卢照邻、杨炯被人们称为“初唐四杰”。

王勃南下看望父亲时，路过洪州（今江西南昌），正好赶上滕王阁重建竣工，洪州都督阎伯屿大宴宾客。阎伯屿有意让自己的女婿扬名，就安排他提前写了一篇序文。所以，当阎伯屿在宴席上问谁愿为滕王阁写一篇序文时，众人都识趣地摇了摇头。不料，在众人假意谦让时，年轻气盛的王勃站了出来。他挥毫泼墨，一气呵成，文惊四座，写下了千古佳作《滕王阁序》。文中有这样精彩的场景描写：

打开雕花精美的阁门，俯视雕饰华美的屋脊，高远辽阔的山峰、平原尽收眼底，迂回曲折的河流、湖泽令人惊叹。遍地都是密集的房屋，有不少富贵的官宦人家；船只停满了渡口，有许多雕刻着青雀、黄龙花纹的大船。雨过天晴，虹消云散，阳光普照，天空明朗。落霞与孤雁一起飞翔，秋水和长天连成一片。傍晚的渔舟中传来歌声，响彻彭蠡湖滨，雁群感到寒意而发出长鸣，鸣声到衡阳的岸边方止。

丁丁完全沉浸在了李老师描述的场景中，不由地赞美道：“用词华美，气势奔放，真是让人叹为观止！”

丁丁陪你学古文

滕王阁序（节选）

王勃

披绣闼，俯雕甍，山原旷其盈视①，川泽纡其骇瞩②。闾阎扑地，钟鸣鼎食之家③；舸舰弥津，青雀黄龙之舳④。云销雨霁，彩彻区明。落霞与孤鹜齐飞，秋水共长天一色。渔舟唱晚，响穷彭蠡⑤之滨，雁阵惊寒，声断⑥衡阳之浦。

/ 注释 /

①盈视：极目遥望，满眼都是。②骇瞩：对所见的景物感到惊异。③钟鸣鼎食之家：指大家世族，因古代贵族吃饭时要鸣钟列鼎，鼎中盛食物。④青雀黄龙之舳：船头作鸟头形、龙头形。⑤彭蠡（lǐ）：古代大泽，即现在的鄱阳湖。⑥断：止。相传衡阳有回雁峰，雁至此就不再南飞，待春而回。

丁丁陪你做练习

文学常识填空题。

“江南三大名楼”是指__________、__________、__________。

参考答案

滕王阁　岳阳楼　黄鹤楼

醉翁亭是醉翁修建的吗？

趣味古文故事

这天，李老师问大家：“你们听说过醉翁亭吗？它位于安徽省滁州市西南琅琊山旁，始建于北宋庆历七年（1047年），位列中国四大名亭之首。”

丁丁提出了疑问：“醉翁亭为什么叫这个名字？难道它是由一个醉醺醺的老人家修建的？那这亭子会不会不安全呢？”

李老师回答道：“说起这个，就不得不提北宋大学问家、‘唐宋八大家’之一的欧阳修了。欧阳修，字永叔，号醉翁。”

陶陶迫不及待地说：“那‘醉翁亭’肯定是他修建的了！”

李老师笑着说：“这个问题，等看完欧阳修的《醉翁亭记》，你们就知道答案了。”

环绕着滁州城的都是山。它西南方的山峰、树林和山谷格外秀美。远远望过去，树木茂盛、幽深秀丽的，是琅琊山。

沿着山上走六七里，渐渐听到潺潺的流水声，一股水流从两峰之间飞泻而下，是酿泉。山势回环，路也跟着拐弯，有一个四角翘起，像鸟张开翅膀一样高踞于泉水之上的亭子，是醉翁亭。

建造这个亭子的人是谁呢？是山里的和尚智仙。给它命名的人是谁？是太守（指欧阳修）用自己的别号给它命名的。太守和宾客来这里饮酒，喝了一点就醉了，而且太守年龄又最大，所以太守给自己起了个别号叫“醉翁”。

醉翁的情趣不在喝酒上，而在欣赏山水之间的美景上。欣赏山水的乐趣，领会在心里，寄托在喝酒上。

李老师总结道：“可见，醉翁亭并非欧阳修本人修建，而是他的好朋友智仙和尚建造的。欧阳修是给它命名的人，还留下了这篇流传千古的美文——《醉翁亭记》。”

丁丁陪你学古文

醉翁亭记（节选）

欧阳修

环[①]滁[②]皆山也。其西南诸峰，林壑[③]尤美。望之蔚然[④]而深秀者，琅琊也。山[⑤]行六七里，渐闻水声潺潺而泻出于两峰之间者，酿泉也。峰回[⑥]路转，有亭翼然[⑦]临于泉上者，醉翁亭也。作亭者谁？山之僧智仙也。名之者谁？太守自谓[⑧]也。太守与客来饮于此，饮少辄醉，而年又最高，故自号曰醉翁也。醉翁之意不在酒，在乎山水之间也。山水之乐，得之心而寓之酒也。

/ 注释 /

①环：环绕。②滁（chú）：滁州，今安徽省东部。③壑（hè）：山谷。④蔚然：草木繁盛的样子。⑤山：沿着山路。⑥回：回环，曲折环绕。⑦翼然：四角翘起，像鸟张开翅膀的样子。⑧自谓：自称，用自己的别号来命名。

1. 解释下列加点的字。

（1）名之者谁________________

（2）饮少辄醉________________

2. 文学常识填空题。

四大名亭是指滁州的______________，北京的______________，长沙的______________、杭州的______________。

3. 用现代汉语翻译下面的句子。

醉翁之意不在酒，在乎山水之间也。

译文：____

1.（1）命名 （2）就，总是

2. 醉翁亭 陶然亭 爱晚亭 湖心亭

3. 略

范仲淹去过岳阳楼吗？

这天，爸爸给丁丁讲了一件历史趣闻：“楼阁是文人雅士们的汇聚之所，许多文学名篇都因这些楼阁而诞生。比如，江西南昌的滕王阁、湖北武汉的黄鹤楼和湖南岳阳的岳阳楼。但是，你知道吗？其实，范仲淹在写《岳阳楼记》时，根本没去过岳阳楼！”

丁丁惊讶地问：“没去过岳阳楼，还能写出千古名篇？”

爸爸说：“这要从他的好朋友滕子京说起。”

范仲淹是北宋文学家，他幼年家贫，经过苦读治学，考中了进士。他与同年参加进士考试的滕子京一见如故，二人成为至交。后来，滕子京降职到岳州做太守，重修了岳阳楼。岳阳楼重修完工后，滕子京命人绘制图卷，送给被贬到邓州做官的范仲淹，希望他为岳阳楼作记。范仲淹并没有去过岳阳楼，但他观图联想到朋友和自己的境遇，感慨颇深，于是挥笔写下千古名篇《岳阳楼记》。

范仲淹在《岳阳楼记》中写道："古时品德高尚的人不会因外物好坏和自己的得失而或喜或悲。在朝廷做官时，就为百姓担忧；不在朝廷做官时，也为国君担忧。他们在朝廷做官也担忧，不在朝廷做官也担忧。既然这样，那么他们什么时候才会感到快乐呢？他们一定会说'在天下人忧愁之前先忧愁，在天下人快乐以后才快乐'吧。唉！如果没有这种人，我同谁志同道合呢？"

丁丁感叹道："这说明范仲淹的才华十分了不起。"

爸爸提醒丁丁说："不要忘记这篇文章蕴含的感情。范仲淹在字里行间表达了自己'先天下之忧而忧，后天下之乐而乐'的爱国爱民情怀，同时也表达了对被贬好友的鼓励和安慰。"

丁丁陪你学古文

岳阳楼记（节选）

范仲淹

嗟夫[①]！予尝[②]求[③]古仁人[④]之心[⑤]，或[⑥]异二者之为。何哉？不以物喜，不以己悲；居庙堂之高[⑦]则忧其民；处江湖之远[⑧]则忧其君。是进亦忧，退亦忧。然则何时而乐耶？其必曰："先天下之忧而忧，后天下之乐而乐"乎。噫！微斯人，吾谁与归？

/ 注释 /

①嗟（jiē）夫：语气词，唉。②尝：曾经。③求：探求。④古仁人：古时品德高尚的人。⑤心：思想（感情、心思）。⑥或：近于“或许”“也许”的意思，表委婉口气。⑦居庙堂之高：庙，宗庙。堂，殿堂。庙堂，指朝廷。处在高高的庙堂上，意为在朝中做官。⑧处江湖之远：处在偏远的江湖间，意思是不在朝廷做官。

丁丁陪你做练习

1. 解释下列加点的字。

（1）不以物喜，不以己悲________

（2）微斯人，不以己悲________

2. 根据原文填空。

最能表达范仲淹爱国爱民情怀的句子：

____

1.（1）因为　（2）（如果）没有

2. 先天下之忧而忧，后天下之乐而乐。

23 真赤壁还是假赤壁？

趣味古文故事

语文课上，李老师讲到三国时期的赤壁之战时，说：“宋神宗元丰五年（1082年），北宋大文豪苏轼贬谪黄州（今湖北黄冈）时，先后两次泛游赤壁，写下了两篇以赤壁为题的赋。因此，后人称第一篇为《前赤壁赋》，第二篇为《后赤壁赋》。但是，据说苏轼所游的赤壁实际是黄州的赤鼻矶，并不是赤壁之战的旧址。”

丁丁好奇地问道：“难道苏轼不认识去赤壁的路吗？”

李老师解释说：“据说，当地人因为‘赤鼻矶’和‘赤壁’音近，亦称之为赤壁。苏轼当然知道这一点，但他月夜泛舟，难免联想起三国时期的历史风云，触景生情，十分感慨。于是，他将错就错，写下了这篇《赤壁赋》。”

第一次泛游赤壁后，苏轼描绘道：“壬戌年秋天，七月十六日，我与友人乘船游于赤壁之下。清风缓缓吹来，水面波澜不起。举起酒杯向同伴劝酒，吟诵《诗经·陈风·月出》中‘窈窕’这一章。不一会儿，月亮从东山后升起，在斗宿与牛宿之间来回移动。白茫茫的雾气笼罩着江面，波光与星空连成一片。我们听任苇叶般的小船在茫茫的江面上自由飘动。多么辽阔呀，好像乘风腾空遨游，不知将停留在何处；多么飘逸呀，好像要离开尘世飘飞而起，羽化成仙进入仙境。”

丁丁陪你学古文

赤壁赋（节选）

苏轼

壬戌[1]之秋，七月既望[2]，苏子与客泛舟游于赤壁之下。清风徐来，水波不兴。举酒属[3]客，诵明月之诗，歌窈窕之章。少焉[4]，月出于东山之上，徘徊于斗牛[5]之间。白露横江，水光接天。纵一苇之所如，凌万顷之茫然。浩浩乎如冯虚御风[6]，而不知其所止；飘飘乎如遗世[7]独立，羽化而登仙。

/ 注释 /

①壬戌：元丰五年，岁次壬戌。古代以干支纪年，该年为壬戌年。②既望：农历每月十六。农历每月十五日为“望日”，十六日为“既望”。③属（zhǔ）：倾注，引申为劝酒。④少焉：一会儿。⑤斗牛：星座名，即斗宿（南斗）、牛宿。⑥冯（píng）虚御风：冯，通“凭”，乘。虚，太空。御，驾御。乘风腾空遨游。⑦遗世：离开尘世。

丁丁陪你做练习

文学常识填空题。

“三苏”指北宋散文家________和他的儿子________、________。

参考答案

苏洵　苏轼　苏辙

写游记如何情景交融？

趣味古文故事

一提到游记类作文，丁丁就发愁：景物如何描写才能生动呢？爸爸见他烦恼的样子，便给他介绍了一位善于写景的诗人。

唐顺宗永贞元年（805年），大诗人柳宗元被贬为永州司马。随后，他寄情山水，常常伐竹取道、探山访水，在永州期间，共写了八篇知名的山水游记，借此抒发自己的复杂心境，其中《至小丘西小石潭记》流传最广。

文中描绘道："从小丘向西走一百二十多步，隔着竹林，可以听到流水的声音，好像人身上佩戴的玉佩、玉环相互碰击发出的声音，我心里十分高兴。砍倒竹子，开辟出一条小道，沿路走下去看见一个小潭，潭水格外清凉。小潭以整块石头为底，靠近岸边的地方，石底有些部分翻卷出来，露出水面，成为水中的高地，像是水中的小岛，也有高低不平的石头和小岩石露出来。坐在潭边，竹林和树木包围着我，寂静无人。我感到心神凄凉，寒气透骨，我不敢久留，于是记录下了就离开。"

丁丁感到茅塞顿开："在描写景物时，作者时刻在表达自己的感受和情怀，让远离尘世的小石潭充满了生机。原来，这就是李老师说的'情景交融'啊！"

丁丁陪你学古文

至小丘西小石潭记（节选）

柳宗元

从小丘西行①百二十步，隔篁竹②，闻水声，如鸣③佩环，心乐之。伐竹取道，下见小潭，水尤清冽。全石以为④底，近岸，卷⑤石底以出，为坻，为屿，为嵁，为岩。青树翠蔓⑥，蒙络摇缀，参差披拂。……坐潭上，四面竹树环合，寂寥无人，凄神寒骨，悄怆幽邃。以其境过清，不可久居，乃记之而去。

注释

①西行：西，向西。行，走。向西走。②篁（huáng）竹：成林的竹子。③鸣：使……发出声音。④为：当作。⑤卷：弯曲。⑥翠蔓：翠绿的藤蔓。

丁丁陪你做练习

1. 解释下列加点的字。

（1）伐竹取道＿＿＿＿＿＿＿＿

（2）下见小潭＿＿＿＿＿＿＿＿

2. 文学常识填空题。

柳宗元与＿＿＿＿＿＿同为中唐古文运动的领导人物，并称“韩柳”。

参考答案

1.（1）指开辟　（2）向下

2. 韩愈

写景文的灵魂是什么？

这天，窗外下起了大雪，同学们都忍不住望着外面，欣赏起美丽的雪景。

李老师见状，和同学们分享了一篇自己非常喜爱的写景小古文——《湖心亭看雪》。

《湖心亭看雪》的作者是明末清初的文学家张岱，他最擅长散文。张岱的文字多是描写江南山水风光、风俗民情和自己过去的生活，常追忆往昔之繁华，从中流露出对亡明的缅怀。

在《湖心亭看雪》中，张岱描绘道："崇祯五年十二月，我住在西湖边。大雪接连下了多天，湖中行人、飞鸟的声音都消失了。这一天晚上八点左右，我撑着一叶小舟，穿着毛皮衣，带着火炉，独自前往湖心亭看雪。湖面上冰花一片弥漫，天与云、与山、与水，上上下下全是白茫茫的一片。湖上的影子，只有一道长堤的痕迹、一点湖心亭的轮廓和我的一叶小舟、舟中的两三粒人影罢了。”

丁丁被文中的诗意感染，感叹道：“冒着严寒到湖边赏雪，作者真有闲情雅致。”

李老师总结道：“这篇文章写于明朝灭亡后，是一篇典型的寓情于景、情景交融的叙事小品文。作者在这篇文章里倾注了自己大量的情感，不仅有对故国往事的怀念，也反映了作者不与世俗同流合污、不随波逐流的高尚品质以及远离世俗、孤芳自赏的情怀，并寄托了人生渺茫的慨叹。这也给我们的写作带来一些启发，只有倾注了作者感情的文章才能有灵魂。”

丁丁陪你学古文

湖心亭看雪（节选）

张岱

崇祯五年十二月，余[①]住西湖。大雪三日，湖中人鸟声俱[②]绝。是[③]日更定[④]，余拿[⑤]一小舟，拥毳衣[⑥]炉火，独往湖心亭看雪。雾凇沆砀[⑦]，天与云、与山、与水，上下一白。湖上影子，惟长堤一痕、湖心亭一点、与余舟一芥、舟中人两三粒而已。

/ 注释 /

①余：第一人称代词，我。②俱：都。③是：代词，这。④更定：定，完了，结束。指初更以后，即晚上八点左右。⑤拿：撑，划。⑥毳（cuì）衣：毳，鸟兽的细毛。细毛皮衣。⑦雾凇（sōng）沆（hàng）砀（dàng）：雾凇，水汽凝成的冰花。沆砀，白气弥漫的样子。冰花一片弥漫。

1. 解释下列加点的字。

（1）湖中人鸟声俱绝____________

（2）上下一白____________

2. 根据原文填空。

作者写看雪的时间、地点、天气状况的句子：

____

3. 用现代汉语翻译下面的句子。

雾凇沆砀，天与云、与山、与水，上下一白。

译文：______________________________

参考答案

1.（1）消失 （2）全、都，一概

2. 崇祯五年十二月，余住西湖。大雪三日，湖中人鸟声俱绝。

3. 略

第五章

求学问道

读小古文，揭秘古代学霸的学习秘诀

丁丁有话说

求学问道，方法很重要。在孟子看来，学习要专心致志；荀子认为，学习是不可以停止的；孔子则提倡“学”“思”并重。这些都是古人对待学习的观点和看法。那么，你是如何看待学习的呢？

荀子是怎样劝人学习的？

趣味古文故事

这天，陶陶垂头丧气地进入教室，对丁丁说："我妈妈责备我，说我不爱学习，以后就要落后吃大亏。她反反复复就是这几句，我听得耳朵都快起茧子了。"

丁丁安慰了陶陶一番后，说："也许是阿姨的劝告方法不太适合你，你想听听荀子是如何劝人学习的吗？"

陶陶顿时来了精神，期待地望着丁丁，等他继续说下去。

荀子是战国时期著名的教育家，他在50岁时到齐国游学，先后三次担任齐国稷下学宫祭酒。稷下学宫是齐国专设的求学、讲学的机构，老师来自全国各地，学生亦来自四面八方。祭酒是稷下学宫的最高长官，要求学生受业求学是祭酒考虑的重要问题。为此，荀子写下了著名的传世之作《劝学》，以期学生和老师都能端正学习态度，共同进步。

荀子在《劝学》中描绘道："君子说，学习是不可以停止的。

靛青是从蓝草里提取的，然而比蓝草的颜色更深；冰是水凝结而成的，然而比水还要寒冷。木材直得符合拉直的墨线，用火烤的工艺把它制成车轮，那么木材的弯度就合乎圆的标准了。即使又晒干了，木材也不会再挺直，是因为经过加工使它成为这样的。所以，木材用墨线量过、再经辅助工具加工就能取直，刀剑在磨刀石上磨过就能变得锋利，君子广博地学习并且每天检验反省自己，那么他就会变得有智慧，明白道理并且行为没有过错了。”

丁丁说：“荀子告诉了我们一个看似简单却亘古不变的道理——人为什么要学习？因为人的知识、道德、才能都不是先天生成的，而是后天不断学习改造获得的。‘学不可以已’，学习是无止境的，我们一起努力吧！”

丁丁陪你学古文

劝学（节选）

《荀子》

君子①曰：学不可以已②。

青，取之于③蓝，而青于④蓝；冰，水为之，而寒于水。木直中绳⑤，𫐓⑥以为轮，其曲中规⑦。虽有槁暴⑧，不复挺⑨者，𫐓使之然也。故木受绳⑩则直，金就砺则利，君子博学而日参省乎己，则知明而行无过矣。

/ 注释 /

①君子：指有学问、有修养的人。②已：停止。③于：从。④于：比。

⑤中（zhòng）绳：绳，墨线。（木材）合乎拉直的墨线。⑥輮（róu）：通“煣”，古代用火烤使木条弯曲的一种工艺。⑦规：圆规，画圆的工具。⑧虽有（yòu）槁（gǎo）暴（pù）：有，通“又”。槁，枯。暴，同“曝”，晒干。即使又晒干了。⑨挺：直。⑩受绳：用墨线量过。

1. 解释下列加点的字。

（1）金就砺则利________

（2）则知明而行无过矣________

2. 根据原文填空。

课文标题是“劝学”，文章开篇即揭示了中心论点：

____

3. 用现代汉语翻译下面的句子。

青，取之于蓝，而青于蓝；冰，水为之，而寒于水。

译文：________

参考答案

1.（1）磨刀石 （2）通“智”，智慧

2. 学不可以已。

3. 略

我们为什么要有老师？

这天下课后，陶陶来找丁丁借漫画书看。

丁丁有自己的一套借书标准，说：“你回答我一个问题，答对了，我就借给你。”他看到讲台上正在收拾书本的李老师，眼珠一转，问，“什么样的人可以称作老师？”

陶陶哈哈大笑，说：“你是不是糊涂了？这么简单的问题，还用问吗？在学校给学生上课的就是老师！快把漫画书交出来吧！”

丁丁神秘一笑，说：“你这个答案，唐代文学家韩愈第一个就不同意。”

韩愈是唐代杰出的文学家、思想家和政治家，他担任国子监四门博士时，发现上层社会看不起教书的人，不少学子对科举入仕也失去了信心。韩愈对此痛心疾首，就借用回答学生李蟠的提问之机撰写了《师说》。

韩愈的观点是这样的。古代求学的人一定有老师。老师，是可以依靠来传授道理、教授学业、解答疑难问题的。人不是生下来就懂得道理的，谁能没有疑惑？有了疑惑，如果不跟从老师学习，那些成为疑难问题的，就最终不能理解了。在我之前出生的人，他明白道理本来就早于我，我应该跟从他，把他当作老师；在我出生之后的人，如果他明白道理也早于我，我也应该跟从他，把他当作老师。我是向他学习道理啊，哪管他的年龄比我小还是比我大呢？因此，无论地位高低贵贱，无论年龄大小，道理存在的地方，就是老师存在的地方。

丁丁总结道："这篇《师说》，既说明了老师的重要性，也告诉我们为什么要从师求学，还教给我们选择老师的标准和原则。"

陶陶拍手笑着说："这么说，今天我从你这里学习了新的道理，你也是我的老师了！"

丁丁陪你学古文

师说（节选）

韩愈

古之学者必有师。师者，所以传道受[①]业解惑[②]也。人非生而知[③]之[④]者，孰[⑤]能无惑？惑而不从师，其为惑也[⑥]，终不解矣。生乎吾前，其闻[⑦]道也固先乎吾，吾从而师之[⑧]；生乎吾后，其闻道也亦先乎吾，吾从而师之。吾师道也[⑨]，夫庸知其年之先后生于吾乎？是故无[⑩]贵无贱，无长无少，道之所存，师之所存也。

/ 注释 /

①受：通"授"，传授。②惑：疑难问题。③知：懂得。④之：指知识和道理。⑤孰：疑问代词。什么，谁。⑥其为惑也：他所存在的疑惑。⑦闻：听见，引申为知道、懂得。⑧从而师之：师，以……为师。跟从（他），拜他为老师。⑨吾师道也：我（是向他）学习道理。

⑩无：无论、不分。

丁丁陪你做练习

1. 解释下列加点的字词。

（1）古之学者必有师________

（2）是故无贵无贱________

2. 根据原文填空。

老师的职能：

____

3. 用现代汉语翻译下面的句子。

是故无贵无贱，无长无少，道之所存，师之所存也。

译文：________________________________

参考答案

1. （1）求学的人　（2）因此，所以

2. 传道受业解惑。

3. 略

28 学射箭为什么先练眼力？

丁丁和爸爸一起去游乐园，他们在游乐园玩起了射击游戏。

没想到，看似简单的游戏，丁丁怎么也打不中眼前的气球，他不太高兴地说："一定是这把气枪的尺寸不适合我。"

爸爸被丁丁逗笑了，安慰他说："不要小瞧射击这门技术，古代的神射手光练眼力就要花好几年的时间呢！"

纪昌是古代的一位神射手，射箭百发百中。年轻的时候，他去找著名的神射手飞卫学习射箭。飞卫说："你先学会看东西不眨眼睛，然后我们再谈射箭。"回家后，纪昌就盯着织布机上的梭子练习不眨眼睛。

两年后，即使用锥尖刺纪昌的眼皮，他也不眨一下眼睛。他把自己练习的情况告诉了飞卫，飞卫说："这还不够啊，练到把极小的东西看得很大，把模糊难辨的东西看得很清楚，那时候再来见我。"

于是，纪昌用牦牛毛系着虱子悬挂在窗户上，他自己面向南面望着它。十

天过后，虱子在纪昌眼中渐渐变大；三年之后，他看那虱子就像车轮一样大了。再用这种眼光看其他的事物，都像山丘一样了。

于是，他用燕国牛角做的弓，北方蓬杆造成的箭，射向虱子，箭穿透了虱子的中心，而拴虱子的毛却没断。纪昌把这件事告诉了飞卫。飞卫跳起来拍着胸脯说："你学成了啊！"

爸爸总结道："你看，纪昌学射箭先练眼力，是因为练眼力是基本功，练好基本功才能成大器。这个寓言故事告诉我们，要想成大器必须先练好基本功，同时也告诉我们做事要有恒心和毅力。"

丁丁激动地说："我再练一会儿！我一定会打中的！"

丁丁陪你学古文

纪昌学射（节选）

《列子·汤问》

昌以氂[①]悬虱于牖[②]，南面[③]而望之。旬日[④]之间，浸[⑤]大也；三年之后，如车轮焉。以睹余物[⑥]，皆丘山也。乃[⑦]以燕角之弧，朔蓬[⑧]之簳[⑨]射之，贯虱之心，而悬不绝。以告飞卫。飞卫高蹈拊[⑩]膺[⑪]曰："汝得[⑫]之矣！"

/注释/

①氂（máo）：牛尾毛。②牖（yǒu）：窗户。③南面：面向南。④旬日：十日。⑤浸：渐渐。⑥以睹余物：用这种眼光看其他的事物。⑦乃：于是，就。⑧蓬：蓬草，杆可做箭。⑨簳（gǎn）：箭杆。⑩拊：拍。⑪ 膺（yīng）：胸膛。⑫得：掌握。

丁丁陪你做练习

1. 解释下列加点的字词。

（1）贯虱之心________

（2）而悬不绝________

2. 文学常识填空题。

《纪昌学射》选自________________。

3. 用现代汉语翻译下面的句子。

以睹余物，皆丘山也。

译文：________________

参考答案

1.（1）穿透　（2）断

2.《列子·汤问》

3. 略

什么东西需要推敲？

这天，陶陶正在写作文，只见他写道：“我的爸爸遇事冷静，做事也很武断。”

丁丁从他的座位旁走过，看到后说：“‘武断’是贬义词，怎么能用来夸人呢？你再好好推敲一下。”

陶陶拍拍脑袋，说：“推敲一下自己的脑袋就能有用？”

丁丁笑了，说：“推敲不是让你敲脑袋，而是指在写作或做事时逐字逐句地研究思考。”

唐代大诗人贾岛初次到京城长安参加科举考试，一天，他在驴背上想出两句诗：“鸟宿池边树，僧敲月下门。”他开始想要用“敲”字，后来又想要用“推”字，反复思考，一直没有定下来用哪个字更传神，便在驴背上继续吟诵起来，还不停地伸出手做着推和敲的动作。看到的人都感到很惊讶。

这时，临时代理京城地方长官的韩愈带着仪仗队路过此地，贾岛不知不觉冲撞到了仪仗队的第三节，还在不停地做着推和敲的手势。很快，随从人员就把贾岛带到韩愈面前。贾岛详细地回答说，他在酝酿诗句，用“推”字还是用“敲”字没有确定，思想离开了眼前的事物，没来得及回避。韩愈停下马思考了很久，对贾岛说：“用‘敲’字好。”

于是，两个人并排骑着驴/马回家了，他们一同谈论作诗的方法，过了很多天还舍不得分开。

陶陶还有些不明白，问：“为什么‘敲’字比‘推’字好呢？”

丁丁说：“你想，在万籁俱寂的夜晚，清脆的敲门声岂不是更显得夜深人静吗？换成推门，就远没有这种以动衬静的效果。后来，人们就用‘推敲’一词，指斟酌字句、反复琢磨。”

丁丁陪你学古文

推敲

［宋］阮阅

贾岛初①赴举②，在京师，一日于驴上得句云“鸟宿池边树，僧敲月下门”。又欲“推”字，炼之未定，于驴上吟哦，引手③作推敲之势，观者讶④之。时韩退之权⑤京兆尹，车骑⑥方出，岛不觉行至第三节⑦，尚为手势未已，俄⑧为左右拥至尹前。岛具对⑨所得诗句“推”字与“敲”字未定，神游⑩象外，不知回避。退之立马久之，谓岛曰：“‘敲’字佳。”遂并辔而归，共论诗道，留连累日，因与岛为布衣之交。

/ 注释 /

①初：第一次，首次。②赴举：参加科举考试。③引手：引，举。伸手。④讶：对……感到诧异。⑤权：临时代理。⑥车骑：车马。这里指由马车组成的车队。⑦第三节：指京兆尹出行仪仗队的第三节。⑧俄：不久。⑨具对：详细地回答。⑩游：离开。

丁丁陪你做练习

1. 解释下列加点的字词。

（1）引手作推敲之势____________

（2）神游象外____________

2. 用现代汉语翻译下面的句子。

“推”字与“敲”字未定，神游象外，不知回避。

译文：____

参考答案

1.（1）姿势　（2）物象

2. 略

30 孙权为什么劝吕蒙读书？

趣味古文故事

课堂上，李老师开了个故事会，让大家分享自己最近读到的有趣、有意义的故事。

丁丁率先站起来说：“很多同学不喜欢读书，总是找借口说没有时间读书。今天，我给大家讲一个故事，看看三国时期的孙权是如何劝他的部下吕蒙读书的。”

三国时期，吴国大将吕蒙不爱读书，才疏学浅，一直没有得到重用。起初，主公孙权对吕蒙说：“你现在当权掌管政事，不可以不读书！”吕蒙分辩，不是他不读书，而是军中事情太多，没有时间。孙权说：“我难道是想要你

研究儒家经典成为传授经书的学官吗？只不过希望你粗略地阅读，了解历史罢了。你说军中事务繁多，谁能比我更忙呢？我还常常读书，自以为大有裨益。”于是，吕蒙就开始学习。

后来，等到鲁肃路过寻阳（在今湖北黄梅西南），跟吕蒙谈论国家大事。鲁肃惊讶地说：“你现在的才干和谋略，已不再是以前那个吴县的阿蒙了！”吕蒙说：“和有抱负的人分开一段时间后，就要用新的眼光来看待，长兄怎么认清事物这么晚啊！”于是，鲁肃拜见吕蒙的母亲，与吕蒙结交成为好友，然后才告辞。

丁丁讲完，同学们发出感叹：“读书的力量真是神奇，竟然能让人发生这么大的变化！”

李老师总结道：“丁丁讲的是《孙权劝学》的故事。这篇文章通过记叙吕蒙在孙权劝说下开始学习、之后大有长进的故事，赞扬了孙权、吕蒙认真学习的精神，并告诫人们学习的重要性。”

丁丁陪你学古文

孙权劝学

［宋］司马光

初，权谓吕蒙曰：“卿今当涂[①]掌事[②]，不可不学！”蒙辞[③]以军中多务。权曰：“孤岂欲卿治经[④]为博士邪？但当涉猎，见往事[⑤]耳。卿言多务，孰若孤？孤常读书，自以为大有所益。”蒙乃始就学[⑥]。及鲁肃过寻阳，与蒙论议，大惊曰：“卿今者才略，非复吴下阿蒙！”蒙曰：“士别三日，即更[⑦]刮目相待，大兄何见事之晚乎！”肃遂拜蒙母，结友而别。

/ 注释 /

①当涂：当道，当权。②掌事：掌管政事。③辞：推托。④治经：研究儒家经典。⑤见往事：见，了解。往事，指历史。了解历史。⑥就学：指从事学习。⑦更：重新。

丁丁陪你做练习

1. 解释下列加点的字词。

（1）非复吴下阿蒙________

（2）大兄何见事之晚乎________

2. 文学常识填空题。

《孙权劝学》选自________，该书是宋代________主持编撰的一部编年体通史。

3. 用现代汉语翻译下面的句子。

士别三日，即更刮目相待。

译文：________________

参考答案

1.（1）不再是　（2）认清事物

2.《资治通鉴》　司马光

3. 略

是什么决定了成绩的好坏？

趣味古文故事

这天，作业本发下来了，陶陶羡慕地看着丁丁打满红勾的本子，说：“我们坐在同一间教室，听同一个老师的课，怎么我的错题偏偏这么多呢？难道我比较笨？”

丁丁说：“这就要问你自己了，上课时真的专心听讲了吗？”说完，他讲了一个关于学下棋的故事。

弈秋是历史上第一个有记载的围棋专业棋手，也是史上第一个有记载的从事教育的围棋名人。关于他的记载，最早见于《孟子》。

弈秋是全国最好的棋手，诸侯列国都知道他的大名，很多年轻人都想拜他为师。假使让弈秋教两个徒弟学习下棋：其中一个专心致志，一心一意只听弈秋讲课；另一个人虽然看似也在听，可是心里总认为天鹅快要飞来了，想拿起弓箭将它射下。这两个人虽然一起跟弈秋学习，但后者学得不如前者。难道是因为他的智商比不上另一个人吗？当然不是这样的！

丁丁总结说：“这则寓言故事告诉我们一个道理：学习应该集中精力、一心一意，绝不能三心二意；人们学习效果好坏的差异，并不是因为在智力上有多大差别，而在于是否专心致志。”

丁丁陪你学古文

学弈

《孟子·告子上》

弈秋[1]，通国之善[2]弈者也。使[3]弈秋诲二人弈，其一人专心致志，惟弈秋之为听[4]；一人虽听之，一心以为有鸿鹄将至，思援[5]弓缴[6]而射之。虽与之俱[7]学，弗若[8]之矣。为[9]是其智弗若与？曰："非[10]然[11]也。"

注释

①弈（yì）秋：弈，下棋。秋，人名，善于下棋，所以称"弈秋"。②善：擅长。③使：假使。④惟弈秋之为听：一心只听弈秋的教导。⑤援：拉。⑥缴（zhuó）：古时指带有丝绳的箭。⑦俱：一起。⑧弗若：比不上。⑨为：因为。⑩非：不是。⑪然：这样。

丁丁陪你做练习

文学常识填空题。

《学弈》选自________________，后世将孔子和孟子合称为"________________"。

参考答案

《孟子·告子上》　孔孟

第六章

物语杂谈

读小古文，
倾听超有趣的动植物独白

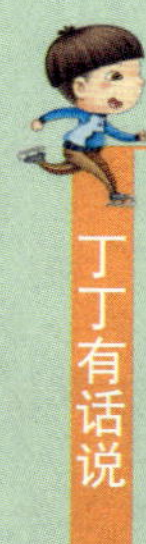

丁丁有话说

大自然里有很多有趣的动物和植物。更为有趣的是，古人常通过描写动物、植物或景物，来抒发自己的思想感情、胸怀抱负。比如，韩愈写《马说》，实际是在为人才鸣不平；白居易写《养竹记》，是在用竹子比喻人生。这些你都知道吗？我们一起来看看吧！

千里马真的很难找吗？

“我们每个人都认为自己是一匹千里马，只是缺少发现自己的伯乐。”丁丁说，“到底是千里马难得，还是伯乐太少见？”

爸爸笑着说：“这个问题，唐代文学家韩愈也想到了，他的答案就藏在《马说》这篇文章里。”

世上先有伯乐，然后才有千里马。千里马经常有，可是伯乐却不会经常有。因此，即使有千里马，也只能辱没在马夫的手里，跟普通的马一同死在马厩里，不能以千里马著称。

一匹日行千里的马，一顿有时能吃尽一石粮食。喂马的人不懂得要根据它的食量多加饲料来喂养它。这样的马，虽然有日行千里的能力，但吃不饱，力气不足，它的才能和素质也就不能表现出来。想要和一般的马一样尚且办不到，又怎么能要求它日行千里呢？

丁丁若有所思地说：“看来，比起千里

马，能够发现它、尽心喂养它的伯乐更难有。”

爸爸总结道：“这篇《马说》，是韩愈借物喻意的杂文代表作。‘说’是‘谈谈’的意思，是古代一种议论文体裁。作者表面在写马，其实是用马来作比喻，谈的是人才问题。通过阐述封建社会中人才被埋没的现象，表达了自己对封建统治者不能识别人才、不重用人才、埋没人才的强烈愤慨。”

丁丁陪你学古文

马说

［唐］韩愈

世有伯乐，然后有千里马。千里马常有，而伯乐不常有。故虽有名马，祇[①]辱[②]于奴隶人之手，骈死[③]于槽枥[④]之间，不以千里称也。

马之千里者，一食[⑤]或[⑥]尽粟一石。食[⑦]马者不知其能千里而食也。是马也，虽有千里之能[⑧]，食不饱，力不足，才美不外见，且欲[⑨]与常马等[⑩]不可得，安求其能千里也？

策之不以其道，食之不能尽其材，鸣之而不能通其意，执策而临之，曰：“天下无马！”呜呼！其真无马邪？其真不知马也！

/ 注释 /

①祇（zhǐ）：只是。②辱：指受屈辱而埋没的才能。③骈（pián）死：并列而死。④枥：马棚，马厩。⑤一食：吃一次食物。⑥或：有时。⑦食（sì）：通“饲”，喂养。⑧能：才能。⑨欲：想要，要。⑩等：相当。

丁丁陪你做练习

1. 解释下列加点的字词。

（1）才美不外见______

（2）且欲与常马等不可得______

2. 根据原文填空。

描绘千里马被埋没的具体情形的句子：______

3. 用现代汉语翻译下面的句子。

故虽有名马，祇辱于奴隶人之手，骈死于槽枥之间，不以千里称也。

译文：______

参考答案

1.（1）同“现”，表露　（2）犹，尚且

2. 祇辱于奴隶人之手，骈死于槽枥之间。

3. 略

老虎会害怕驴子吗？

趣味古文故事

语文课上，李老师讲了一件新奇的事："驴，在人们眼中，仿佛只知道拉车、拉磨，是一种温驯的动物。但是，它居然也曾经让森林之王老虎心惊胆战，远远躲开。"

丁丁惊讶得合不拢嘴："老虎居然会害怕驴，真是奇闻！"

李老师继续说道："如果这只老虎从来没有见过驴，那么它会感到害怕是很正常的。只不过驴没有把握这个逃生的机会，一步步丧失了自己的优势，最终还是成了老虎的盘中餐。"

贵州这个地方本来没有驴，有一个多事的人用船运来一头驴。运到后却发现并没有什么用处，便把它放在山下。山下有一只老虎，老虎第一次见到驴，一看是个巨大的动物，就认为它是神奇的东西。于是，老虎经常躲藏在树林里偷偷看它。渐渐地，老虎走出来试图接近它，但十分小心谨慎，因为不知道那究竟是什么东西。

有一天，驴叫了一声，老虎大吃一惊，逃得远远的，认为驴要咬自己，非常害怕。然而老虎来来回回地观察驴，觉得它并没有什么特殊的本领。

渐渐地，老虎听惯了驴的叫声，又靠近它前前后后地走动，但始终不敢与驴子搏击。时间久了，老虎对驴的态度越来越轻侮，碰撞、倚靠、冲撞、冒犯。驴忍不住发起怒来，用蹄子踢老虎。

老虎很高兴，心想："驴子的本领只不过如此罢了！"于是，它跳起来大吼一声，咬断驴的喉咙，吃光它的肉，然后才离开。

丁丁赞赏地说："老虎真聪明，通过多次观察、试探，确认驴没什么特殊的本领，才成功吃掉了驴。这就是兵家常说的'知己知彼，百战不殆'吧！"

李老师总结道："这则寓言小品文《黔之驴》出自唐代文学家柳宗元之手。老虎因为不熟悉驴而有所忌惮，但当老虎认清了驴的本领不过如此后，就毫不留情地吃掉了驴。作者借用这个故事，讽刺了那些外强中干、没有真才实干的人。"

丁丁陪你学古文

黔之驴（节选）

［唐］柳宗元

黔无驴，有好事者船载以入，至则[①]无可用，放之山下。虎见之，庞然大物也，以为神。蔽林间窥之，稍出近之，慭慭然[②]，莫相知。

他日，驴一鸣，虎大骇，远遁，以为且噬己也，甚恐。然往来视之，觉无异能者。益[③]习[④]其声，又近出前后，终不敢搏。稍近益[⑤]狎[⑥]，荡倚冲冒，驴不胜怒，蹄之。虎因喜，计之曰："技止此耳！"因跳踉[⑦]大㘎[⑧]，断其喉，尽其肉，乃去。

/ 注释 /

①则：却。②慭（yìn）慭然：惊恐疑惑、小心谨慎的样子。③益：逐渐，渐渐。④习：同“悉”，熟悉。⑤益：更加。⑥狎（xiá）：亲近而态度不庄重。⑦跳踉：跳跃。⑧㘎（hǎn）：同“吼”，怒吼。

丁丁陪你做练习

1. 解释下列加点的字。

（1）终不敢搏________________

（2）驴不胜怒________________

2. 文学常识填空题。

《黔之驴》选自________________，作者是________________。

3. 用现代汉语翻译下面的句子。

益习其声，又近出前后，终不敢搏。

译文：____

参考答案

1.（1）击，扑　（2）不堪，禁不住

2.《柳河东集》　柳宗元

3. 略

斗鸡的最高境界是什么？

“春秋时期，斗鸡是贵族的一项娱乐活动。你知道斗鸡的最高境界是什么吗？”说着，爸爸就给丁丁讲起了纪渻子训鸡的故事。

春秋时期，周宣王爱好斗鸡，请来斗鸡专家纪渻子帮他训练斗鸡。十天后，周宣王问：“我的斗鸡训练好了吗？”纪渻子说：“还不行，它正在凭着一股血气而骄傲。”又过了十天，周宣王又问训练好了没有，纪渻子回答说：“还不行，它一听见别的鸡啼叫、看见别的鸡接近就跳起来。”又过了十天，周宣王又来问，纪渻子说：“还不行，它仍然目光犀利，盛气凌人。”

又过了十天，周宣王再来问，纪渻子说：“现在差不多了，别的鸡即使在它面前打鸣，它也无动于衷了。”果然，这只鸡看上去就像木头做的鸡一样，在精神上完全准备好了，不论别的鸡怎样气势汹汹，这只鸡都不为所动。这样以来别的鸡都不敢应战，一看见它，转身就跑。

丁丁说：“我以前只知道‘呆若木鸡’是形容一个人因为恐惧和惊讶而痴傻发愣的样子。没想到背后还有这样的典故。”

爸爸说：“在《庄子·达生》中，‘呆若木鸡’和大智若愚、大道无形、大音希声一样，用来形容达到了至真至纯之化境。”

丁丁陪你学古文

呆若木鸡

《庄子·达生》

纪渻子[①]为王养斗鸡。十日而问："鸡已乎？"曰："未也，方[②]虚骄而恃[③]气。"十日又问，曰："未也，犹应响影[④]。"十日又问，曰："未也，犹疾视[⑤]而盛气。"十日又问，曰："几[⑥]矣，鸡虽有鸣者，已无变[⑦]矣，望之似木鸡矣，其德[⑧]全[⑨]矣，异鸡无敢应者，反[⑩]走矣。"

/注释/

①纪渻（shěng）子：人名。②方：正。③恃：凭着，依靠。④犹应响景：仍然对别的鸡的啼叫和接近而有所反应。⑤疾视：怒目而视。⑥几：几乎，差不多。⑦无变：没有反应了。⑧德：精神。⑨全：备全。⑩反：通"返"，转身。

丁丁陪你做练习

文学常识填空题。

出自本文的成语是________________，现在的意思是____。

参考答案

呆若木鸡　形容一个人痴傻发愣的样子，或者因恐惧、惊异而发愣的样子。

35 哪首诗被评为千古“咏物之祖”？

趣味古文故事

语文课上，李老师正在给大家讲古诗：“咏物诗是中国古代诗歌的重要组成部分，通过事物的咏叹，体现作者的思想情怀。回想一下我们学过的诗，哪些属于咏物诗呢？”

丁丁扳着手指头数起来：“我知道的有骆宾王的《咏鹅》、贺知章的《咏柳》、王安石的《梅花》……不过，对我来说，印象最深刻的还是诗人屈原创作的《橘颂》。”

天地孕育的橘树啊，你生来就适应南方的水土。禀受不再迁徙的使命，你便永远生长在南方的楚国。扎根深固难以迁移，你的志向是多么专一。绿叶衬着素洁的白花，你繁茂得多让人欣喜。

层层枝叶间虽长有刺，你的圆圆的果子多么可爱。由青而黄，你的色彩多么美丽。外观精美，内心纯净，你正如那有道德的君子。气韵芬芳，仪态潇洒，你有着何其脱俗的气质。

赞叹你啊！南国的橘树，从小就有与众不同的志向。你独立于世不肯迁移，这志节岂不令人欣喜？你根深难移，开阔的胸怀无欲无求。你超然自立对世事清醒，有如横渡江河而不随波逐流。你谨慎自重，所以不曾有什么罪愆过失。

你秉持美德没有私心，恰可与天地相比。我愿与你同心同德，做长久的朋友，一起度过岁月。你秉性善良从不放纵，性格刚强而又追求真理。即使你现在年岁还小，却已可以做我钦敬的师长。你的道德品行堪比伯夷，我要把你种在园中，作为我立身的榜样。

李老师总结道：“《橘颂》开启了中国文学中借物咏志的传统。表面上，诗人在歌颂橘树，实际是诗人对自己理想和人格的表白。后人称其为千古‘咏物之祖’。”

丁丁陪你学古文

橘颂

屈原

后皇嘉[1]树，橘徕服[2]兮。受命不迁，生南国兮。深固难徙，更壹志[3]兮。绿叶素荣，纷其可喜兮。

曾枝[4]剡棘[5]，圆果抟兮。青黄杂糅，文章烂兮。精色内白，类任道兮。纷缊宜修，姱[6]而不丑兮。

嗟尔幼志，有以异兮。独立不迁，岂不可喜兮？深固难徙，廓[7]其无求兮。苏[8]世独立，横而不流兮。闭心[9]自慎，终不过失兮。

秉德无私，参天地兮。愿岁并谢，与长友兮。淑离[10]不淫，梗[11]其有理兮。年岁虽少，可师长兮。行比伯夷，置以为像兮。

/注释/

①嘉：美，善。②服：习惯。③壹志：志向专一。④曾枝：繁枝。⑤剡（yǎn）棘：尖利的刺。⑥姱（kuā）：美好。⑦廓：胸怀开阔。⑧苏：对浊世有所觉悟。⑨闭心：安静下来，戒惧警惕。⑩淑离：美丽而善良自守。⑪梗：正直。

丁丁陪你做练习

1. 解释下列加点的字词。

（1）秉德无私 ______________

（2）置以为像兮______________

2. 文学常识填空题。

《__________》与《诗经》并称“风骚”。

3. 用现代汉语翻译下面的句子。

苏世独立，横而不流兮。

译文：____

参考答案

1.（1）保持好品德 （2）榜样

2. 楚辞

3. 略

为什么君子都喜欢种植竹子？

趣味古文故事

丁丁对爸爸说："为什么古代的君子都很欣赏竹子？"

爸爸回答道："竹子千百年来一直是气节的象征，代表着不屈不挠的精神。唐代文学家白居易在《养竹记》中也解释了自己对竹子的喜爱。"

竹子像贤人，这是为什么呢？竹子的根稳固，稳固是为了确立竹子的本性，君子看见它的根，就想到要培养坚定不移的品格。竹子的秉性直，凭着挺直的秉性可立身；君子看见竹子的这种秉性，就想到要正直无私，不趋炎附势。竹子的心空，空是为了虚心接受道；君子看见竹子的心，就想到要虚心接受一切有用的东西。竹子的节坚定，坚定是为了立志；君子看见竹子的节，就想到要砥砺节操，不管一帆风顺还是遇到危险时，都始终如一。因此，君子大多喜欢种植竹子，作为庭院中的观赏物。

爸爸总结道："白居易采用四个排比句，既谈了竹子的四种特点和美德，也告诉了我们为什么君子喜欢在庭院中种植竹子，从而借养竹之事充分表达了自己慕贤守道、坚贞不渝的志向。"

丁丁陪你学古文

养竹记（节选）

白居易

竹似贤，何哉？竹本[1]固[2]，固以树[3]德；君子见其本，则思善建[4]不拔者。竹性直，直以立身；君子见其性，则思中立不倚[5]者。竹心空，空似体道[6]；君子见其心，则思应用虚受[7]者。竹节贞，贞以立志；君子见其节，则思砥砺[8]名行，夷险一致者。夫如是，故君子人多树之，为庭实焉。

/ 注释 /

①本：根。②固：稳固。③树：树立。④建：树立。⑤倚：偏颇。⑥体道：体悟仁德。⑦虚受：虚心接受。⑧砥砺（dǐ lì）：磨练，锻炼。

丁丁陪你做练习

文学常识填空题。

本文从竹本固、____________、____________、____________等四个方面来赞美竹子的操守和品行。

参考答案

竹性直　竹心空　竹节贞

为何称莲花为花中君子？

趣味古文故事

夏天到了，小区池塘里的莲花开了，丁丁和爸爸路过时，总能闻到一阵清香。

爸爸对丁丁说："北宋理学家周敦颐特别喜爱莲花，在传世名篇《爱莲说》中，他称莲花为花中君子。"

水中、地上的各种花草树木，值得喜爱的非常多。东晋的陶渊明唯独喜爱菊花。自从唐朝以来，世人很喜爱牡丹。我唯独喜爱莲花——莲从淤泥中长出来，却不沾染污秽；经过清水的洗涤，却不显得妖艳；它的茎内空外直，没有缠绕的蔓，也没有旁逸的枝；香气远播，更加清香；它笔直、洁净地立在水中，人们只可以远远地观赏，而不能贴近去玩弄它。

我认为，菊花是花中的隐士，牡丹是花中的富贵者，莲花是花中的君子。唉！对于菊花的喜爱，在陶渊明以后就很少听到了。对于莲花的喜爱，像我一样的还有谁呢？对于牡丹的喜爱，那当然有很多人了。

丁丁说："我明白了，周敦颐写莲花的形象和品质，歌颂莲花坚贞的品格，其实是在用莲花自比，表现自己高洁的品格和洒落的胸襟。"

丁丁陪你学古文

爱莲说

[宋] 周敦颐

水陆草木之花，可①爱者甚蕃。晋陶渊明独②爱菊；自③李唐来，世人盛④爱牡丹；予独爱莲之出淤泥而不染⑤，濯⑥清涟而不妖⑦，中通外直，不蔓不枝，香远益清，亭亭⑧净植⑨，可远观而不可亵玩焉。

予谓⑩菊，花之隐逸者也；牡丹，花之富贵者也；莲，花之君子者也。噫！菊之爱，陶后鲜⑪有闻⑫；莲之爱，同予者何人？牡丹之爱，宜⑬乎众矣。

/注释/

①可：值得。②独：只，唯独。③自：（自）从。④盛：很，十分。⑤染：沾染（污秽）。⑥濯（zhuó）：洗涤。⑦妖：妖艳。美丽而不端庄。⑧亭亭：耸立的样子。⑨植：立。⑩谓：认为。⑪鲜（xiǎn）：少。⑫闻：听说。⑬宜：应当。

丁丁陪你做练习

根据原文填空。

（1）《爱莲说》是北宋理学家__________创作的一篇散文。

（2）文中的“李唐”指的是________朝。

参考答案

（1）周敦颐（2）唐

第七章

智慧寓言

读小古文，
领悟小故事中的大道理

丁丁有话说

一个简短的故事，说明一个深刻的道理，这就是寓言的魅力。《叶公好龙》《狐假虎威》《揠苗助长》等寓言故事，在世界范围内都享有很高的知名度。相信大家读后，一定能够从中明白更多的人生道理。

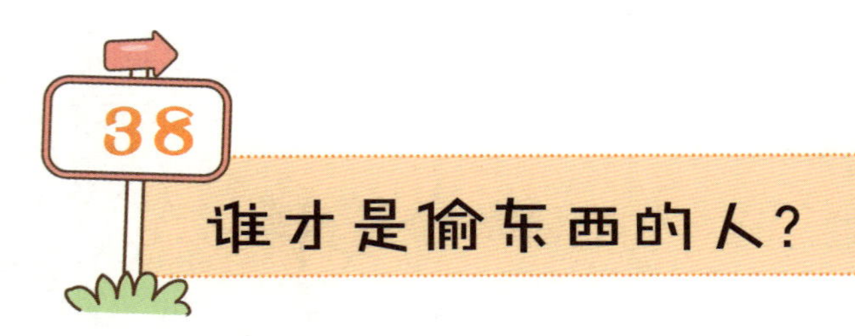

38 谁才是偷东西的人？

最近，丁丁迷上了寓言故事，一吃完饭就兴冲冲地跑到书房，准备听爸爸讲故事。

今天，爸爸讲了一个关于偷窃的故事。

韩非，又名韩非子，战国末期著名的思想家，法家思想的集大成者。韩非的文章写得非常出众，后人将他所著的文章收集整理成《韩非子》一书，成为法家经典著作。

《韩非子》里收录了很多脍炙人口的寓言故事，《智子疑邻》就是其中的一篇。故事是这样的：宋国有一个富人，因为下大雨，家里的墙坍塌了。他的儿子说："如果不赶紧修筑它，一定会有盗贼进来。"他们隔壁的老人也这么说。这天晚上，他们家果然丢失了大量财物。这家人认为自己的儿子很聪明，却怀疑偷东西的人是隔壁的那个老人。

丁丁愤愤不平地说："这个富人真过分！隔壁老人好心提醒，他却怀疑老人是小偷！"

爸爸语重心长地说："富人这种行为告诉我们，听取别人的意见要选择正确的，不要看提意见的人与自己的关系，对人不可持有偏见。其实，韩非写这篇文章，本意并不是批评'疑其邻'的富人，而是想要教会大家，在劝说别人听取自己意见时，要注意自己和听者的关系，以免给自己惹上不必要的麻烦。”

丁丁陪你学古文

智子疑邻

《韩非子》

宋①有富②人，天雨③墙坏④。其子曰：“不筑，必将有盗⑤。”其邻人之父⑥亦云。暮而果大亡⑦其财，其家⑧甚智其子⑨，而疑邻人之父。

/ 注释 /

①宋：宋国。②富人：富裕的人。③雨：下雨。④坏：毁坏，损坏。⑤盗：小偷。⑥父（fǔ）：古代对老年男子的尊称，这里译为“老人”，指邻居家的老人。⑦亡：丢失。⑧家：指这家人。⑨智其子：认为他的儿子很聪明。

丁丁陪你做练习

文学常识填空题。

韩非是____________学派代表人物，他的著作收在____________________里。

参考答案

法家　《韩非子》

叶公是真的喜欢龙吗？

陶陶问丁丁：“世界上真的存在龙这种神奇的生物吗？”

丁丁说：“龙是中国古代传说中的动物，谁也没见过。但在一个寓言故事中，它曾显身过，结果把它的‘粉丝’吓得不轻呢！”

刘向是西汉著名经学家、文学家。他的著作有《新序》《说苑》《列女传》《战国策》等。其中，《新序》是一部以讽谏为目的的历史故事类编。

《叶公好龙》就出自《新序》，它讲了这样一个故事：

叶公子高很喜欢龙，衣带钩上刻着龙，酒壶、酒杯上刻着龙，居室里雕镂装饰的也是龙。天上的真龙听说叶公喜欢龙，便从天上来到叶公家，把头伸进窗子探看，长长的尾巴伸到了厅堂里。叶公看到真龙后，吓得魂不附体，转身就跑，脸色都变了。

陶陶接着说：“看来，叶公并不是真的喜欢龙，他喜欢的只不过是那些像龙却不是龙的东西罢了。”

丁丁点点头，说：“这则寓言故事讽刺那些名不副实、表里不一的人，同时也讽刺了那些只唱高调、不务实际的人。现在，人们常用‘叶公好龙’来比喻自称爱好某事物，其实并不真爱好。”

丁丁陪你学古文

叶公[1]好龙

《新序·杂事》

叶公子高好龙，钩[2]以写龙，凿[3]以写龙，屋室雕文[4]以写龙。于是天龙闻而下之，窥[5]头于牖[6]，施[7]尾于堂。叶公见之，弃而还走[8]，失其魂魄，五色[9]无主。是[10]叶公非好龙也，好夫[11]似龙而非龙者也。

/ 注释 /

①叶公：春秋时楚国的贵族，字子高。②钩：衣服上的带钩。③凿：通“爵”，古代饮酒的器具。④文：通“纹”，花纹。⑤窥（kuī）：探望，偷看。⑥牖（yǒu）：窗户。⑦施（yì）：延伸。⑧还（xuán）走：还通“旋”。转身就跑。⑨五色：这里指脸色。⑩是：由此看来。⑪夫：这，那。

丁丁陪你做练习

根据原文填空。

表现叶公喜欢龙的句子：

____

参考答案

钩以写龙，凿以写龙，屋室雕文以写龙。

40 狐狸是如何吓跑百兽的？

趣味古文故事

课堂上，李老师说：“寓言在春秋战国时期十分盛行。有的思想家会把寓言当作辩论的手段，取材于古代神话、传说、民间故事等，经过艺术加工后，生动形象地阐明自己的观点，达到自己的政治目的。《战国策》中的‘狐假虎威’就是个很好的例子。”

楚国最强盛时，北方诸侯都惧怕楚国大将昭奚恤。楚宣王听说后，感到奇怪，便询问朝中大臣其中的缘由，群臣没有人能回答上来。

这时，一个叫江乙的大臣站出来，讲了一个故事：“老虎寻找各种野兽来吃，抓到一只狐狸。狐狸对老虎说：‘你不敢吃我！上天派我来做百兽的首领，如果你吃掉我，就是违背上天的命令。你要是认为我的话不诚实，我在你前面行走，你跟随在我后面，看看百兽见了我哪一个敢不逃跑的？’老虎认为狐狸的话有道理，于是就和狐狸一起走。百兽看见它们后，纷纷逃跑。老虎不知道百兽是害怕自己而逃跑的，还以为它们是害怕狐狸。”

江乙总结说：“现在，大王的国土方圆五千里，大军百万，却由昭奚恤独揽大权。所以，北方诸侯害怕昭奚恤，其实是害怕大王的军队，这就像群兽害怕老虎一样啊。”

丁丁说：“这种阐述观点的方式真是新颖有趣，以后我也要学习！”

李老师总结道：“这个寓言故事后来演变为成语，人们用‘狐假虎威’比喻倚仗别人的权势来欺压、恐吓他人。”

丁丁陪你学古文

狐假[1]虎威

《战国策》

虎求百兽而食之，得狐。狐曰：“子[2]无敢食我也！天帝使我长[3]百兽，今子食我，是逆[4]天帝命也。子以我为[5]不信[6]，吾为[7]子先行，子随我后，观百兽之见我而敢不走乎？”虎以为然，故遂与之行；兽见之皆走。虎不知兽畏己而走也，以为畏狐也。

/ 注释 /

①假：借。②子：你。③长（zhǎng）百兽：长，首领。做百兽的首领。④逆：违抗。⑤以……为：认为……是。⑥信：诚实。⑦为：在。

丁丁陪你做练习

文学常识填空题。

（1）《狐假虎威》选自《________________》。

（2）这个寓言故事现在已形成一个成语，即____________。

参考答案

（1）战国策　（2）狐假虎威

宋人为什么要拔高禾苗？

趣味古文故事

语文课上，李老师问了一个问题：“如果你是一个小农民，你有什么办法让庄稼长得快一些？”

丁丁回答道：“我会给它施肥、松土，定期浇水、灭虫、锄草。”

李老师肯定了丁丁的说法，又介绍了一种新方法——揠苗助长。

宋国有一个人，担忧他的禾苗长不高，就把一棵棵禾苗往上拔起一点。一天下来，他十分疲劳。回到家里他对家人说：“今天可把我累坏了，我帮助禾苗长高了！”他儿子听说后，急忙跑到地里去看禾苗的情况，然而禾苗都已经枯萎了。

天下的人都希望自己的禾苗长得快些，不想帮助它生长的人是很少的；认为帮助禾苗生长没有好处而抛开禾苗不管的人，就像是不给禾苗锄草的懒汉；妄自帮助它生长的人，就像这个拔苗助长的人，不但没有好处，反而害了它。

接着，李老师总结说：“俗话说：‘欲速则不达。’如果不顾事物的发展规律，强求速成，只会适得其反，把事情弄糟。”

丁丁陪你学古文

揠①苗助长

《孟子·公孙丑上》

宋②人有闵③其苗之不长而揠之者，芒芒然④归，谓其人曰："今日病矣⑤！予助苗长矣！"其子趋而往视之，苗则槁⑥矣。天下之不助苗长者寡⑦矣。以为无益而舍⑧之者，不耘苗者也；助之长者，揠苗者也；非徒无益，而又害之。

/ 注释 /

①揠（yà）：拔起。②宋：古代国名，在今河南商丘一带。③闵（mǐn）：同"悯"，担心，忧虑。④芒芒然：疲劳的样子。⑤病矣：累极了。⑥槁（gǎo）：枯槁，枯死。⑦寡：少。⑧舍：抛开不管。

丁丁陪你做练习

1. 解释下列加点的字。

（1）其子趋而往视之________

（2）不耘苗者也________

2. 把下面的成语补充完整。

掩（　）盗（　）　（　）株待（　）　刻（　）求（　）

1.（1）急行，跑　（2）锄草

2. 掩（耳）盗（铃）　（守）株待（兔）　刻（舟）求（剑）

做事为何不能“画蛇添足”？

趣味古文故事

这天，妈妈给丁丁买了几条金鱼，卖金鱼的老爷爷告诉丁丁，每天给它们喂养一次就可以了。

谁知，丁丁太兴奋了，他生怕鱼儿饿肚子，没过几分钟就跑到鱼缸面前给金鱼喂食。

看着金鱼吃得欢快，丁丁别提多高兴了。妈妈却拦住了丁丁，问：“你听说过‘画蛇添足’的故事吗？”

《画蛇添足》的故事，源于西汉文学家刘向的《战国策》。

楚国有个主管祭祀的人，拿出一壶酒赏给门客们喝。门客们互相商议说：“这壶酒不够大家喝，一个人喝则有剩余。我们各自在地上画蛇，先画好的人就喝这壶酒。”

有一个人最先把蛇画好，他拿起酒壶正准备喝酒，却左手拿着酒壶，右手继续画蛇，说：“我能够给它画脚。”

他还没把脚画完，另一个人就把蛇画好了，抢过他的酒壶，说：“蛇本来就没有脚，你怎么能给它画脚呢？”然后，他就把那壶酒喝完了。那个给蛇画脚的人，最终失掉了那壶酒。

妈妈讲完故事，对丁丁说：“做事多此一举，反而会得不偿失。你这样不停地喂食金鱼，不但没有好处，还会让金鱼有撑死的危险。”

丁丁急忙收回喂食的手，说：“我知道错了，以后我再也不自作聪明了！”

丁丁陪你学古文

画蛇添足

《战国策》

楚有祠者[①]，赐其舍人[②]卮[③]酒，舍人相谓曰：“数人饮之不足，一人饮之有余，请画地[④]为蛇[⑤]，先成者饮酒。”一人蛇先成，引酒且饮之，乃左手持卮，右手画蛇曰：“吾能为之足。”未成，一人之蛇成，夺其卮曰：“蛇固[⑥]无足，子安能[⑦]为之足[⑧]？”遂饮其酒。为蛇足者，终亡[⑨]其酒。

/ 注释 /

①祠（cí）者：祠，祭祀。主管祭祀的官员。②舍人：门客，手下办事的人。③卮（zhī）：古代的一种类似壶的盛酒器。④画地：在地面上画。⑤为蛇：画蛇。⑥固：本来，原来。⑦安能：怎么能；哪能。⑧为之足：为，给，替。足，画脚。给它画上脚。⑨亡：丢失，失去。

丁丁陪你做练习

1. 解释下列加点的字词。

（1）舍人相谓曰____________

（2）引酒且饮之____________

2. 文学常识填空题。

“画蛇添足”的近义词是“____________”，反义词是“____________”。（各填一个即可）

3. 用现代汉语翻译下面的句子。

蛇固无足，子安能为之足？

译文：________________________

参考答案

1.（1）互相商议　（2）舍，卒

2. 示例：多此一举　画龙点睛

3. 略

寒号鸟是什么鸟？

趣味古文故事

妈妈检查丁丁的作业时，发现字迹十分潦草，错误也比较多。

原来，丁丁喜欢看一个探案节目，为了及时收看节目，他对作业就不怎么用心了。

妈妈看着正在看电视的丁丁，说："你越来越像寒号鸟了。"

丁丁以为妈妈在夸自己，高兴地说："寒号鸟是什么鸟？很厉害吗？"

在元末明初文学家陶宗仪所著的《南村辍耕录》中，记述了一种有趣的动物——寒号鸟。他在书中讲了如下的故事：

> 五台山上有一种鸟，名字叫寒号虫，它有四只脚，翅膀上的肉很多，不会飞。它的粪便就是中药"五灵脂"。
>
> 当夏天时，它的羽毛花纹和色彩非常绚丽，它就对自己说："凤凰比不上我美丽！"等到了严冬酷寒的时候，它的羽毛脱落了，像刚出壳的幼禽，它就对自己说："只要能够过得去，过一天算一天，就这

样过下去吧。”

后人根据这个故事引申出了“得过且过”这一成语，用来形容胸无大志、没有长远打算，也指工作敷衍了事、不负责。

妈妈说：“你敷衍作业的态度，像不像寒号鸟？”

丁丁红着脸，说：“我马上改正，一定不做寒号鸟！”

丁丁陪你学古文

寒号鸟

［元末明初］陶宗仪

五台山①有鸟，名曰寒号虫，四足②，肉翅，不能飞。其粪即“五灵脂③”。当盛暑时，毛羽文采绚烂，乃自鸣曰：“凤凰不如我！”比至深冬严寒之际，毛羽脱落，若④雏⑤，遂⑥自鸣曰：“得过且过。”

/注释/

①五台山：山名，在今山西境内。②足：脚。③五灵脂：一种中药。④若：像。⑤雏：刚出壳的幼禽。⑥遂：于是，就。

丁丁陪你做练习

根据原文填空。

后人根据寒号鸟的故事，引出了一个成语叫“________”。

参考答案

得过且过

第八章

成语典故

读小古文，探索四个字里隐藏的秘密

丁丁有话说

成语是汉语词汇中的一块瑰宝，每一个成语典故的背后都隐藏着一个有趣的故事。指鹿为马、天衣无缝、草木皆兵、鸟尽弓藏……这些成语的背后都隐藏着什么样的秘密呢？今天，就让我们翻开历史的画卷，到成语的世界里去一探究竟吧！

商鞅为何奖赏搬木头的人？

这天，丁丁学习了“徙木立信”这个成语，不解地问爸爸：“只是搬一块木头，商鞅为什么要奖赏搬木头的人一大笔钱，这不是浪费吗？”

爸爸说：“这个成语要结合当时的时代背景来理解。”

秦孝公即位后，秦国在经济、军事等各方面都落后于中原各诸侯国，秦孝公决心发愤图强，便下令招揽贤人。商鞅从卫国来到秦

国后，提出了变法求新的发展策略，深得秦孝公的信任。

当时，秦孝公虽然已经任用了商鞅，但商鞅想要实施变法改革政策，还是担心秦国的官员和百姓对自己产生非议。所以，虽然新法已经制定完毕，但还没有颁布。

商鞅担心百姓不相信自己，于是，他命人在都城的集市南门树立了一根三丈高的木头，招募能把它搬到集市北门的人，做到的人就赏十金。百姓对此感到奇怪，没有一个人敢去搬木头。

商鞅又说："能搬木头的人，赏五十金。"有个人壮着胆子把木头搬到了集市北门，商鞅果真赏给了他五十金，以此来表明自己没有欺骗百姓。

终于，商鞅公布了法令。

丁丁听得直点头，说："原来是这样，和树立威信比起来，五十金的确不算什么了。"

爸爸总结道："经过商鞅变法，秦国的经济得到发展，军队战斗力不断加强，成为当时富裕强大的国家。"

丁丁陪你学古文

商鞅立信

《史记·商君列传》

孝公[①]既用卫鞅[②]，鞅欲变法，恐天下议己……令[③]既具[④]，未布[⑤]，恐民之不信，已乃立三丈之木于国都市[⑥]南门，募民有能徙[⑦]置北门者，予[⑧]十金[⑨]。民怪之，莫敢徙。复曰："能徙者，予五十金。"有一人徙之，辄[⑩]予五十金，以明不欺。卒下令。

/ 注释 /

①孝公：秦孝公。②卫鞅：人名，即商鞅。③令：指变法的命令。④具：准备就绪，这里指政令的公告已写好。⑤未布：布，公布，颁布。没有公布。⑥市：贸易市场。⑦徙：迁徙，这里指搬走。⑧予：给。⑨金：古代货币单位。⑩辄：就。

丁丁陪你做练习

1. 解释下列加点的字。

（1）令既具，未布________

（2）募民有能徙置北门者________

2. “立木为信”的历史典故出现在（ ）。

A．伊尹改革中 B．管仲改革中

C．商鞅变法中 D．李悝变法中

3. 用现代汉语翻译下面的句子。

民怪之，莫敢徙。

译文：________________________________

参考答案

1.（1）已经 （2）招募

2. C

3. 略

大臣们为什么都惧怕赵高？

趣味古文故事

陶陶读到“指鹿为马”这个成语，觉得无法理解，询问丁丁：“鹿和马完全不一样，怎么会有人把鹿看成马呢？难道这个人眼神不好？”

丁丁说：“其实，这个成语并不是指人们辨认不出鹿和马，而是因为有人吓得他们不敢说实话。”说着，他就给陶陶讲起了“指鹿为马”的故事。

秦始皇病死后，他的小儿子胡亥做了皇帝，即秦二世。秦二世是个残暴昏庸的国君，他的丞相赵高心狠手辣，他们先后杀害了许多有才能的大臣，就连秦二世的兄弟和姐妹也都被他们杀害了。

赵高独揽大权后，还不满足。他蓄谋作乱，恐怕群臣不听从他，就事先设下圈套试探。一天，赵高带来一只鹿献给秦二世，说：“这是一匹马。”秦二世笑着说：“丞相看错了吧？你把鹿说成是马了。”然后，秦二世问身边的大臣们这是鹿还是马，大臣们有的说是鹿，有的沉默不语，有的为了迎合赵高说是马。

后来，赵高就在暗中借用法令陷害那些说是鹿的人，并借机一一杀害了他们。这件事以后，大臣们都非常惧怕赵高。

陶陶听后，惊得直咂舌。

丁丁说：“赵高导演的这场闹剧演化出了成语‘指鹿为马’。后来，人们就用‘指鹿为马’来比喻故意颠倒黑白、混淆是非。”

丁丁陪你学古文

指鹿为马

《史记·秦始皇本纪》

赵高欲①为乱②，恐群臣不听，乃先设验③，持④鹿献于二世⑤，曰：“马也。”二世笑曰：“丞相误⑥邪？谓鹿为马。”问左右⑦，左右或默，或言马以阿顺⑧赵高，或言鹿者。高因⑨阴⑩中⑪诸⑫言鹿者以法⑬。后群臣皆畏高。

/ 注释 /

①欲：想要。②乱：叛乱，此处指篡夺秦朝的政权。③设验：设法试探。④持：带着。⑤二世：指秦二世皇帝胡亥。⑥误：错误，误会。⑦左右：身边的人。⑧阿顺：阿谀奉承。⑨因：于是，就。⑩阴：暗中。⑪中（zhòng）：中伤。⑫诸：那些。⑬法：刑法，法律。

丁丁陪你做练习

根据原文回答问题。

赵高把鹿说成马的用意是什么？

____

参考答案

赵高欲为乱，恐群臣不听，乃先设验。

46 “天衣无缝”的来历是什么？

趣味古文故事

这天，丁丁和陶陶在玩成语接龙的游戏。

中途，陶陶说了个“一步登天”，丁丁接道：“天衣无缝。”

陶陶纳闷了，问：“衣服都是缝制出来的，怎么会没有缝呢？”

丁丁顶不住陶陶的追问，给陶陶讲述了“天衣无缝”的由来。

牛峤是唐末五代著名词人，著有一部志怪小说集《灵怪录》。《灵怪录》里讲述了这样一个传说：

从前有个叫郭翰的人，夏天躺在庭院里纳凉，他抬头仰望天空，看见有个人从天上慢慢地落下来，并说：“我是天上的织女。”郭翰细细打量织女的衣服，不知它是用什么衣料制成的。特别使他感到惊奇的是，她穿的这身衣服竟然没有用线缝过的痕迹。郭翰就问织女为什么她的衣服这么特别，织女说：“我穿的是天衣，天衣本来就不是用针线缝起来的，自然没有缝。”

丁丁总结道：“现在，人们用‘天衣无缝’形容诗文、话语等事物严密，没有一点破绽。”

丁丁陪你学古文

天衣无缝

《灵怪录·郭翰》

郭翰夏日卧[①]庭中，仰视[②]空中，有人冉冉[③]而下，曰：“吾织女也。”徐视[④]其衣，并[⑤]无缝。翰问之，谓曰：“天衣本[⑥]非针线为[⑦]也。”

/ 注释 /

①卧：躺。②仰视：抬头看。③冉（rǎn）冉：慢慢地。④视：看。⑤并：都。⑥本：本来。⑦为：指缝制。

丁丁陪你做练习

文学常识填空题。

（1）我们常用“________”一词来比喻事物周密完善，找不出什么毛病。

（2）“天衣无缝”的近义词是“________”，反义词是“________”。（各填一个即可）

参考答案

（1）天衣无缝 （2）示例：完美无缺 漏洞百出

什么才是真正的友情？

趣味古文故事

语文课上，李老师对大家说：“人们常用‘管鲍之交’这个成语，来形容两个人之间的交情深厚。你们知道‘管鲍’是指谁吗？”

丁丁举手回答道：“‘管鲍’说的是管仲和鲍叔牙。鲍叔牙不仅是管仲的至交，还是管仲的伯乐呢！”

管仲是春秋时期颍上（今安徽颍上县南）人。他年轻时，经常与鲍叔牙交往，鲍叔牙知道他贤明、有才干。管仲家境贫困，经常占用鲍叔牙的一部分财产，但鲍叔牙始终待他很好，不因为这些事而抱怨。后来，鲍叔牙服侍齐国公子小白，管仲服侍公子纠。等到小白立为齐桓公后，公子纠被杀死了，管仲也被囚禁起来。鲍叔牙就向齐桓公举荐管仲。管仲被任用以后，在齐国掌理政事。齐桓公凭借着管仲的才能而称霸，并以霸主的身份多次召集诸侯会盟，一度使天下复归于正。

李老师总结道：“鲍叔牙举荐了管仲之后，自己心甘情愿地在管仲的领导下为官做事。天下人都赞美管仲的贤能，而且把他和鲍叔牙的深厚友谊称为真正的友情。”

丁丁陪你学古文

管鲍之交

《史记·管仲列传》

管仲夷吾者，颍[①]上人也。少时常与鲍叔牙游，鲍叔知其贤。管仲贫困，常欺[②]鲍叔，鲍叔终善遇之，不以为言。已而鲍叔事[③]齐公子小白，管仲事公子纠。及小白立，为桓公，公子纠死，管仲囚[④]焉。鲍叔遂进管仲。管仲既用，任政于齐。齐桓公以霸，九合诸侯，一匡天下，管仲之谋也。

注释

①颍（yǐng）：颍河，发源于河南，流入安徽。②欺：这里是钱物不平均分而多占的意思。③事：侍奉。④囚：被拘禁。

丁丁陪你做练习

文学常识填空题。

誓同生死的朋友叫__________；意气相投的朋友叫__________；年岁差别大、辈分悬殊结成的朋友叫__________。

参考答案

刎颈之交　莫逆之交　忘年之交

谁的一句话能值千两黄金？

趣味古文故事

一天，爸爸问丁丁："一千两黄金和一个承诺，你选择哪个？"

丁丁毫不犹豫地说："肯定选一千两黄金啊！谁的承诺能和黄金相比呢？"

爸爸说："历史上真有一个人，他的一句话比黄金还受欢迎！"

秦朝末年，有一个叫季布的人，只要是他答应过的事情，无论有多大困难，他都会设法办到，大家都很佩服和尊敬他。

楚汉相争时，季布曾是项羽的部下。刘邦当了皇帝后，就下令通缉季布。这时候，那些敬慕季布为人的人都在暗中帮助他，并为他说情。后来，刘邦不仅撤销了通缉令，还封季布做了官。

季布有一个同乡叫曹丘，喜欢结交有权势的官员，他听说季布做了官，就马上去见季布。季布一向看不起曹丘，不想见他。谁知，曹丘一进厅堂，立刻对着季布鞠躬作揖。曹丘说："我听到楚地到处流传着'得黄金百斤，不如得季布一诺'这样的话，你的名声传扬在梁、楚两地。你和我是同乡，所以我到处宣扬你的好名声，你为什么不愿见到我呢？"季布听了曹丘的解释，心里顿时高兴起来，还留下曹丘住了几个月，作为贵客招待。

后来，曹丘继续替季布到处宣扬他"一诺千金"的品德，季布的名声也就越来越大了。

爸爸总结道：“可见，诚信在与人交往时是很重要的品质。”

丁丁陪你学古文

一诺千金 《史记·季布栾布列传》

曹丘至[1]，即揖[2]季布曰：“楚人谚曰‘得黄金百(斤)，不如得季布一诺[3]’，足下[4]何以得此声于梁楚间哉？且仆楚人，足下亦楚人也。仆游扬[5]足下之名于天下，顾[6]不重[7]邪？何足下距[8]仆之深也！”季布乃大说，引入，留数月，为上客，厚送之。季布名所以益闻者，曹丘扬之也。

/注释/

①至：到了。②揖(yī)：作揖，即行拱手礼。旧时行拱手礼表示不卑不亢。③诺：许诺，诺言。④足下：旧时交际用语，下称上或同辈相称的敬词，译为“您”。⑤游扬：扬，宣扬。到处宣扬。⑥顾：难道。⑦重：有力量。⑧距：通“拒”，拒绝。

丁丁陪你做练习

文学常识填空题。

文中“得黄金百(斤)，不如得季布一诺”，后来简化为成语“＿＿＿＿＿＿”，常用来比喻＿＿＿＿＿＿＿＿＿＿。

一诺千金　做人做事很有信用，说话算话，言出必行

草木为何会被当成兵？

趣味古文故事

上周末，丁丁看了部恐怖电影，一连几天都有些后怕，非要爸爸陪他一起睡。

这天，爸爸为了让他放松，就讲了一个“草木皆兵”的睡前故事。

东晋时期，前秦皇帝苻坚企图消灭东晋，就率领百万大军南下攻伐东晋。东晋宰相谢安任命谢石为大将、谢玄为先锋，率领八万精兵迎战。

当时，前秦将领梁成等人率领的先头部队在洛涧附近被晋军偷袭，被击败得溃不成军，不但令秦兵士气受挫，亦令一向骄傲的苻坚信心动摇。

得知晋军正向寿阳前进，苻坚便和苻融登上寿阳城楼，观察晋军动静。苻坚看见晋军兵阵整齐，将帅与士兵都很强悍，心中觉得晋兵训练有素。他又望向北面的八公山，只见山上长满了无数草木，北风吹过，草木晃动，就像无数士兵在运动。于是，苻坚回过头来对苻融说：“这些敌人都很强大啊！怎么能说晋军没有人马呢？”苻坚的神情茫然而恐惧。

爸爸说：“后来，人们常用‘草木皆兵’来形容人在惊慌时疑神疑鬼的惊恐心理。丁丁，你现在就是这种状态。”

丁丁撒娇道：“我不管，还是让我再‘草木皆兵’几天吧！”

丁丁陪你学古文

草木皆兵

《晋书·苻坚载记》

谢石[1]等以既败梁成[2]，水陆继进。坚[3]与苻融[4]登城而望王师[5]，见部阵齐整，将士精锐；又北望八公山上草木，皆类人形，顾谓融曰：“此亦勍[6]敌也，何谓少乎！”怃然有惧色。

/ 注释 /

①谢石：东晋将领，字石奴，东晋名臣谢安之弟。②梁成：十六国时前秦将领。③坚：指苻坚，十六国时前秦皇帝。④苻融：十六国时前秦将领，时任征南大将军。⑤王师：这里指晋军。⑥勍（qíng）：强劲有力。

丁丁陪你做练习

文学常识填空题。

淝水之战是历史上著名的以少胜多的战役，这场战役衍生出了草木皆兵、____________、____________等成语。

风声鹤唳　投鞭断流

越王勾践为什么要杀文种？

趣味古文故事

这天，丁丁回到家里，对爸爸说：“爸爸，以后我可以一个人上学，不用您送我了。”

爸爸开玩笑说：“看来你这是‘鸟尽弓藏’，要抛弃老爸了？”

丁丁不解地问：“什么是‘鸟尽弓藏’啊？”

于是，爸爸给丁丁讲述了越王勾践灭吴国后杀害文种的故事。

春秋时，越王勾践依靠范蠡、文种两位大夫，灭了吴国，杀了吴王夫差，报了受辱之仇。在吴宫开庆功会时，群臣都很高兴，只有勾践一人面无喜色。范蠡看出来勾践开始疑忌功臣了。第二天，他就向勾践提出辞官归隐的要求，但勾践不同意。

不久，范蠡便不辞而别，离开了越国。他从齐国送给大夫文种一封信，说：“飞鸟被杀尽了，那么好的弓就要被收藏起来了；狡猾的兔子都打死了，那么猎狗就可以被烹食了。越王这个人脖颈长，嘴长得像鸟的嘴，只能跟他共患难，不能与他同享乐。你为什么还不离开呢？”文种看了信后，就推说自己有病不再上朝了。

后来，有人向勾践进谗言，说文种将要作乱。勾践就赐给文种一把剑，说：“您教我对付吴国的七种方法，我只用了三种就把吴国打败了，另外四种还在您手里，您预备用来对付谁？您替我到先王那里去试用一下。”文种别无选择，只好自杀了。

后来，人们就用成语“鸟尽弓藏”“兔死狗烹”，来比喻事情成功后把出过力、有功的人抛弃或杀死。

丁丁听了，搂着爸爸的胳膊，撒娇道：“爸爸，您用这个词可太夸张了。您可是我专属的‘故事大王’，我永远都离不开您！”

丁丁陪你学古文

鸟尽弓藏

《史记·越王勾践世家》

范蠡遂[1]去[2]，自齐遗大夫[3]种[4]书[5]曰：“飞鸟尽，良弓藏；狡兔死，走狗烹。越王为人长颈鸟喙[6]，可与共患难，不可与共乐。子何不去？”种见书，称病不朝。

/注释/

①遂：就。②去：离开。③大（dà）夫：古代官职。④种：文种。⑤书：书信。⑥鸟喙（huì）：鸟嘴。

丁丁陪你做练习

根据原文填空。

睡觉睡在柴草上，吃饭睡觉前都尝一尝苦胆，形容人刻苦自励、发愤图强，这个成语是________。

参考答案

卧薪尝胆

第八章

汉字里的官员

丁丁有话说

小朋友，你知道吗？在汉字里也有官员呢。那么，哪些是汉字里的官员呢？我们一起去拜访它们吧！

机智的大首领

在一户农家小院里，住着一群老鼠和一只大花猫，老鼠经常出来偷东西，而大花猫的职责就是抓住偷东西的老鼠。

在一个伸手不见五指的夜晚，这群老鼠在大首领的带领下又出来偷东西了。很快，它们就在农户家厨房的垃圾桶里，找到了很多吃剩下的饭菜。对于老鼠来说，这些残羹冷炙就是一座巨大的宝藏。

正当这群老鼠准备大快朵颐的时候，大花猫听到了动静，不顾一切地扑了过来，发出一阵阵令老鼠肝胆俱裂的怒吼声。

于是，这群老鼠在震惊之余，马上冷静下来，开始四散逃命。大花猫很快就识破了老鼠的阴谋诡计，认准其中的两只小老鼠穷追不舍。

终于，这两只小老鼠被大花猫追到了死胡同里，再也无处可逃，落在了大花猫手里。

大花猫张开血盆大口，正要吃掉这两只小老鼠时，厨房里突然响起一连串恶狗的吠叫声，大花猫吓得毛骨悚然，狼狈地逃开了。

小老鼠认为，自己虽然躲过了大花猫这一劫，但是又落入了恶狗的魔掌，怎么也逃不了了，于是一动不动地站在墙角。

大花猫走后，老鼠首领慢悠悠地从暗处走了出来，对九死一生的小老鼠说：“我早就跟你们讲过，多学一种语言有利无害，这次我就是因此救了你们的性命。”

小朋友，现在你知道什么叫“首领”了吗？

丁丁陪你来认字

下面这些有趣的图案，你能看出是什么汉字吗？

图1　图2　图3　图4　图5　图6

图7　图8　图9　图10　图11　图12

汉字小课堂

“首”字是一个象形字，本义是指人或动物的脑袋，即头。后来，它被引申为首领之义，也被引申为首先、很重要等意思，比如首脑，又发展引申为事物的开始。

你看，图1 和图2 都是甲骨文的“首”字，画了一个头侧面的形象，有眼睛和毛发，看起来不像人头，有人说像个狗头，也有人说像个羊头，还有人说像个猴头，但不管怎么说，它都是一个头颅的样子。

图3 也是甲骨文的“首”字，画了一个大眼睛来代表脸，眼睛外边有一个头的轮廓，头上面也有毛发，旁边还有耳朵，是一

个头侧面的形象。

图4  、图5  、图6  和图7  都是西周时期金文的“首”字，它们在上部画出了毛发，下部画出了脸，脸部特别突出了鼻子。由此，我们可以看出“首”字逐步规范的发展轨迹。

接着，我们再看看图8  和图9  ，前者是春秋时期晋国写在玉片上的“首”字，后者是战国时期楚国写在帛上的“首”字，它们的差异很大。

图10  是小篆的“首”字，上部画了三根毛发，表示多，下部的“自”字已接近后来的写法，整个“首”字的写法逐渐开始定型。

图11  是早期隶书的“首”字，明显是从篆书演变来的，上部的三根毛发还在，只不过是变成了三个折，中部代表发际线的部分已独立成为一横，下部的“自”字已经与现在的写法基本一致。

图12  是后期隶书的“首”书，上部的毛发已经省略成两点，中部和下部沿袭了早期隶书的写法，整个“首”字已经与现在的写法一样了。

1．根据提示，完成下面的词语接龙，使前后相邻的两个字都能构成词语。

2．“首”是人的头部，那么人的头部还有哪些器官呢？

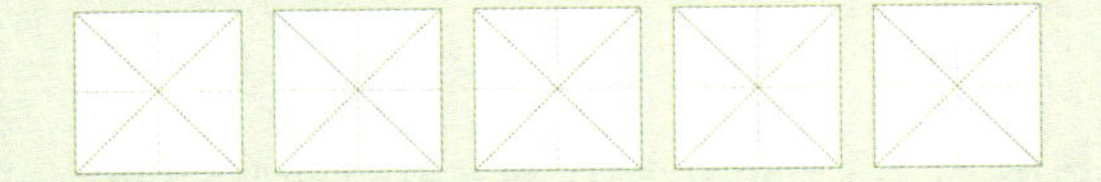

【参考答案】

1. 示例：首领　领导　导电　电车　车轮　轮回　回首

2. 眼　鼻　口　耳　眉

今天上历“吏”课

“咦，历‘吏’课？”

“这是什么时候开的课呀？”

“会不会是历史课改名字了？”

…………

同学们看着黑板上的课程表七嘴八舌地议论起来。

丁丁听到了，也朝黑板上看去。

嘿，原来是值日生把“历史”的“史”字多加了一横，写成“官吏”的“吏”字了。

这时，孙老师走进来，听了同学们的议论，笑着说：“你们有所不知，其实在很早的时候，‘史’和‘吏’确实是一个字。”

同学们好奇极了，都想知道是怎么回事。

你想知道吗？

丁丁陪你来认字

下面这些字，既有“史”字也有“吏”字，你能认出来吗？赶快来试一试吧！

图 1　图 2　图 3　图 4　图 5

汉字小课堂

在甲骨文中，不仅“史”字和“吏”字是同一个字，而且“事”字与它们也是同一个字，这三个字在古代文字里可以通用。

在古代，拿着文具记录历史的官员叫史官；文官不仅要管理事物，而且要书写公文。所以，《说文解字》说：“史，记事者也。”“吏，治人者也。”“事，职也。”

很早的时候，史官记录历史，文官书写公文，他们的职责非常类似，所以，甲骨文中的“史”字和“吏”字是一个字。记录历史，管理事物，书写公文，都是官员分内的事情，所以那时“史”字与“事”字在写法上不作区分。

后来，随着字义的不断引申，为了表意的明确性，“史”字特指历史、史官，“吏”字专指官员，“事”字指各种各样的事情，同时它们的字形也不断地发展变化，逐渐变成了今天的形体。

你看，图1 是甲骨文的“史”字，图2 是西周时期金文的“史”字，它们上部是一个“中”字，下部是一个表示手的“又”字，同时“中”字一竖与“又”字联结在一起，意思就是把握中正，公正地记录历史。

图3 是最早的“事”字，与甲骨文的“史”字非常接近。图4 是春秋战国时期石鼓文的“事”字，图5 是战国时期的“吏”字，“史”“吏”“事”三个字已经明确地区分开了。

丁丁陪你做游戏

1. 根据提示，请在空格内填上合适的字，使每一横排上的四个字都能组成一个成语。

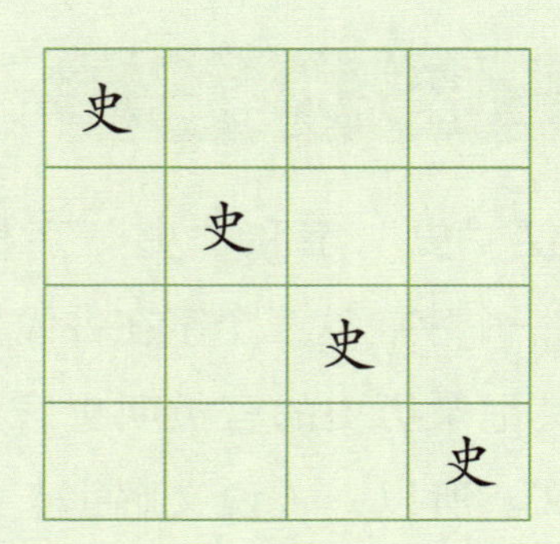

2. 请判断下面含有“史”字的成语用法是否正确，对的打“√”，错的打“×”。

（1）刘胡兰烈士将永垂青史，万古流芳。（ ）

（2）历史不仅有正史，还有为正人君子所不屑的稗官野史。（ ）

（3）嫦娥绕月卫星发射成功，是我国科学技术史无前例的伟大成就。（ ）

【参考答案】

1. 示例：史无前例　青史留名　彪炳史册　永垂青史

2. （1）√（2）√（3）√

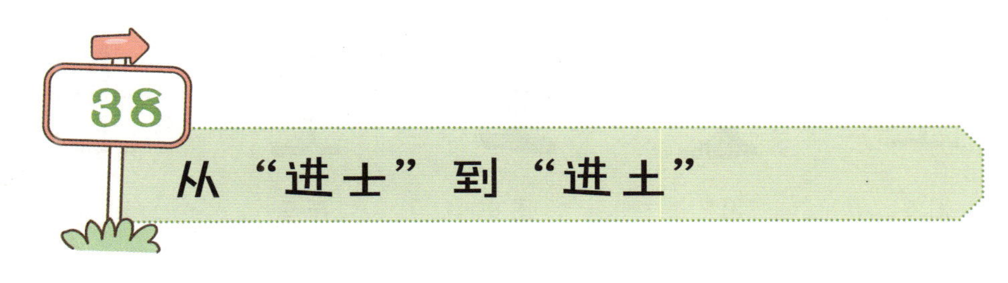

38 从“进士”到“进土”

趣味汉字故事

唐伯虎是明代著名画家，博学多才，机智诙谐，常常是妙语连珠。

一次，唐伯虎到一个小镇游玩，得知当地有一个老进士，十分霸道嚣张，经常仗势欺人，就想给他一点教训。

唐伯虎在老进士府邸门前，看到门口写着一副对联：“父进士，子进士；父和子，皆进士。”于是，他想到了一个绝妙的点子来惩治这个老进士。

第二天，大家发现老进士门口的对联被人做了手脚：“父进土，子进土；父和子，皆进土。”

虽然每个字只有一点点变化，但对联的意思却相去甚远。

丁丁陪你来认字

快来认一认吧，下面的“土”和“士”，你能分清吗？

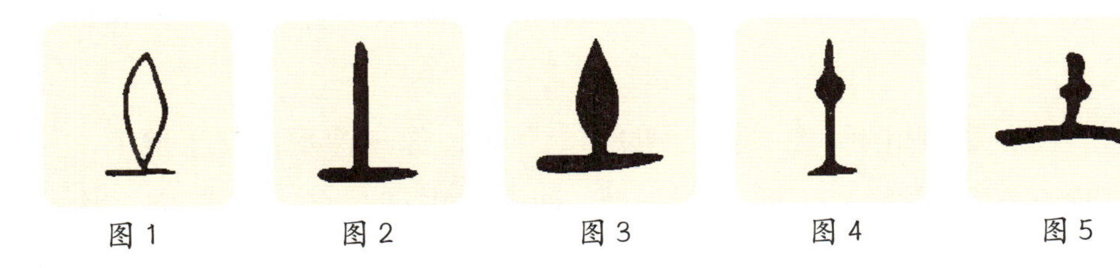

图 1　图 2　图 3　图 4　图 5

图 6　图 7　图 8　图 9　图 10

汉字小课堂

“土”字，始见于商代甲骨文及商代金文，本义是指土地，又指土壤，后来引申为国土、家乡、本地的等意思。有了土，才能种地，收获粮食，所以古人非常敬重土，往往把它作为祭祀的对象。

图1 是甲骨文的“土”字，下部画了一横表示地面，上部画了一个土块放在上面，表示泥土的形象。图2 也是甲骨文的“土”字，在一横上面又画了一竖，表示植物破土而出。

图3 和图4 都是西周金文的“土”字，表示地面的一横仍在，立在一横上面的一竖中部变粗，形象地强调了大地吐出的物体，象征着大地吐出了万物。

图5 是战国时期帛书上的“土”字，图6 是小篆的“土”字，它们与现在的写法已基本一样了。

“士”字是一个象形字，它的本义众说纷纭。《说文解字》说：“士，事也。”意思是说，“士”字即为插苗于地中，而在古代耕作插苗是男子之事，于是“士”字引申为男子的美称。后来，“士”指一个社会阶层，是最低级的贵族，介于卿大夫和庶民之间。

图7 和图8 是金文的“士”字，像一棵禾苗立于地上，与现在的写法基本一致。图9 是战国古印里的“士”字，图10 是小篆的“士”字，它们都与现在的写法一样。

丁丁陪你做游戏

1．想一想，“士”字和“甲”字上下颠倒过来是什么字，请填写在下面对应的方格中。

士—□　　甲—□

2．“士”和“干”是一对上下颠倒的字，你能找出多少对这样的字？请写在下面的方格中。

【参考答案】

1. 干　由

2.. 示例：吴— 吞　上 — 下　杏—呆　音—昱

巧辨孪生兄弟

“部”和“陪”像是一对孪生兄弟，很容易混淆。一不小心，同学们就会把它们放错位置。

你看，丁丁在周记里是这样写的：“昨天，我部（陪）着妈妈到医院住院陪（部）看望了生病的姥姥。”

另外一位同学则写道：“我在小卖陪（部）买东西时，遇见了我的拳击部（陪）练。”

这都是“部”“陪”不分，闹出了不该有的笑话。

为了让同学们准确地区分这两个字，李老师专门编了一段顺口溜：“陪、陪、陪，‘陪同’的‘陪’，我的耳朵在左背；部、部、部，‘部长’的‘部’，我的耳朵长在右；若是耳朵放不对，‘部长’‘陪同’必错位。”

同学们念了几遍后，很快就把“部”和“陪”区分清楚了。

小朋友，像“部”和“陪”这样，调整部首位置后就变成了另外一个字，你还知道哪些？

下面这些字，有的是左耳朵，有的是右耳朵，你认识它们吗？

图 1　图 2　图 3　图 4　图 5

图 6　图 7　图 8　图 9　图 10　图 11

汉字小课堂

“部”和“陪”是一对很容易混淆的字，它们都是由“立”字、“口”字和“阝”组成，唯一不同的是“部”字的“阝”在右边，而“陪”字的“阝”在左边。

“阝”是一个汉字偏旁，看起来像人的耳朵，俗称“软耳刀”“双耳旁”“双耳刀”，在字的左边时为“左耳刀”，在字的右边时为“右耳刀”，其实它与耳朵根本没有关系。现在，规范的叫法是“左阜旁”“右邑旁”，简称“左阜右邑”。

“阜”字，是一个象形字，本义是指阶梯或不太高的土山。图1 是甲骨文的“阜”字，图2 是汉代隶书的“阜”字，看起来就像一层层的山崖、阶梯或土山之形。

“邑”字，本义是指人群聚居的地方，引申泛指一般的城镇。由于古代的国其实没有多大，多指封地，所以“邑”字进而特指古代的封地、国都。

图3 是甲骨文的“邑”字，图4 是汉代隶书的“邑”字，上面的“口”字代表国土或苗圃，下面是一个跪坐着的人，则

代表人民。

“部”字，最早的意思是指天水一带，少数民族居住的地方。《说文解字》说：“部，天水狄部。”后来，引申为衙署、指门类等，还指全体中的某些部分，或指整体中的某个部位。

图5  是战国时期印章里“部”字，右边的耳朵写作“邑”字。它是现在能见到的最早的“部”字。

图6  是小篆的“部”字，右边的耳朵还是写作“邑”字，与现在的写法还不一样。

图7  是战国末期简牍上的“部”字，介于篆书与隶书之间，左侧的“立”字和“口”字已接近后来的写法，右侧的“邑”字已简化为“阝”。

图8  是汉代隶书的“部”字，左侧的“立”字和“口”字，以及右侧的“阝”，都已经与后来的写法完全一样。

“陪”字，本义是重叠的土堆。《说文解字》说：“陪，重土也。”后来，引申为重的意思，又引申为辅佐、陪伴的意思。现在，前两种用法基本废弃了。

目前，“陪”字最早见于小篆，在小篆以前的字形里没有发现。

图9  是小篆的“陪”字，左边的耳朵还是“阜”字的篆书写法，与现在的写法还不一样。

图10  是战国末期帛书上的“陪”字，左侧的“阜”字已简化为“阝”，右侧的“立”字和“口”字之间还有一小竖相连，与图7  战国末期简牍上的“部”字情况类似。

图11  是三国时期石碑上隶书的“陪”字，左侧的“阝”，以及右侧的“立”字和“口”字，都已经完全演变成现在的字形了。

丁丁陪你做游戏

1．“阝”要走迷宫了，它只有和下面的字能组合成一个新字，才能通过。你觉得它应该怎样走出迷宫呢？

→ 开	急	耳	头
老	成	又	夫
晶	及	千	人
羽	古	品	百 →

2．猜一猜，想一想。

（1）耳朵最多的汉字。（打一字）

（2）关在门里的耳朵。（打一字）

（3）孙行者有耳朵。（打一字）

（4）阵前各方无一生。（打一字）

【参考答案】

1．路线：邢—隐—耶—邓—阡—队—陌

2．（1）耶（2）闻（3）都（4）隆

老师脱帽子

元宵节是我国的传统节日，为了传播和弘扬中国优秀传统文化，学校专门组织了一场具有中国传统特色的活动——猜灯谜。

活动开始后，整个校园里都充满了节日的喜庆气氛，各类谜面花花绿绿地贴满了公告栏。

同学们都被有趣的谜语吸引住了，或驻足观看，或积极参与，一起享受着活动的乐趣。

丁丁高兴极了，在人群里来回穿梭。当他看到同学们都在猜谜时，就尝试着也选了一条："老师脱下头上的帽子。（打一个汉字）"

看到这里，他一拍脑门，眼珠滴溜一转，还真猜出来了。

小朋友，你猜出来了吗？

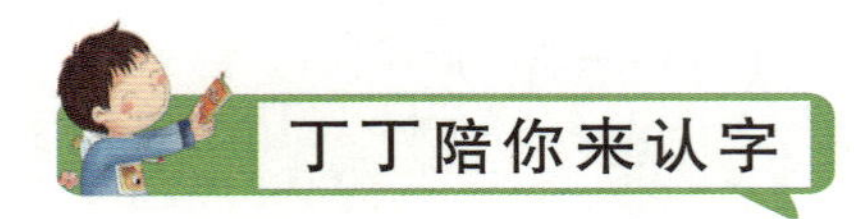

认一认，下面这些是"师"字吗？

图 1　　图 2　　图 3

汉字小课堂

小朋友，提起“师”字，你是不是首先就会想到“老师”？

其实，“师”字的本义是古代军队的编制单位。《说文解字》中说：“两千五百人为师。”在商周时代，2 500人组成的“师”是最大的军队编制。《周礼》也有类似的记载：“五人为伍，五伍为两，四两为卒，五卒为旅，五旅为师。”现在，我国的军队编制中，还有军、师、旅、团、营、连、排、班的建制级别。

“师”字，是“師”（“师”的繁体字）简化后的写法，最早出现在甲骨文中。不过，“师”的名称，在夏、商、周时就有了。西周时，称乐官为辅师或师；春秋时期，各国多称乐官为师。但是，孔子的学生称孔子为夫子，并不叫老师。后来，“师”逐渐演变成在一定领域里受人尊重的学识、道义、技能方面的传授者和施行者。

图1  是西周青铜器上的“师”字。俗话说“一日为师，终身为父”，孔子曾就“礼”的问题请教老子，所以从某种意义上来说，老子是孔子的老师。

“帅”字与“师”字仅有一划之别，但读音完全不同，意义也并不相同。《说文解字》中说：“帅，佩巾也。”在古代，军队的统领为了让士兵能在战场上快速、准确地看到他，接受他的指挥，就在腰间系一块巾布。所以，“帅”字的本义是指佩巾的人，即将帅，后借以表示军队中最高级的指挥官。

图2  是西周时期石鼓文的“帅”字，左侧像一面大旗，右侧是一个“巾”字，很容易让人联想到指挥千军万马的大元帅。

图3  是“帅”字的拓片，它是一枚金代陶制象棋里的“帅”字。由此可见，象棋是由军事斗争演变而来的一种象征性游戏。

丁丁陪你做游戏

1. 好老师有着为学生无私奉献的精神，遇到一位好老师是一件幸福的事。下面哪些诗句可以用来形容老师的奉献精神？是的打“√”，不是的打“×”。

（1）春蚕到死丝方尽，蜡炬成灰泪始干。（ ）

（2）落红不是无情物，化作春泥更护花。（ ）

（3）新竹高于旧竹枝，全凭老干为扶持。（ ）

（4）谁言寸草心，报得三春晖。（ ）

（5）知有儿童挑促织，夜深篱落一灯明。（ ）

2. 请选用“师”“帅”二字将下列成语补充完整。

（1）劳（ ）动众　（2）班（ ）回朝

（3）为人（ ）表　（4）尊（ ）重道

（5）良（ ）益友　（6）无（ ）自通

【参考答案】

1.（1）√（2）√（3）√（4）×（5）×

2.（1）劳（师）动众（2）班（师）回朝（3）为人（师）表（4）尊（师）重道（5）良（师）益友（6）无（师）自通

作文指导报　编

学语文，就要靠积累！

这才是孩子爱看的大语文

词语篇

图书在版编目（CIP）数据

这才是孩子爱看的大语文. 词语篇 / 作文指导报编
. —北京：北京理工大学出版社，2022. 9
ISBN 978-7-5763-1435-9

Ⅰ. ①这…　Ⅱ. ①作…　Ⅲ. ①汉语 – 词语 – 小学 – 教学参考资料 Ⅳ. ①G624.203

中国版本图书馆CIP数据核字（2022）第110501号

出版发行 / 北京理工大学出版社有限责任公司
社　　址 / 北京市海淀区中关村南大街5号
邮　　编 / 100081
电　　话 / （010）68914775（总编室）
（010）82562903（教材售后服务热线）
（010）68944723（其他图书服务热线）
网　　址 / http: //www. bitpress. com. cn
经　　销 / 全国各地新华书店
印　　刷 / 雅迪云印（天津）科技有限公司
开　　本 / 710毫米 × 1000毫米　1/16
印　　张 / 9
字　　数 / 100千字
版　　次 / 2022年9月第1版　2022年9月第1次印刷
定　　价 / 198.00元（全6册）

责任编辑 / 时京京
文案编辑 / 时京京
责任校对 / 刘亚男
责任印制 / 施胜娟

前言
Preface

丁丁的大语文奇妙游

丁丁是实验小学的一名小学生，他从小热爱阅读，知道很多同龄人不知道的知识，所以同学们都喜欢叫他“小博士”。可是，正当丁丁为此欣喜之时，现实却给了他当头一棒。这是为什么呢?

原来，新学期开始后，丁丁发现：随着年级的升高，语文学习的范围迅速扩大了，有复杂难辨的汉字、不明来历的词语、难懂的古文和诗词，还有种类逐渐增多的作文……他常常对着书本上密密麻麻的汉字发呆：“最早的汉字是从什么时候开始的? 古代小学生的课本长啥样? 古人没有手机、电脑，他们最早的通信工具是什么，又是怎么传递消息的呢? ……”

这些稀奇古怪的想法，就像一只只小蚂蚁一样，在丁丁的头脑中爬呀爬，搅得他寝食难安。丁丁积累的知识开始不够用了，当同学们再来向他请教时，他开始支支吾吾，不能自信地说出答案了。

“吾生也有涯，而知也无涯。” 丁丁内心里非常焦虑，想着想着，不由得叹了一口气，“唉，再这样下去，‘小博士’的名号可就保不住了。这可该怎么办呢? ”

于是，经过深思熟虑，丁丁将自己的烦恼写进信里，寄给了《作文指导报》的编辑姐姐。很快，编辑姐姐的回信就到了。在信中，编辑姐姐指出，语文学习重在熏陶渐染，贵在日积月累，不可能一口吃成个胖子，所以千万不能急功近利。

针对丁丁提到的语文学习难点，编辑姐姐给出了自己的建议：小学语文的学习重点集中在汉字、词语、古文、诗词、文化、写作等几个方面，这些内容看似相通，实际上学起来颇有技巧。比如，学习汉字和词语时，多探寻它们的起源，可以记得更准确；学习诗词时，多了解作者的写作背景，对理解和记忆大有帮助；写作遇到困难时，发现自己的具体问题，才能对症下药……

在信的末尾，编辑姐姐强调，语文学习并不局限于课堂和书本，它来自生活，每时每刻都与我们相伴，只要有一双善于发现的眼睛，生活中处处是课堂。同时，编辑姐姐为丁丁策划了一场说走就走的大语文奇妙游，来帮助他解决在阅读和学习中遇到的问题。

读完信后，丁丁像吃了定心丸一样，一边继续如饥似渴地阅读，积累语文知识；一边在生活和学习中处处留心，凡事都要多问几个为什么。看到丁丁这副不达目的誓不罢休的气势，身边的亲朋好友也被他感染了，纷纷向他伸出了援手。

小朋友，你想知道丁丁会经历一场什么样的奇妙游吗？快快打开本书，让我们一起出发，去见证奇迹吧！

目录
CONTENTS

这个词语有典故

第二章
常用词语的另一面

大有来历的特定称谓

第四章 词语变身秀

第五章 动词总动员

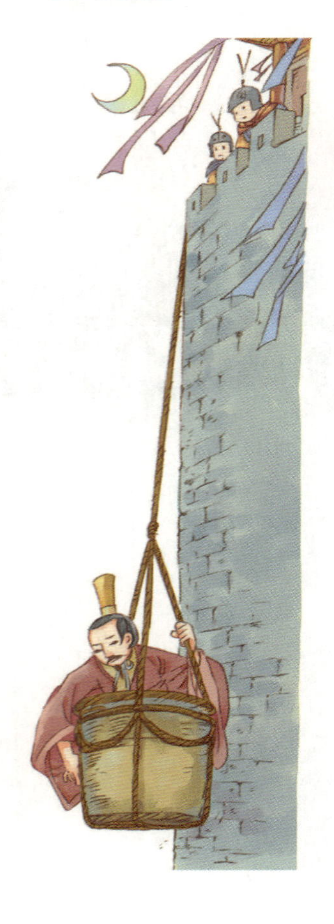

第六章 别有趣味的社交用语

第一章

这个词语有典故

丁丁有话说

中国的很多词语都是从历史典故中诞生的，读懂这些历史典故，你就能体会词语的内涵，从而恰当地运用词语。这可不是件简单的事，想试试吗？

招摇过市

——招摇是一种舞蹈吗？

趣味词语故事

丁丁读到“招摇过市”这个词语时，笑着说：“这个词是不是形容一个人甩着手臂在街市上跳舞啊？那画面一定很滑稽。”

爸爸说：“这次你说错了！”

“招摇”一词出自《史记·孔子世家》：“居卫月余，灵公与夫人同车，宦者雍渠参乘，出，使孔子为次乘，招摇市过之。”这句话讲的是大圣人孔子在卫国遭遇的一件事。

孔子带着他的弟子周游列国，目的是宣传自己的思想，在各国推行仁政。

当孔子来到卫国时，卫国的国君卫灵公热情地接待了他，甚至还想和孔子结为兄弟。孔子很高兴，以为可以在卫国实现自己的理想。然而，当时卫国的大权实际控制在卫灵公的妻子南子手里。南子的名声不好，她知道孔子到了卫国，派人传话给孔子："凡是到卫国来的朋友，都会首先来见我。现在，我想见见你！"

孔子本来不想去，可是如果得罪了南子，自己的治国策略就无法推行。于是，他不顾弟子们的反对，去拜见了南子。见面时，孔子隔着帷帐向北行了个礼，然后匆匆离去。

过了几天，卫灵公和南子乘车外出游玩，他们邀请孔子同行。车队非常庞大，一路上前呼后拥，招摇过市，威风极了，引起了老百姓的围观。孔子失望极了，就带着弟子离开了卫国。

爸爸说："后来，人们就把'招摇市过之'这句话简化为'招摇过市'一词，表示在人多的地方大摇大摆显示声势，引人注意。"

丁丁陪你一起练

下面是春秋战国时期各学派的代表人物的尊称，你能说出他们的原名吗？

孔子——（　　）　孟子——（　　）

老子——（　　）　庄子——（　　）

韩非子——（　　）　荀子——（　　）

墨子——（　　）　庄子——（　　）

参考答案

孔丘　孟轲　李耳　列御寇　韩非　荀况　墨翟　庄周

逐客令

——为什么要驱逐自己的客人呢?

周末，天气正好，丁丁等着爸爸带他去游乐园玩。

谁知，爸爸接了个电话后，说要留在家里招待朋友。他对丁丁说：“这位朋友远道而来，我实在无法对他下逐客令，我们下次再去游乐园吧！”

丁丁表示理解，随后问道：“‘逐客令’是什么东西？”

随后，爸爸给丁丁讲述了“逐客令”的由来。

战国末期，楚国有个叫李斯的人，为了成名立业，他来到日渐强大的秦国，拜在相国吕不韦的门下，成为一名客卿（指非本国人在本国当高级官员的人），深得秦王嬴政的赏识和器重。

当时，有个叫郑国的韩国人，正在为秦国主持开凿一条灌溉渠。兴修水利本是件好事，可是后来人们发现，郑国的真实目的是借修渠消耗秦国的人力和财力，削弱秦国的军事力量。

秦国大臣对此议论纷纷，认为来自其他国家的人都有可能是间谍。他们请秦王把这些人统统撵出秦国。于是，秦王下了一道“逐客令”，要求所有客卿离开秦国。

在离开咸阳之前，李斯给秦王上了一道奏章。奏章中写道：

“从前，秦穆公任用了百里奚、蹇叔，才当上了霸主；秦孝公任用了商鞅，实施变法使秦国富强；惠文王任用了张仪，成功拆散了六国联盟；昭襄王任用了范雎，提高了朝廷的威望。这四位君主，都是依靠客卿建立了功业。……如果天下有才能的人都不愿意进入秦国，那就会让其他国家变得强大，损失的反而是秦国。”这就是有名的《谏逐客书》。

李斯的奏章言辞恳切，他看透了秦王一心想建立霸业、统一中国的野心，并且强调了人才的重要性。秦王看后，立刻回心转意，撤销了逐客令，对李斯也更加信任。后来，李斯做了秦国的丞相。

爸爸说：“‘逐客令’一词就从这个故事中流传下来，后用来表示主人赶走不受欢迎的客人，催促客人离开。”

丁丁陪你一起练

在汉语里，“逐”字主要有3个义项：1. 追赶；2. 驱逐；3. 挨着（次序）。

小朋友，你知道下面这几个词语中的“逐”字分别是什么意思吗？

逐鹿中原（　　）　逐出门外（　　）

随波逐流（　　）　逐字逐句（　　）

参考答案

逐鹿中原（1）　逐出门外（2）　随波逐流（1）　逐字逐句（3）

两袖清风

——袖子里为什么有清风?

一天，丁丁对“两袖清风”这个词产生了疑问：“袖子里怎么有清风呢？”

妈妈说：“‘两袖清风’是用来称赞官吏廉洁的一个成语，它出自明代民族英雄于谦的故事。”

明朝有个宦官名叫王振，深得皇帝宠信，十分嚣张。文武百官惧怕王振，每次拜见他时，都会带很多金银财宝。

这种贿赂的风气在京城流传开来。于谦当时是兵部右侍郎，为官清正廉洁，坚决不贪污受贿，也从来不去贿赂高官。

有人劝于谦，说：“你就算不带金银，也带一点儿地方特产，像什么绢帕、蘑菇、线香也可以啊，好歹送点儿人情嘛。”

于谦举起自己的两只袖子，幽默地回应：

“谁说我没带东西？我带了两袖子的清风啊！”于谦还作了一首诗，名为《入京》：“绢帕蘑菇与线香，本资民用反为殃。清风两袖朝天去，免得闾阎话短长。”

这首诗的意思就是说，绢帕、蘑菇、线香这些东西本是供老百姓享用的，可是因为贪官污吏的搜刮，它们反而给人民带来了灾难。而我什么也不带，只带两袖清风去朝见天子，免除百姓的不满。

丁丁说：“于谦可真清正廉洁啊！”

妈妈说：“‘两袖清风’这个成语就是从这里流传下来的。现在，我们仍然会用它来赞颂那些廉洁正直、真正为百姓服务的官员。”

丁丁陪你一起练

请将下面的诗句补充完整，缺字组成的词语正好可以用来评价于谦。

1. （　　）是江南好风景，落花时节又逢君。

2. 大漠孤烟（　　），长河落日圆。

3. （　　）明时节雨纷纷，路上行人欲断魂。

4. 李（　　）乘舟将欲行，忽闻岸上踏歌声。

参考答案

1. 正 2. 直 3. 清 4. 白

座右铭
——为什么不是“座左铭”？

这天，丁丁回到家里，对爸爸说：“李老师让我们每个人找一句座右铭来鼓励自己，我选了您常说的那句‘失败是成功之母’，这句话在我学骑车时对我帮助很大！不过，‘座右铭’这个词是什么来历，为什么不是‘座左铭’？”

爸爸笑着说：“‘座右铭’源自我国古代大教育家孔子的一个故事。”

有一次，孔子带着学生们到庙里朝拜。庙里摆放着一种奇特的器皿，大家好奇地向庙里管香火的人打听。管香火的人告诉他们，这叫攲（qī）器，是一种盛酒器。据说，春秋五霸之首的齐桓公生前非常喜欢这种器皿。齐桓公死后，人们为他建造庙堂时，就把这种器皿放入庙堂之中，供人祭祀。

这种攲器有一个特点：空着的时候，它会往一边倾斜；当酒盛够一大半时，它能稳稳当当地直立起来；但完全盛满时，它又会一个跟头翻倒过去。齐桓公把攲器放在座位的右侧，就是用来警诫自己决不可以骄傲自满，自满就会像攲器里装满了酒，必然要倾斜倒覆。

孔子让学生们取来水倒进欹器，果然如此。他对学生们说：“读书学习也是一样，谦受益，满招损。你们一定要牢牢记住。”

回到家后，孔子也请人做了一个欹器放在座位的右侧，用来警诫自己活到老、学到老，永不满足。

后来，欹器这种器皿失传了，人们就把文字刻在金属上，用来替代欹器放在座位的右边，所以称为“座右铭”。

爸爸总结道：“现在，‘座右铭’泛指激励、警诫、提醒自己，作为行动指南的格言。历史上，许多中外名人都有自己的‘座右铭’。”

座右铭可以自己写，可以请长辈写，也可以从一些著名的诗文中选取能激励自己的句子。比如下面这些话就经常被人们当作座右铭。你能把残缺的部分补充完整吗?

1. 书山有路勤为径，＿＿＿＿＿＿＿＿。

2. 有志者，＿＿＿＿＿；＿＿＿＿＿，天不负。

3. 精诚所至，＿＿＿＿＿＿＿＿。

4. ＿＿＿＿＿＿＿＿，思而不学则殆。

参考答案

1. 学海无涯苦作舟　2. 事竟成　苦心人　3. 金石为开　4. 学而不思则罔

偏袒
——偏袒是偏向哪边？

趣味词语故事

晚上，丁丁看书不专心，被妈妈批评了一顿，爸爸就劝妈妈消消气。

妈妈怒气冲冲地说："你就偏袒他吧，早晚让你把他惯坏！"

丁丁灵机一动，说："'偏袒'是什么意思呀？"

妈妈扑哧一笑，说："这个词源自一个历史故事，意思就是袒护双方中的一方。"

汉高祖刘邦手下有一个忠诚勇猛的大将，名叫周勃。刘邦临死之时，对人说道："以后能够稳固刘氏天下的人，一定是周勃。"

刘邦死后，他的儿子刘盈继位，在位七年就因病逝世。随后，刘盈的母亲吕后开始独掌大权。她大力扶持吕姓的势力，并让他们逐渐控制军队大权。

吕后病逝后，吕氏家族想要暗中发动叛乱，铲除刘氏的势力。刘氏宗亲不愿坐以待毙，和周勃联合起来，决心阻止这个阴谋。

一天，周勃进入军营，把将士们召集在一起，说：“你们脱掉袖子，凡是拥护吕氏的，右袒（露出右臂）；凡是拥护刘氏的，左袒（露出左臂）！”周勃的话音刚落，将士们都“唰”地露出了左臂，表示自己拥护刘氏，听从周勃的指挥。

周勃和丞相陈平等联手，很快就铲除了吕氏家族的势力，拥立汉文帝继位。

接着，妈妈说：“后来，人们从这个故事中引申出‘偏袒’一词，逐步演变成了现在的含义。”

丁丁陪你一起练

请根据下面的提示猜成语。

1. 呀——（　　）
2. 一——（　　）
3. 齐唱——（　　）
4. 跷跷板——（　　）

参考答案

1. 呀——唇齿相依　2. 一——接二连三　3. 齐唱——异口同声
4. 跷跷板——此起彼伏

06 洗耳恭听

——洗耳朵并不是为了倾听吗？

趣味词语故事

一天，丁丁一脸疑惑地看着爸爸说："现在，我们常用'洗耳恭听'表示恭恭敬敬地听别人讲话。可是，陶陶却说，'洗耳'原本并不是为了'恭听'，而是为了洗掉听到的不愿听的话。这是怎么回事呢？"

爸爸微笑着说："陶陶说得没错。'洗耳'出自许由洗耳朵的故事，比喻不愿过问世事。"接着，爸爸给丁丁讲述了许由洗耳朵的故事。

上古时期，有一个叫许由的人，非常有学问，尧

帝曾多次向他请教。后来，尧帝想把帝位禅让给他，可是他不但拒绝了尧帝的请求，反而连夜逃到箕山隐居起来。

尧帝以为许由是在故作谦虚，就派人找到他，说："如果你不愿意接受帝位，可以回来出任九州长官。"不料，许由听了这个消息，认为这种话玷污了自己的耳朵，立刻跑到山下的颍水边，不停地洗耳朵，表示不愿意听这种话。

许由的朋友巢父也在箕山隐居。这天，巢父牵着一头小牛来到颍水边，准备给它饮水，正巧看到了许由的举动，便好奇地问许由在干什么。于是，许由便把这件事给巢父讲了一遍。

巢父听后，冷笑了一声，说："哼，这还不是你自己招摇的结果，现在惹出麻烦来了，还洗什么耳朵！你的耳朵把河水都污染了，别再玷污了我家小牛的嘴！"说完，巢父牵起小牛向颍水上游走去。

许由听后，非常惭愧。

听完这个故事，丁丁说："看来许由是真的很讨厌做官啊！"

爸爸说："'洗耳'后来逐渐演变为洗干净耳朵再恭敬地听的意思，'洗耳恭听'一词也由此产生，表示尊重对方之意，用来比喻专心、恭敬地聆听。"

许由（生卒年不详），一作许繇，字武仲，阳城槐里（今河南登封）人，是上古时期一位高尚清节之士。后世把许由和与他同时代的隐士巢父，并称为"巢由"或"巢许"，用以指代隐居不仕者。据传，许由曾做过尧、舜、禹的老师，后人因此称他为"三代宗师"。

07

百里负米

——百里负米是指借米奉养亲人吗?

趣味词语故事

这天，丁丁陪妈妈逛超市，妈妈看到超市的大米涨价了，就决定去另一家距离较远的超市买。

丁丁觉得麻烦，妈妈却说：“有的人愿意跑到百里之外的地方买米呢！”

丁丁吃惊地说：“那岂不是要花费很长时间！是因为米特别好吗？”

接着，妈妈给丁丁讲了“百里负米”的故事。

“百里负米”的故事出自“二十四孝”，讲述的是孔子的弟子子路的孝行。有诗颂曰：“负米供旨甘，宁辞百里遥；身荣亲已殁，犹念旧劬劳。”

仲由，字子路，春秋时期鲁国人，孔子的得意弟子，以善于处理政事著称，性格直率勇敢，十分孝顺。早年，子路家里非常穷，他尽心侍奉父母，总是竭尽所能让父母吃饱穿暖。但由于生活过于困窘，米价昂贵，子路只能经常给父母吃野菜。

一天，子路听说百里之外有个地方卖米很便宜，于是他便立即赶往那里。到了目的地，天色已晚，米也售完了。于是，子路守在米店门前，等着第二天米店开门。晚上，他又冷又饿，但一想到过了今晚父母就有米吃了，便又坚持了下来。

第二天，子路终于买到了米，他背着米高兴地往家赶。半路上，天空下起了倾盆大雨，路都看不清，行人都找地方去避雨。子路本来也打算找个地方躲雨，但一想到父母还饿着肚子在家等他，他便把米抱在怀里，弓着腰冒雨往家跑。到家后，他立刻下厨给父母做了饭，看到父母吃到香喷喷的米饭时，子路心里非常高兴。

此后，不管严寒酷暑，子路都依旧为父母到百里之外去买米。

多年后，父母去世了，子路也做了官，随从的车马有百乘之众，所积的粮食有万钟之多，家里再也不缺吃的了。但是子路常常怀念双亲，叹息说："即使我想吃野菜，为父母亲去负米，哪里还有这样的机会呢？！"

后来，人们就用"百里负米"指尽心赡养、孝敬父母。

妈妈说："和子路'百里负米'的辛苦相比，我们只是多走一小段路而已。"

丁丁听完后，说："其实，走路还可以锻炼身体呢。我再也不抱怨路远啦！"

"树欲静而风不止，子欲养而亲不待。"我们长大后想要报答父母时，父母却已经老了，能孝敬他们的时间在一日日递减，如果我们不能及时行孝，会徒留终身的遗憾，所以孝养父母要及时。"生时尽力，死后思念。"子路为我们做出了最好的榜样。

过河拆桥

——拆了桥下次怎么过河呢？

趣味词语故事

丁丁从图书馆借来一本学习资料，结果生气地发现，上面的文字被之前的人涂抹得看不清楚了。

爸爸是个爱书之人，看到后也很不平，说：“居然有这样过河拆桥的人！”

丁丁一下子忘记了生气，问道：“会有人过河拆桥？那他回去的时候怎么办呢？”

于是，爸爸给丁丁讲了“过河拆桥”一词背后的故事。

元朝时，大臣彻里帖木儿善于决断，处理公务精明干练。有一年，他在浙江任职，正好赶上省城举行科举考试，在目睹了考试中营私舞弊的情况后，他暗暗下定决心，等到自己掌握了大权，一定要促使朝廷废除科举考试。后来，彻里帖木儿升任相当于副宰相的中书平章政事，便向元顺帝建议，请求废除科举制度。

自隋唐以来，科举制度已实行了七百多年，很多人都是因为参加了科举考试后才走上仕途的，彻里帖木儿这个提议瞬间引起了许多朝臣的反对。

不料，元顺帝也赞成废除科举制度，还把一位反对的御史贬到外地去了。不久，元顺帝命人起草了废除科举制度的诏书，准备颁发。这时，参政许有壬站出来反对废除科举制度，但无论他如何劝解，元顺帝都没有改变心意。

第二天，满朝文武大臣都被召到崇天门，听读废除科举制席的诏书，许有壬还被安排在班列之首听读。许有壬害怕皇帝怪罪，只好顺从。

听读完诏书后，许有壬垂头丧气地走在路上，有一个叫普化的御史特地走到他身边，嘲讽地说：“许参政，这下你成了过河拆桥之人了。你是靠科举考试当上官的，听读皇上废除科举制度的诏书时，你像领头人一样跪在所有人的前面。这就跟一个人过了河后把桥拆掉一样。”

许有壬听了，心中又羞又恨，从此借口有病，再也不上朝了。

成语“过河拆桥”便是由此而来的，比喻达到目的后，就把曾经帮助自己的人一脚踢开。

丁丁说："这个许有壬真是平白担了个罪名，这件事根本由不得他做主。不过，科举制度真的被废除了吗？"

爸爸说："元朝时，统治阶层的确不太重视科举，科举考试在元朝只停办过两次，并没有真的废除。科举制度真正废除的时间是清朝的光绪三十一年（1905年）。科举制度前后存续了一千二百多年。"

丁丁陪你一起学

元大都遗址，又名土城，是中国元代的都城遗址，位于北京市旧城的内域及其以北地区。元大都城始建于元世祖至元四年（1267年），至元十三年（1276年）基本完工，是蒙元政权取得决定性胜利后而营建的一座都城，是当时世界上最大的都市。

近水楼台先得月
——水边的楼台可以先得到月光吗？

趣味词语故事

妈妈打算买一张按摩椅，正好小区有人搬家，低价出售一张九成新的按摩椅。妈妈高兴地买下了这张椅子，对丁丁说：“这就是‘近水楼台先得月’啊！”

丁丁问：“这是什么意思？楼台还会抢月亮吗？”

于是，妈妈笑着给丁丁讲述了“近水楼台先得月”的来历。

人们常说“近水楼台先得月”，这句话出自宋朝诗人苏麟的《断句》一诗，说起来，这还有苏麟与范仲淹之间的一段趣闻呢。

宋朝大诗人范仲淹文武兼备，不仅是著名的文学家和教育家，而且是卓越的政治家和军事家。他先后多次在朝廷担任要职，官做得很大，跟下属和朋友的关系也都很好。

范仲淹在钱塘（今浙江杭州）做官时，对于有才能的部下都会举荐提拔，不少人因此得到了晋升的机会。当时，有一个叫苏麟的下属，颇具文采，但由于他外出办事，不在范仲淹身边，错过了被举荐提拔的机会。

苏麟回来后，听说同僚们因为得到范仲淹的推荐都升官了，他心里有些焦急。于是，他想出一个两全其美的办法，既不用刻意去找范仲淹，又能达到自己的目的，那就是写一首诗吸引范仲淹的注意。

于是，苏麟写下了只有两句的《断句》：“近水楼台先得月，向阳花木易为春。”然后，他特意找了一个时机，以向范仲淹讨教诗歌知识为借口，暗示希望他提拔自己。

范仲淹看了诗后，明白苏麟是在诉苦，以此表达内心的不甘，于是便征询了他的意见。但是，范仲淹并没有马上举荐他，而是观察了一段时间，他认为苏麟为人忠厚，确有才能，这才决定举荐他。

这两句诗后来就流传开来，慢慢形成了一个成语“近水楼台”，用以比喻因接近某人或某事物而处于首先获得好处的优越地位。

丁丁听完这个故事，明白了妈妈高兴的原因。他笑着说：“果然是‘近水楼台先得月’，如果离得远，光是搬运这张椅子都要花半天时间呢！”

杭州，简称“杭”，古称临安、钱塘等，是浙江省省会，地处中国华东地区、钱塘江下游、京杭大运河南端，因风景秀丽，素有“人间天堂”的美誉。杭州是一座历史悠久的文化名城，自秦朝设县治以来，已有2 200多年的历史，曾是吴越国和南宋的都城；杭州人文底蕴丰厚，具代表性的有西湖文化、良渚文化、丝绸文化等。

黄泉
——泉水为什么是黄色的？

趣味词语故事

丁丁问爸爸："'黄泉'这个词为什么被用来代指阴曹地府？哪里的泉水是黄色的？"

爸爸说："'黄泉'这个词出自'郑庄公掘地见母'的故事。"

春秋初期，郑武公的妻子武姜生有两个儿子，大儿子叫寤生，小儿子叫共叔段。因寤生是难产而生，所以武姜对他十分厌恶。共叔段出生后，武姜对他很是疼爱，甚至请求郑武公立共叔段为郑国国君，被郑武公以不合祖制为由拒绝了。

公元前744年，寤生继承王位，封为郑庄公。郑庄公知道母亲对自己继位这件事十分不悦，对母亲提出的各种要求，他都一一答应，甚至把京襄城（今河南荥阳）也封给共叔段了。但是，武姜并不满足，反而和共叔段商量，企图夺权。郑庄公深知二人的脾性，一早做好了应对的准备，等到共叔段祭出反旗，这才名正言顺地出兵，打败了共叔段。

这件事后，郑庄公和母亲彻底闹翻，他把母亲安置在城颍（今河南襄城东北），并发誓"不到黄泉，绝不再见"。古代认为天地玄黄，泉水在地下，人死后埋在地下，所以用"黄泉"来表示人死后居住的地方。郑庄公的这句话摆明了要和母亲老死不相往来。

一年后，郑庄公几次后悔，想接回母亲，但他身为国君，又不能轻易违背誓言。当时，颍地有个官员叫颍考叔，有孝顺爱友的名声。一次宴会，郑庄公赏赐给颍考叔一条羊腿，颍考叔却把羊腿放在了袖子里，说准备带回家给母亲吃。

庄公听后，伤感地说："你有母亲可以孝顺，我却没有。"

颍考叔知道郑庄公的烦恼，于是建议郑庄公命人在颍地挖一条隧道，直到挖出混浊的泉水为止，这就算是到了黄泉之处。郑庄公和母亲在那里见面，就不算违背誓言。

郑庄公大喜，立刻吩咐下去，最终与母亲团聚，二人冰释前嫌。

丁丁评价道："武姜这样的母亲实在太偏心了，郑庄公难免会心寒。"

爸爸说："母亲的冷落对郑庄公来说不完全是坏事，他的谋略和心胸都是共叔段比不上的。自古，'孝'是统治的重要部分，帝王不孝，对他的统治十分不利，郑庄公愿意和母亲和好，也有这方面的原因。"

京襄城遗址，位于河南省荥阳市东南10千米的京襄城村，是2 700多年前郑国的都城。据史料记载，公元前770年，郑武公将郑国东迁，把京城（今荥阳市京襄城）作为郑国东迁后的第一个国都。公元前636年，周王室发生宫廷政变，周襄王为避战乱，曾短期在城内居住，当时称为襄城。所以，这里又被合并叫"京襄城"，其村名也沿用至今。

第二章

常用词语的另一面

形容一个人用“马虎”，为什么不用“马狮”？“报复”是指报恩还是报仇？“儿戏”是演给小孩子看的戏吗？……这些生活中最常用的词语，你知道它们到底是怎么产生的吗？

马虎
——为什么不是“马狮”？

趣味词语故事

这天，丁丁回到家里，低着头把试卷拿给妈妈看。

果然，妈妈看后，说：“丁丁，你怎么这么马虎啊？”

丁丁不解地说：“妈妈，我属猴，您为什么说我‘马虎’呢？”

妈妈解释说：“当某人办事草率或粗心大意时，我们通常会说这个人比较‘马虎’。说起来，这个词语还有一个让人遗憾的来历呢！”

相传，北宋仁宗年间，京城里有一位颇有声望的画家，常被人请去作画。但他喜欢喝酒，并且酒后常常会随心所欲作一些画，令人分不清他究竟画的是什么。

有一天，他喝了很多酒，想画一只大老虎。刚画好一个虎头，有人来请他画马，他酒意还没消，就随手在虎头后画了个马的身子。来人问他画的是马还是虎，他醉醺醺地回答：“马马虎虎！”

来人不肯要这像马又像虎的东西，转身就走了。

画家将这幅画挂在自家的厅堂里。他的大儿子见了，问他画的是什么，他说是虎；小儿子问的时候，他又随口说是马。

不久，大儿子外出打猎，把人家的马当老虎射死了，画家不得不赔给马主人很多钱。小儿子外出游玩时，碰上了老虎，却把老虎当成了马，想要去骑，不幸成了老虎的口中餐。

画家悲痛万分，把画烧了，还写了一首诗自责："马虎图，马虎图，似马又似虎；长子依图射死马，次子依图喂了虎。草堂焚毁马虎图，奉劝诸君莫学吾。"

"'马虎'真是害人不浅！"丁丁说完，又向妈妈保证，"放心吧，以后我一定注意，画马是马，画虎是虎！"

丁丁陪你一起练

请将下列词语填写完整。

（　　）（　　）不宁　　（　　）飞（　　）跳

（　　）朋（　　）友　　（　　）飞（　　）舞

（　　）年（　　）月　　（　　）假（　　）威

宁为（　　）头，不做（　　）尾

（　　）拿（　　）（　　），多管闲事

参考答案

（鸡）（犬）不宁　（鸡）飞（狗）跳　（狐）朋（狗）友　（龙）飞（凤）舞　（猴）年（马）月　（狐）假（虎）威　宁为（鸡）头，不做（凤）尾　（狗）拿（耗）（子），多管闲事

12 黄瓜

——绿色的瓜为什么叫黄瓜？

趣味词语故事

餐桌上，丁丁用筷子夹起一片黄瓜，好奇地问：“我们吃的黄瓜明明是绿色的，为什么叫黄瓜呢？”

爸爸说：“其实，黄瓜原本叫胡瓜，是汉朝张骞出使西域时带回来的。”说完，他解释了“黄瓜”的来历。

当时，中原人将北方及西域的游牧民族统称为“胡人”，从西域带回来的瓜自然也就被称为“胡瓜”了。到了十六国时期，它才被人们称为黄瓜。那么，胡瓜为什么改了名字呢？

十六国时期，羯族首领石勒自立为王，做了皇帝。

可是，石勒特别不喜欢人们称羯族人为胡人。于是，他制定了一条奇怪的法令：无论说话还是写文章，一律严禁出现“胡”字，违令者，杀无赦。

一天，石勒召见地方官员议事，襄国（今河北邢台）郡守樊坦穿得破破烂烂的就来了。

石勒生气地问道：“你为什么这样衣冠不整来朝见朕？”

樊坦慌乱之中脱口而出：“这都怪那些胡人没道义，抢了东西不说，还把我的衣物也抢去了。”说完后，樊坦马上意识到自己说出了“胡”字。这可是要杀头的大罪！

于是，樊坦赶紧跪下来磕头请罪。石勒装作没事的样子，当场并没有追究。等到例行御赐午膳时，石勒故意指着一盘胡瓜问樊坦：“你知道这瓜叫什么名字吗？”

樊坦知道皇帝是在考验自己，于是回答道：“紫案佳肴，银杯绿茶，金樽甘露，玉盘黄瓜。”石勒听后，大笑着说：“好！好个黄瓜！”之后，石勒不仅没有处置樊坦，还赏赐给了樊坦丰厚的车马、衣服以及用于置办行装的费用。

后来，百姓也都开始以“黄瓜”来代称“胡瓜”。久而久之，人们就忘记了黄瓜最初的名字。

丁丁说：“原来，一个普通的瓜名也能惹来危险，真是‘伴君如伴虎’啊！”

爸爸说：“不过，石勒知道樊坦不是故意的，也能够宽容。”

五胡十六国，简称十六国，该时期是中国历史上的一段大分裂时期。自304年李雄和刘渊分别在汉地巴蜀建立成国（成汉）、在中原建立汉赵（后称“前赵”）时起，至439年北魏拓跋焘（太武帝）灭北凉为止，先后建立了二十个国家，其中前凉、成汉、前赵等十六个国家实力强劲，所以史学家取其中十六个国家来代表这个时期，称这一时期为“十六国”。

13 倒霉
——是“倒霉”还是“倒楣”？

趣味词语故事

这天，丁丁刚下公交车，就摔了一跤，又不小心踩进了水坑，鞋子和裤子都湿了。他叹了口气，说：“我怎么这么倒霉啊！”

回到家，爸爸一边帮丁丁换下湿掉的衣服，一边说：“人们在遇到不好的事情时，通常会说一句‘真倒霉！’但是，你知道吗？在明朝，它有另一种解释。”

明朝的科举考试可以说是大部分读书人进入仕途的唯一道路，因此竞争十分激烈。

考试的目的本来是公平竞争，谁更有才华，谁就应该顺利过关。如果考试不公平的话，普通

的读书人想要金榜题名，就更是难上加难。

为了求得考试顺利通过，在临考之前，有考生的家里一般都会在自家门前竖起一根旗杆，以此为考生加油打气，当时人们把这根旗杆叫作“楣”。

当考试成绩公布之时，谁家考生的名字出现在中榜名单上，谁家门前竖起的旗杆就可以继续竖着；如果考生不幸落榜，他家的旗杆就要放倒，这就叫作“倒楣”。

后来，“倒楣”这个词就演变为做事不顺利、心情失望的意思。

丁丁说：“为什么现在这个词变成了‘倒霉’呢？”

爸爸说：“随着时间的推移，人们发现‘霉’字更能表达内心的这种情感。于是，‘倒霉’这个词就被越来越多的人使用。”

丁丁陪你一起练

你能帮助下面的词语找到读音相同、意思相近或不同的词语吗？

例：倒霉——倒楣

常年——（　　）　不力——（　　）

嫉妒——（　　）　包涵——（　　）

本义——（　　）　必须——（　　）

长年　不利　忌妒　包含　本意　必需

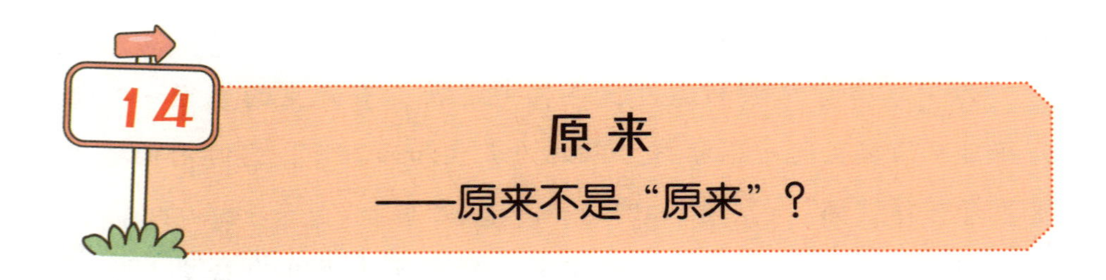

原来
——原来不是“原来”？

这天，爸爸给丁丁讲述字词的演变，举例说：“我们在生活中经常会用到‘原来’这个词，但这个词在明朝之前并不是这样写的，而是写作‘元来’。”

丁丁问：“好端端的，是谁改变了它的写法？”

明太祖朱元璋建立明朝后，元朝的剩余兵将就回到了北方沙漠，但他们不甘心失败，想要复元，所以在明朝初期，经常会有一些想要复元的势力出现。

朱元璋一手打下的江山，他岂能让元兵轻易再夺回去！每当听到人们说“元来”这个词时，朱元璋就会下意识地十分不安。

“元来”这个词不但冲撞了朱元璋的名字，还暗含着他灭掉的元朝重新再回来的意思。

于是，朱元璋就把大臣们召集起来，说：“我感觉‘元来’这个词实在是不妥，不如废掉，你们有什么想法？”

大臣们听后纷纷说道：“废掉这个词很容易，但是要改变百姓的说话习惯还是有一定难度的。”

正当所有人都为这件事发愁的时候，有人给朱元璋出了个主意，说：“既然这样，那不如保持‘元来’的读音不变，只改变写法，用‘原来’代替‘元来’。”朱元璋听后十分高兴，立刻就下旨将“元”改成了“原”。

之后，“原来”这个词就一直保留了下来。

丁丁说：“看不出来，皇帝还挺胆小的。”

爸爸说：“在古代，用一个字替代另一个字的情况挺常见的。”

丁丁陪你一起练

请仔细观察下列成语，改正其中的错别字。

精兵减政（　　）　眼花潦乱（　　）

出奇不意（　　）　世外桃园（　　）

走头无路（　　）　披星带月（　　）

甘败下风（　　）　谈笑风声（　　）

参考答案

减（简）　潦（缭）　奇（其）　园（源）　头（投）　带（戴）　败（拜）　声（生）

儿戏
——儿戏是演给小孩子看的戏吗?

外婆喜欢看戏曲节目，丁丁在一旁看到电视里有小孩子也在唱戏，就问爸爸：“这种小孩子唱的戏，是不是就是儿戏？”

爸爸笑了，说：“儿戏可不是这个用法，这个词语里的‘戏’指的不是戏曲，而是游戏。”说着，他给丁丁讲起了“儿戏”一词的由来。

汉文帝时，匈奴侵犯边境。为保卫国都，汉文帝任命刘礼、徐厉和周亚夫为将军，分别驻兵霸上、棘门和细柳三地。

为了鼓舞士气，汉文帝亲自去慰劳士兵。他先来到刘礼和徐厉的军营，只见营门大开，皇帝的车队轻易就进去了。到了周亚夫的驻地，景象却完全不一样，只见营门紧闭，戒备森严，汉文帝的先行卫队被挡在营门外。

卫队的军官大声说道：“皇帝马上就要到了，怎么还不开门？”守营门的士兵回答道：“将军有规定——在军营中只能听从将军一个人的命令！”等到汉文帝到达营门口，周亚夫命人严格检查之后，才下令放行。

在回去的路上，官员们都指责周亚夫的无礼，汉文帝却赞赏地说："嗟呼，此真将军矣！曩（nǎng）者霸上、棘门军，若儿戏耳，其将固可袭而虏也。至于亚夫，可得而犯邪？"意思是说："这才称得上是真正的将军啊！霸上和棘门两个地方的军队，营门大开，戒备松松垮垮，就像小孩子们闹着玩儿一样。如果敌人突然来偷袭，他们不做俘虏才怪呢。像周亚夫这样治理军队，敌人怎敢来侵犯他啊！"

爸爸说："'儿戏'一词就是由此而来，意思是像小孩子游戏那样闹着玩儿，比喻对工作或事情不负责、不认真。"

丁丁了解了"儿戏"的来历，却有个不一样的观点。他说："其实，有时候小孩子玩游戏也是很负责、很认真的！"

丁丁陪你一起练

下面都是表示不负责、不认真的成语，请选择最合适的成语填入下面句子中。

三心二意　　心不在焉　　不求甚解　　马马虎虎

敷衍了事　　玩忽职守　　粗心大意　　浅尝辄止

1．工厂发生火灾的那天晚上，他（　　），擅自离开了值班室。

2．读书时不能（　　），死记硬背，因为不理解的东西是很难记忆的。

1．玩忽职守　2．不求甚解

感冒
——古代人感冒怎么办？

趣味词语故事

入春后，丁丁感冒了，妈妈为他请了假，让他在家好好休息。丁丁躺在床上说：“我只是吹了会儿冷风而已，怎么一下子就感冒了呢？”

在一旁照顾丁丁的爸爸说：“你的病的确是因为被风侵袭，古代称之为‘伤风’‘风寒’。其实，‘感冒’这个叫法到清朝才逐渐通用。”说着，他给丁丁讲起了“感冒”一词的由来。

宋代有专门掌管图书经籍和编修国史等事务的机构，这些机构通称“馆阁”。为了防止发生图书被盗或者失火等意外，每天晚上馆阁里都要留下一位官员值夜班。

值夜班是一件苦差事，被安排值班的官员经常借故不到岗。请假需要在一本请假簿上写明原因，而最常见的借口就是闹肚子，所以请

假簿上出现最多的一句话就是“腹肚不安，免宿”，意思是“我肚子不舒服，不能值夜班”。久而久之，官员们都把这本请假簿戏称为“害肚历”，就是闹肚子的日历。

到了南宋，当时还是太学生的陈鹄在馆阁中任职。陈鹄不愿意和别人用一样的借口，每次请假都写上自己创造的“感风”一词，意思是受了风寒。他还模仿“害肚历”的戏称方式，把请假簿称作“感风簿”。“感风”一词逐渐流行于官场。到了清代，“感风”一词演变成了“感冒”，成为官员们请假休息的一种托词。

丁丁叹了口气，说：“比起‘感风’休息，我更想身体健康地上学。”

丁丁陪你一起学

感冒，是一种常见的急性上呼吸道病毒性感染性疾病。小朋友，下面是关于感冒的一些有趣的信息。

1. 感冒是世界上最常见、发病率最高的疾病。

2. 根据研究发现，至少有200种不同的病毒可以引发感冒。

3. 感冒是一种自愈型的疾病，不论发病时症状有多严重，大部分人只要经过大约七天的发病周期，一般都能够“不药而愈”。

甘心
——人的内心是甜的吗?

放学回家的路上，丁丁看到路边有卖甘蔗的人，问爸爸：“‘甘心’这个词，是不是说一个人非要吃了甜甜的甘蔗，心里才觉得甜？”

爸爸被丁丁的想法逗乐了，笑着说：“‘甘心’可不是个甜蜜的词语，它源于战国时期发生在齐国的一场血腥的政治斗争。”

当时，齐国政局混乱，公子小白受鲍叔牙的帮助到莒国避难，管仲和召忽帮助公子纠逃到了鲁国。两位公子都在等待机会重返齐国，争夺国君之位。

后来，齐襄公被杀，齐国需要新的国君，鲁国准备把公子纠送回齐国继承王位。可惜晚了一步，公子小白在鲍叔牙的指导下，抢先回到齐国，成了齐桓公。

齐桓公派鲍叔牙去见鲁庄公，威胁要进攻鲁国，除非鲁国答应处死公子纠。鲍叔牙还对鲁庄公说：“管仲和召忽是齐桓公的仇人，请您把他们交给齐桓公来亲自惩罚，这样我们才会甘心。”

鲁国害怕齐国入侵，只好处死了公子纠，命人把

管仲和召忽押送回齐国。召忽不愿自己落到仇人的手里，半路自杀了。

管仲和鲍叔牙从小就认识，鲍叔牙特别敬佩管仲的治国才能。在他的恳求下，齐桓公不计前嫌，拜管仲为相，齐国也在管仲的治理下走上了称霸诸侯的道路。

爸爸总结道：“‘甘心’这个词在故事中的意思是，只有亲眼看到自己的仇人受到惩罚，心里才会得到满足。后来这个词逐渐变成了‘自己愿意’的意思，成语‘心甘情愿’也是如此。”

丁丁陪你一起学

中国人把不同姓氏的人因为深厚的情谊而结拜成兄弟姐妹的关系，称为“八拜之交”，管仲和鲍叔牙就是一个典型的例子。那么，你知道八拜之交具体是哪八个故事吗？主人公又分别是谁？一起来读一读、看一看吧！

管鲍之交——管仲、鲍叔牙　　知音之交——俞伯牙、钟子期

刎颈之交——廉颇、蔺相如　　胶漆之交——陈重、雷义

鸡黍之交——范巨卿、张元伯　　忘年之交——孔融、祢衡

生死之交——刘备、关羽、张飞　　舍命之交——左伯桃、羊角哀

报复

——报复是指报恩还是报仇?

爸爸对丁丁说:"'报复'是个很有趣的词语。现在,它是'报仇'的意思,指打击批评自己或损害自己利益的人。古时候,它还有报恩的意思。"

丁丁睁大了眼睛,说:"我从来没听说它有报恩的意思。爸爸,你有证据吗?"

爸爸点了点头,给丁丁讲起了西汉朱买臣的故事。

据《汉书·朱买臣传》记载,朱买臣"悉召见故人与饮食诸尝有恩者,皆报复焉"。这里的"报复",就是指报恩。

朱买臣是西汉会稽吴县(今江苏苏州)人,家境贫困,靠砍柴卖柴维持生计。他痴迷读书,可惜到四十多岁仍然只是个落魄的儒生,大家经常取笑他。

他的妻子崔氏感到羞愧,请求与他离婚。朱买臣说:"你受苦的日子已经很久了,等我富贵了一定报答你。"崔氏嘲笑道:"你这种人怎么可能富贵呢?我看你终究要饿死在沟壑之中。"朱买臣没有办法,只好同意休妻。之后,他照常砍柴卖柴。

有一次,崔氏看到朱买臣又冷又饿,就给了他一碗饭吃。

不久，朱买臣受到汉武帝赏识，被封为会稽太守。他穿上过去的旧衣服，怀里揣着太守印绶，步行来到以前常常寄食的会稽郡府衙。起初，谁也没有理会他。直到知道他是新太守，人们才立即围了过来。

之前，会稽的官员听说新任太守即将到任，就征召了很多百姓修整道路。朱买臣看到前妻崔氏和她的丈夫在修路，就把他们接到太守府安置下来，并给他们提供食物。然后，朱买臣又召见了以前所有帮助过自己的人，并一一回报了他们。

爸爸说：“这个故事里的‘报复’，就是指报恩，后来它渐渐失去了‘报恩’这一含义，而专指报仇了。”

丁丁说：“朱买臣在落魄时，不因为别人的贬低而自暴自弃；做官后，他也不忘别人对自己的帮助，真是个有原则的人。”

丁丁陪你一起练

下面这些成语中都含有反义词，你能猜出来吗？请把答案写在相应的括号里。

(　　)入(　　)出　　(　　)名(　　)实
(　　)(　　)缓急　　(　　)(　　)曲直
(　　)(　　)怪气　　(　　)(　　)逢源
(　　)惊(　　)怪　　(　　)奔(　　)走
(　　)三(　　)四　　承(　　)启(　　)

(深)入(浅)出　(有)名(无)实　(轻)(重)缓急　(是)(非)曲直　(阴)(阳)怪气　(左)(右)逢源　(大)惊(小)怪　(东)奔(西)走　(朝)三(暮)四　承(前)启(后)

岁寒三友
——指的是三个不怕冷的人吗？

趣味词语故事

丁丁和爸爸在外面散步，经过一处大院子，里面种了不少的花草树木，有松树、梅树，角落里还有一些竹子。

爸爸笑着说："有'岁寒三友'做伴，住在这里肯定不会孤单了。"

丁丁问爸爸："'岁寒三友'是指谁？这里明明没有别人啊！"

爸爸回答："'岁寒三友'指的不是人，而是松、竹、梅三种植物。"随即，他给丁丁解释了"岁寒三友"的由来。

北宋神宗元丰二年（1079年），苏轼被贬到了黄州（位于今湖北黄冈区）。

刚到黄州时，有一些朋友会来探望苏轼，苏轼也经常和他们一起游山玩水，写下不少豪放的诗词。可是，黄州的俸禄微薄，家里的一日三餐都成了问题。于是，苏轼向黄州府讨来数十亩荒地，和家人一起开荒种田。这块地在黄州城东门外的一个山坡上，当地人管这个地方叫东坡，苏轼便给自己取了一个别号叫"东坡居士"。

苏轼在东坡种了水稻、小麦等农作物，又修了围墙，盖了房子，造了一个院落，取名"雪堂"。院子里栽满了松、柏、竹、梅等花木。

一天，黄州知州徐君猷来到雪堂看望苏轼，他打趣道："在你的房间里行走坐卧，时时处处都能看到雪。现在是春天还好，当真到了冬天，你不觉得孤单冷清吗？"

苏轼大笑道："风泉两部乐，松竹三益友。"凉风习习、泉水叮咚就是可解寂寞的两部乐章，枝叶常青的松柏、经冬不凋的竹子和傲霜开放的梅花，就是可伴冬寒的三位益友。徐君猷听后，叹服不已。

从此，"岁寒三友"的说法广为流传，成为文人用于自励的象征。

丁丁被这个故事打动，说："往常，诗人们做官时如果被贬，多少会有些失落，但是苏轼却能够自得其乐。"

爸爸说："苏轼一生在官场上都不太顺利，但是他并不为此愤世嫉俗，而是以宽广的眼光发现世界的美，写下了无数富有豪情意趣的诗词。"

黄州，在今湖北省黄冈市，位于"楚头吴尾"和鄂、豫、皖、赣四省交界，是鄂东文化的发祥地之一。据专家考证，吴、楚、汉等古老文化在这里相互交汇融合，带有浓厚的"巴水蛮族"遗风。黄冈有2 000多年的建置历史，自隋唐以来，一直都是"州""府""县"驻地，有"古名胜地，人文薮泽"之称。

趣味词语故事

丁丁和爸爸去公园散步，听到悦耳的鸟叫声。丁丁抬头看到树上鸟窝里的小鸟，问：“这些小鸟什么时候才会飞呢？”

爸爸说：“等它们的羽翼长成，就可以飞翔了。”说完，给丁丁讲起了“羽翼已成”的故事。

《史记·留侯世家》里记载了这样一个故事。

汉高祖刘邦在晚年的时候，因为宠幸戚夫人，想改立戚夫人的儿子刘如意为太子，废掉原太子刘盈。刘盈的母亲吕后知道后，十分着急，就向一些大臣求助，想要保住太子。这时张良出了个主意，他让吕后把当时名气非常大的商山四位隐士请来，辅佐太子。

一次，刘邦设宴庆功。宴会上，刘邦看到太子身边围着四个很有风度的老者，十分好奇。派人打听后，才知道这四个人竟然是自己十分仰慕的“商山四皓”。刘邦曾经请他们帮忙，都被委婉地拒绝了，没想到太子竟然能请来他们辅佐自己，刘邦特别吃惊。

四位老人发现皇上一直在关注他们，于是上前敬酒，之后便和太子一起离开了宴会。

刘邦看着太子的背影，对戚夫人说：“我本来想废掉太子，但是现在太子有了商山四贤士辅佐，他的羽翼已经丰满，这就很难办了。”刘邦最后打消了废太子的念头。

丁丁说：“看来，做了皇帝，也不代表可以随心所欲地行事。”

爸爸说：“成语‘羽翼已成’就是从这个故事而来，意思是鸟的羽毛和翅膀已经长全，比喻力量已经巩固。‘羽翼渐丰’也是这个意思。”

丁丁陪你一起练

古代人经常将同时代有才华的人放在一起，给他们取一个称号。你知道下面这些称号分别指的是哪些人吗？

商山四皓：____________________

初唐四杰：____________________

建安七子：____________________

竹林七贤：____________________

扬州八怪：____________________

商山四皓：东园公唐秉、夏黄公崔广、绮里季吴实、甪里先生周术

初唐四杰：王勃、杨炯、卢照邻、骆宾王

建安七子：孔融、陈琳、王粲、徐干、阮瑀、应玚、刘桢

竹林七贤：嵇康、阮籍、山涛、向秀、刘伶、王戎、阮咸

扬州八怪：金农、郑燮、黄慎、李鱓、李方膺、汪士慎、罗聘、高翔

第三章

大有来历的特定称谓

丁丁有话说

我们把各类竞赛和比赛的第一名称作“冠军”，把最好的朋友叫作“知音”，把做生意的人称为“商人”……汉语里的这些特殊的称谓，有什么说法吗？

冠军
——冠军是指戴帽子的军队吗？

丁丁问爸爸：“‘冠军’指的是比赛获得第一名的人，谁是历史上第一个获得这个称号的人？它和军队有什么关系？”

爸爸说：“‘冠军’这个词的由来十分悠久，可以追溯到秦朝呢。”说着，他给丁丁讲起了“冠军”一词的故事。

秦朝末年，各地百姓纷纷起义，反抗暴秦，六国也先后复国。其中，楚国有一位大将叫宋义，他英勇善战，十分威武，在他的带领下一次次将秦军打得溃不成军。楚军将士送给他一个称号——“卿子冠军”。

卿子是当时对他人的尊称，冠军的意思是指宋义战功赫赫，位居诸将之上。宋义可以说是中国历史上第一个荣获冠军称号的人。

后来，冠军一词沿用了下来。到了西汉，名将霍去病跟随大将军卫青出征大漠，攻打匈奴。霍去病当时年仅十八岁，但他从小酷爱习武，善骑马射箭，武艺超群。他用骑兵代替车兵，使部队可以长途奔袭、灵活作战。

第一次出征匈奴，霍去病凭着过人的勇气，亲自率领八百轻骑深入漠南腹地，采用闪电战术，看准最大的一个军营立即冲杀过去，迅速斩杀匈奴兵两千多人，还俘虏了单于的叔父和大臣，大胜而归，这就是历史上有名的“漠南之战”。

汉武帝得知后，非常高兴，立即封勇冠三军的霍去病为“冠军侯”。此后，凡多次立战功的将领，都被授予冠军官衔。

魏晋南北朝各代，也都设有“冠军将军”，唐朝时也有“冠军大将军”的官衔。到了清朝，负责皇帝出行仪仗及其保管人员的首领，称为“冠军使”。

丁丁沉浸在霍去病的英勇中，想象着他的英姿。

爸爸总结道：“经过历朝历代的演变，‘冠军’一词现在用来泛指体育、文化、艺术表演等竞技比赛中的第一名。”

丁丁陪你一起学

冠军是指第一名。那第二、第三名叫什么呢？

第二名是亚军。“亚”是次一等的意思，也就是指低于冠军的优胜者。在古代，人们称孔子为“至圣”，称孟子为“亚圣”。

第三名是季军。“季”这个字在古代经常会用到，例如，古时人们将春季的三个月分别称为孟春、仲春和季春；家里面弟兄多的，也是按照伯、仲、季来排行，季为第三；古时候作战，会把军队分为前军、中军和后军三军，排在第三位的后军，也称“季军”。后来“季军”这个称呼就一直沿袭下去，成了第三名的意思。

左右手
——为什么不是“左右脚”？

家里的热水器坏了，爸爸回到家后，三两下就修好了。

“你可真是我生活上的左右手啊！”妈妈夸赞道。

丁丁好奇地问妈妈：“为什么说爸爸是你的手？”

于是，妈妈给丁丁讲了一个关于“左右手”的故事。

春秋时期兵家孙武所著的《孙子兵法》一书中，讲过这么一件事：“吴国人和越国人原本相互厌恶，但是当他们坐同一条船渡河、遇到风浪的时候，他们就相互救助，如同左右手一样。”这里“左右手”的意思就是人们像左手和右手一样相互配合、帮助，后来转变为比喻得力的助手。

楚汉争霸时期，刘邦的军队连续打了好几次败仗，军心涣散，很多人认为跟着刘邦没有前途，行军途中，不少将领都逃跑了。

当时，韩信也在刘邦的军队里，一直不受重用，也悄悄地离开了。丞相萧何很欣赏韩信的才能，多次向刘邦推荐他，但是刘邦每次都不当回事。萧何听说韩信走了，来不及告诉刘邦，就立刻骑马去追韩信。

这时候，有人给刘邦打小报告，说：“丞相逃跑了。”刘邦知道后，非常生气。过了几天，萧何回来拜见刘邦，刘邦又怒又喜，说：“萧何，你为什么要逃跑？你走了之后，我感觉自己就像没了左右手，什么都做不了。”

萧何解释道：“我并不是要逃跑，而是去追逃跑的韩信了。”

刘邦听了，又生起气来，骂道：“逃跑的军官有好几十个，你不去追他们，反倒去追韩信，一定是在撒谎！”

萧何说：“那些军官容易得到，但是韩信这样的人才天下间没有第二个，您如果想争夺天下，就离不开韩信。”

刘邦这才明白萧何的良苦用心，立刻拜韩信为大将军，统率汉军。最终，刘邦在自己的左右手萧何、韩信的帮助下，击败了项羽，赢得了楚汉之争。

丁丁听完故事，对妈妈说：“爸爸不仅是帮您修理电器的‘左右手’，也是我学习上的‘左右手’呢！”

丁丁陪你一起练

请根据下面的释义，写出含有“手”字的词语。

1. 不独立承担任务，只协助别人进行工作的人。（　　）
2. 技能特别高明的人。（　　）
3. 本领、水平不相上下的竞争的对方。（　　）

参考答案

1. 助手 2. 高手 3. 对手

知音

——知音是一种什么音乐?

下课了，陶陶跑来问丁丁：“许多诗人和作家都爱感叹‘知音难觅’，‘知音’是什么难得的音乐吗？”

丁丁说：“‘知音’这个词，来源于伯牙和钟子期的故事。”

春秋时期，晋国有位叫伯牙（本为楚国人）的大夫，是一位杰出的琴师，人人都夸赞他的琴艺高超，但他却觉得真正能听懂他所弹琴曲的人不多。

有一年，伯牙奉晋王之命出使楚国。当他乘船来到汉阳江口时，遇到了风浪，只好暂时停泊在一座小山下。晚上，望着空中的明月，伯牙琴兴大发，于是拿出琴专心致志地弹了起来。

正当他沉醉在优美的琴声中时，猛然看到有人站在岸边聚精会神地听自己弹琴，一动也不动。伯牙心想：“这旷野之中，怎么会有人听懂我的琴呢？”于是，他便弹了一首赞美高山的曲子，当琴声雄壮高亢的时候，听琴人赞叹道：“多么巍峨的高山啊！”

伯牙琴音一转，琴声变得欢腾流畅，这是一首赞美江水的曲子，听琴人又说：“多么浩荡的江水啊！”伯牙惊喜万分，自己用琴声表达的心意，眼前的这个人竟然听得明明白白。于是，他和这位名叫钟子期的听琴人交谈起来，没想到初识时两个人即相谈甚欢。

两人分别时，相约一年之后再到此地相聚。可是，当伯牙如约而来时，钟子期已经去世了。伯牙悲痛万分，他来到子期的坟前，弹了一曲《高山流水》，随后挑断琴弦，把心爱的瑶琴摔碎在青石上。他悲伤地说："我唯一的知音已不在人世了，这琴还弹给谁听呢？"

陶陶感叹道："天下居然有这样深厚的友情！"

丁丁总结道："'知音'原本是通晓音律的意思，但是因为伯牙和子期的友谊感动了后人，人们就把对自己有深刻了解的好友称为'知音'，以此来形容朋友之间难得的情谊。"

丁丁陪你一起练

请根据下面的释义，写出和"知"字有关的词语或短语。

1. 了解、理解、赏识自己的人。（　　）
2. 既了解自己的长处和短处，也了解敌人的优点和缺点。（　　）
3. 路途遥远，就能知道马的力气大小。（　　）
4. 事情做得很隐秘，没有任何人发觉。（　　）

1. 知己　2. 知己知彼　3. 路遥知马力　4. 神不知鬼不觉

24 商人
——商人是商朝的人吗?

丁丁问爸爸："为什么做生意、做买卖的人，要称作'商人'，而不叫'夏人''秦人'呢？"

爸爸说："这与中国一个很久远的朝代——商朝，有着千丝万缕的联系。"

在远古时期，黄河流域居住着一个古老的部落，他们的首领叫契，契帮助大禹治水有功，就被封到黄河中下游一个叫商的地方，形成了商族，这个部落也被称为商部落。契因此被认为是商族的祖先，后来，他的后代商汤在灭掉夏朝之后，建立了中国的第二个朝代，就是商朝。

当时，商族的人民十分勤劳，农牧业得到了迅速发展，他们生产的物资不仅够自己使用，还

有了剩余。契的六世孙叫王亥，他精明能干，非常有生意头脑。他把牛和马训练得既能驮货物，又能拉车，然后率领奴隶，驾着牛车、马车拉着货物，沿着黄河北岸到其他部落去交易，以换取自己需要的物品。

后来，越来越多的商族人学着用这种方法经商，周围部落的人们习以为常，慢慢形成了一个习惯，只要见到做买卖的人，就认为他们是商族人，称他们为“商人”。

爸爸说：“就这样，‘商人’便成了做买卖的人的代名词，一直到现在，我们还在用‘商人’这个名称。”

丁丁陪你一起练

请帮下面这些成语找一找它们的同义词和反义词。

同义词　反义词

1. 千丝万缕——（　　）（　　）
2. 精明能干——（　　）（　　）
3. 习以为常——（　　）（　　）

参考答案

1. 盘根错节　毫不相干　2. 聪明能干　碌碌无为　3. 司空见惯　闻所未闻

25 唐人
——华人为什么又叫"唐人"?

趣味词语故事

丁丁和爸爸去电影院看了一部关于唐人街的电影。

从电影院出来后，丁丁问："'唐人街'上住的都是中国移民，他们为什么被称为'唐人'？"

爸爸说："就像'商人'和商朝有关，'唐人'这个词也与中国古代最鼎盛的一个朝代——唐朝有关。"说着，他为丁丁讲述了"唐人"一词的由来。

唐朝时期，中国空前强盛，是当时世界上最强大的国家，对其他国家有着巨大的影响。所以"唐"成了很多国家对中国的代称，中国人也被称为"唐人"。但"唐人"最初的来源，是与闽南地区的历史有关。

唐高宗时，闽南地区发生叛乱事件。于是，河南固始人陈政、陈元光父子

奉命率领3 600多名唐军将士南下平乱。双方交战的最后结果是，唐朝控制了漳州沿海平原等广大地区，叛乱最终被平定。唐军将士全部留在了当地，扎根生活了下来。

陈元光带领唐军和当地人民努力发展生产，开垦田地、兴修水利。经过数十年的开发建设，漳州从一个不毛之地，变身为百业兴旺的一方乐土。清朝时，为了纪念陈元光的功绩，他被追封为“开漳圣王”，受到闽南人朝拜。

到了唐末，唐朝政府分崩离析，群雄开始占地为王。另一个河南固始人王审知率领军队占领了闽南地区，于是，又有一大批中原人在闽地安家落户，他们成为客家的先民。

由于中国东南沿海福建、广东等地自古有着向海外移民的传统，很多海外华人、侨胞都来自这些地方，他们都以“唐朝军人”的后裔为荣，所以自称“唐人”。这个称呼于是逐渐在海外流传开来。

丁丁说：“唐朝不愧是中国最繁荣富强的朝代之一！”

唐朝之后，在世界各地，尤其是在东南亚地区，一直将中国或与中国有关的物事称为“唐”。中国姓氏为“唐姓”，中国衣饰为“唐衣”，中国商船为“唐舶”或“唐船”，甚至现代习称的“汉语”，也被宋时的海外诸国称为“唐语”。沿袭至今，有些移居海外的华人仍然自称为“唐人”，华人在海外都市中的聚居地被称为“唐人街”，而华侨则将祖国称为“唐山”。

父母官
——为什么不是“兄弟官”？

趣味词语故事

丁丁问爸爸：“古装剧里的老百姓遇到清正廉明的官员，就会称赞他为‘父母官’，这个称呼是哪儿来的？为什么不是‘兄弟官’？”

爸爸说：“‘父母官’这个词在两汉时期就已经广泛流行了，它来源于老百姓对汉代两位官员的尊称。”

西汉汉元帝时期，南阳郡的太守召信臣一心为民，做了许多对老百姓有益的事。

为了使百姓富起来，召信臣亲自指导大家从事农业生产，经常出入田间，甚至在农民家居住。他发现百姓用水困难，便派人兴修水利，开渠引水，灌溉良田，使当地的土地肥沃、物资丰足，使得南阳地区人口增长、家家富足。由于召信臣治理有方，当地盗贼绝迹，很少发生案件，当地的官吏和百姓都非常爱戴他，尊称他为“召父”。

东汉建武七年（公元31年），南阳郡的百姓又幸运地遇到了新太守杜诗。杜诗个人生活节俭，处理公务清正廉洁，严惩用权势压迫百姓的人，因此树立起了威信。

杜诗体恤百姓，合理削减赋税。他为百姓设计制作了水排，借用水力来冶炼并铸造农具。这种农具使用便利，提高了生产效率，使百姓的收成大大增加。百姓们安居乐业，杜诗也因此深受百姓的爱戴。

南阳郡的人们从现任太守杜诗想到了多年前的“召父”，便尊称杜诗为“杜母”。想到杜诗和召信臣为南阳所做的贡献，南阳人都赞颂道：“先有召父，后有杜母。”于是，“父母”一词从此有了地方官的意思。后来，“父母官”的称谓就逐渐流行了起来，用来称呼那些爱民如子、廉洁为民的地方官。

丁丁发自内心地为南阳郡的百姓高兴，说：“这样爱民如子的‘父母官’应该越多越好！”

爸爸点头，笑着说：“是的。仁政爱民是安邦治国的重要前提。历史上，唐太宗常把‘水能载舟，亦能覆舟’挂在嘴边，他坚持以民为本的

思想，广施仁政，才开创了贞观盛世。”

丁丁陪你一起练

关于古代的称谓词，你知道多少呢？请根据下面的提示，写出对应的称谓词。

1．尊称对方的父亲：＿＿＿＿＿＿

2．尊称对方的母亲：＿＿＿＿＿＿

3．对别人称呼自己的父亲：＿＿＿＿＿＿

4．对别人称呼自己的母亲：＿＿＿＿＿＿

5．对别人称呼自己的弟弟：＿＿＿＿＿＿

6．称呼别人的弟弟：＿＿＿＿＿＿

7．称呼别人的学生：＿＿＿＿＿＿

参考答案

1．令尊　2．令堂　3．家父　4．家慈　5．舍弟　6．令弟

7．高足

楷模

——“楷模”为什么是木字旁？

趣味词语故事

清明节到了，丁丁和爸爸一起去扫墓。丁丁看着墓前的松树和柏树，问：“墓碑前的树，都是这两种吗？”

爸爸说：“据说，有两种特殊的树，只能种植在圣贤的墓前。”说着，爸爸为丁丁讲起了“楷模”一词背后的故事。

楷（作为树木时念jiē，不念kǎi）树是自然界中真实存在的一种树，俗称“黄连木”。它木质柔韧，久藏不腐，用楷木雕刻而成的器具玲珑剔透，不易折断，被称为“楷雕”，是一种很出名的工艺品。

孔子墓碑旁有一棵楷树，相传是他的弟子子贡种的。孔子逝世后，子贡奔丧而来，将一棵楷树苗栽种在老师的墓旁，后来长成了一棵大树。清朝康熙年间，这棵楷树不幸遭雷火焚死，后人就把这棵树的枯干图像刻在石碑上，并刻上“子贡手植楷”几个大字，又建了一座亭子存放石碑，取名“楷亭”。

模树是古人想象中的一种树木。据传，模树生长在西周初年政治家周公的坟上。明代人叶盛曾在书中写到，模树很神奇，它的叶子可以随季节变化，春天是绿色，夏天是红色，秋天是白色，到了冬天就变成黑色。

因为这两种树都生长在圣贤的墓旁，它们的形状和质地也被人们所喜爱、钦敬，所以后人便把那些品德高尚、受人尊敬、可为人师表的模范榜样人物，称为楷模。

但也有学者认为，“楷模”这个词和树其实并没有关系，因为“楷”和“模”两个字在古代，本来就有典范、标准的意思。

丁丁说：“我还是喜欢和树有关的这个解释，更有利于我记住‘楷模’二字的写法。”

爸爸说：“这让我想到一种写作方法——借物喻人，借用某一事物的特点，来描写人的一种品格。写作时，正确运用这种手法，可以使文章立意深远，表达更含蓄，也能增强文章的表现力和感染力。”

丁丁陪你一起练

你知道哪些词语是两个字都含有一样偏旁的吗？

1．含有“氵”的词语：________________

2．含有“冫”的词语：________________

3．含有“扌”的词语：________________

4．含有“亻”的词语：________________

示例：1．游泳 波浪 清洁 深渊 流泪 淘汰 清淡 清澈 2．冰冷 冷冻 凛冽 冰凉 冰凌 冲凉 冰冻 凄冷 3．打扮 拍打 捕捉 挣扎 把握 指挥 招摇 拥挤 4．仿佛 伙伴 价值 任何 信件 他们

驸马
——驸马是什么马?

趣味词语故事

丁丁看电视时，看到有个人被称作“驸马”，他纳闷地问：“怎么能用动物来称呼人呢？这是在骂人吧！”

爸爸笑着说：“‘驸马’不是马，而是一种称呼。”说着，他为丁丁讲述了“驸马”一词的演变过程。

秦始皇统一中国后，经常出巡全国，短短的十余年里就出巡过五次。每次出巡时，都有庞大的车队和隆重的仪仗，场面非常宏大。

张良的父亲是原韩国的丞相。韩国被秦国灭亡后，张良散尽家财，招募到一个大力士，为他打造了一只重达120斤的大铁锤，打算在秦始皇巡游时刺杀他。

公元前218年，秦始皇第三次巡游时，张良带着大力士埋伏在

博浪沙（今河南原阳东）。当时，秦始皇乘坐的是六驾马车，其他大臣乘坐的是四驾马车，很好辨认。先秦及两汉时期，皇帝出行多乘车，为了保证皇帝的安全，除了皇帝乘坐的正车之外，还设有多辆与正车完全一样的副车，同时副车上还特地设有替身，以掩人耳目，迷惑刺客。最终，张良所找的大力士只击中了一辆副车。

这次刺杀虽然失败了，但举世震惊，影响深远。从此，历代皇帝出巡时，都仿效秦始皇的做法，设置副车，并选定替身。汉武帝时，掌管正车的官员称为“奉车都尉”，掌管副车的官员称为“驸马都尉”。

两汉时期，驸马都尉多由皇亲国戚勋臣的子孙担任；到了三国时期，魏国的何晏娶曹操的女儿金乡公主为妻后，担任驸马都尉；晋朝时，晋文帝司马昭的女婿王济，也被授予驸马都尉。于是，后世沿袭魏晋的做法，凡是与公主结婚的人，都称为驸马都尉。

后来，人们把“驸马都尉”简称为“驸马”，用来专指古代帝王的女婿。

丁丁听完，松了口气，说：“原来‘驸马’不是骂人的称呼，而是由官职简化来的！”

丁丁陪你一起学

下面这些都是有关驸马的歇后语，我们一起来学一学吧！

1. 包公铡驸马——刚正不阿，公事公办
2. 皇帝的女儿招驸马——专拣好的挑
3. 中了状元招驸马——好事成双，喜上加喜

鼻祖
——鼻祖难道是鼻子的祖先吗?

这天，爸爸带丁丁去参观蔡伦纸文化博物馆。出来后，丁丁问爸爸：“里面有个牌子上说‘蔡伦是造纸鼻祖’，‘鼻祖’是什么意思，鼻子的祖先吗？”

爸爸说：“当然没那么简单。自古以来，人们喜欢把创始人称为‘鼻祖’。相传，‘鼻祖’的来历，与唐玄宗有关。”说着，他给丁丁讲起了唐玄宗的故事。

唐玄宗自幼精通音律，热爱歌舞戏剧表演，喜欢和唱戏的人在一起。他设立了管理和教授俗乐的教坊——梨园，召集擅长歌舞的人，让他们在这里练习和训练。因此，人们将唱戏的人称为“梨园弟子”，把唐玄宗称为梨园文化的“鼻祖”。

相传，有一年元宵节，唐玄宗下令，让文武百官和唱戏的人一起过节。梨园弟子为了讨好唐玄宗，就扮成平时唐玄宗喜欢看的角色，唱着唐玄宗编的歌曲，在皇宫里尽情歌舞。

唐玄宗看到这样热闹的画面，情不自禁地加入跳舞的队伍中。跳了一会儿，他发现周围的人不是化了妆，就是戴着面具，只有自己有些另类。于是，唐玄宗命人找来一些白灰，抹在自己的鼻子上，扮成了白鼻子的丑角。他重新加入歌舞的人群，和梨园弟子们尽情跳了一整夜。

后来，戏曲舞台上的丑角都是把鼻子画成白色。所以，人们又把唐玄宗称为唱丑角的“鼻祖”。

其实，“鼻祖”这个词，在汉朝时就出现了。东汉许慎《说文解字》一书中有“今以始生子为鼻子”的说法。意思就是说，把生的第一个儿子称“鼻子”。这里的“鼻”字，就是“第一”“最初”或“开始”的意思。所以，人们就把最早的祖先、创始的祖师称为“鼻祖”。

丁丁听完，很是惊讶，说：“想不到皇帝这么喜欢歌舞戏剧。”

爸爸说：“梨园本来只是长安城内一个普通的地方，因为唐玄宗在梨园内教戏曲，使它逐渐成为一个训练乐工的地方。连著名的大诗人贺知章和李白也为梨园编写过节目呢。”

我国民间各行各业都有自己信奉的传统鼻祖。比如，木匠业的鼻祖是鲁班，竹匠业的鼻祖是泰山，织布业的鼻祖是黄道婆，酿酒业的鼻祖是杜康，印刷业的鼻祖是毕昇，中医外科的鼻祖是华佗，制茶业的鼻祖是陆羽，制笔业的鼻祖是蒙恬……同学们，你还知道哪些行业有自己信奉的传统鼻祖吗？

杏林
——杏林是医界的代名词吗?

这天，丁丁陪妈妈去看医生，看到医生的房间里挂着“杏林高手”“妙手回春”的锦旗。回家的路上，丁丁问妈妈：“那些锦旗一定是夸奖医生医术的，可为什么说医生是‘杏林高手’呢？难道医生也很擅长种杏树？”

妈妈说：“‘杏林’是医界的别称，许多医家也以‘杏林中人’自居。这里面还有一段故事呢。”

东汉末年，我国出现了三位杰出的医学家，分别是董奉、张仲景和华佗，史称“建安三神医”，而“杏林”就与其中之一的董奉有关。

当时，人们信奉道教，比较喜好修道。为了方便学习道学，董奉便从福建老家来到了江西庐山隐居，一边行医，一边修道。

董奉在山中独居，为人治病从来不收取银两，但他有一个奇怪的要求：凡是经他治愈的重病患者，要在山坡上栽五棵杏树；经他治愈的一般疾病患者，栽一棵杏树就可以了。当时，天下大乱，百姓们贫病交加，找董奉治病的人络绎不绝。几年后，经他治愈的病人不计其数，栽下的杏树已多达十万棵，郁郁葱葱的杏树蔚然成林。

杏子成熟后，董奉在杏林里盖了一间仓房，告诉人们：凡是到杏林的人，只要拿一些粮食放在仓中，就可以自行去林中摘取杏子。等用杏子换来的粮食堆满了仓库，董奉又把这些粮食施舍给周边贫苦的百姓。

董奉去世后，当地百姓便在杏林中设坛祭祀这位仁慈的道医，后来，“杏林”的故事也流传了下来。后人据此以“杏林”代指医界，人们在称赞医德高尚、医术精湛的医生时，也往往会说“杏林春暖”“誉满杏林”“杏林高手”等词语。

丁丁被这个故事感动了，说：“不愧是名留千古的名医，不仅有高超的医术，更有一颗善心。”

妈妈说：“据说，董奉保养得当，很会养生，当时人们说他已经是百岁老人，但是看起来和壮年时一样。他去世后，人们也传言他并没有死，而是白日成仙了。”

庐山，又名匡山、匡庐，位于江西省九江市境内，以“雄、奇、险、秀”闻名于世，素有“匡庐奇秀甲天下”的美誉。大江、大湖、大山浑然交汇，雄奇、险峻、秀丽、刚柔相济。宋朝大诗人苏轼曾发出“不识庐山真面目，只缘身在此山中”的感慨。

庐山宗教文化的独特性在于“一山藏六教，走遍天下找不到”。从4世纪至13世纪，庐山宗教兴盛，寺庙、道观一度多达500余处。至今，庐山仍有多个宗教及教派的寺庙、道观、教堂等。

孺子牛
——孺子牛到底是指什么牛？

丁丁读到鲁迅先生的名句“横眉冷对千夫指，俯首甘为孺子牛”时，问爸爸：“‘孺子牛’是什么品种的牛，这种牛是不是格外勤劳？”

爸爸说：“‘孺子’是古时对小孩子的称谓，尤其是指幼儿。‘孺子牛’并不是指牛的品种，它来源于《左传》中的一个典故。”

春秋时期，齐景公非常宠爱小儿子晏孺子，不论晏孺子想玩什么，齐景公都会满足他。

一天，晏孺子要扮牧童牵牛玩。齐景公便让人拿来一根绳子，自己用牙齿咬着绳子的一端，蹲下身子装作一头老牛；晏孺子走在前面，牵着绳子的另一端。晏孺子很高兴，像牧童一样牵着“牛”猛跑，齐景公在后面跟着跑。突然，晏孺子不留神摔了一跤，齐景公的门牙也被拽掉了一颗。晏孺子吓得哇哇大哭，

齐景公顾不上牙疼，立刻把晏孺子抱在怀里，陪他玩起别的游戏。

后来，齐景公临死前，立下遗命让晏孺子继承王位。但是，齐国大夫陈僖子要立公子阳生为王，便杀掉了辅佐晏孺子的两个大臣，逼迫晏孺子退位。相国鲍牧对陈僖子说："你们这么做，难道忘了先王做孺子牛而折断牙齿的事吗？这是在违背先王遗命啊！"

阳生说："我是长子，继承王位是天经地义的事。再说，废掉一个国君，再立一个国君，自古就有很多，这没什么大惊小怪的。相国只要衡量怎么对国家有利就行了，何必一定要纠结什么先王遗命呢？"

于是，阳生继承王位，做了新国君，就是齐悼公。

听完这个故事，丁丁说："寻常人家的父母也很少会像齐景公这样和孩子玩耍，齐景公对孺子实在是过分疼爱了。"

爸爸说："后来，人们就把甘心为儿子做'牛'的父亲称为'孺子牛'，表示父母对子女的过分疼爱。鲁迅先生《自嘲》中的名句'横眉冷对千夫指，俯首甘为孺子牛'，使'孺子牛'的精神得到升华，用来比喻心甘情愿为人民大众服务、无私奉献的人。"

临淄，齐国故城，位于今天山东省淄博市临淄区中部，东临淄河，故名临淄。自周昭王八年（公元前1045年），姜太公（姜尚）被封在山东北部地区，建立了齐国，到秦始皇元年（公元前221年），秦统一六国，齐国在中国历史上经历了西周、春秋和战国三个历史阶段，临淄城一直都是齐国的都城，长达800余年。

中山狼
——中山狼是中山地区的狼吗？

丁丁听到爸爸在吟读诗句“子系中山狼，得志便猖狂”，好奇地问：“中山是哪里，那里的狼格外坏吗？”

于是，爸爸给丁丁讲述了“中山狼”的故事。

“中山狼”一词出自明代马中锡的寓言《中山狼传》，一般用来形容那种忘恩负义、恩将仇报的人。

春秋时期，晋国大夫赵简子酷爱打猎。一天，他在打猎的途中，来到一个叫中山的地方，看见一只狼站在自己前方，于是迅速搭弓射箭，一下子就射中了那只狼。可是，那只狼并没有死，只是受了伤，惨叫着跑开了。赵简子率人在后面紧紧地追赶，不料还是让它逃掉了。

原来，狼受伤后行动不便，正巧遇到了一个叫东郭先生的学者。于是，善良的东郭先生把袋子里面的书拿出来，让狼躲在里面逃过了一劫。

赵简子走后，东郭先生把狼放了出来。不料，狼竟然恩将仇报，咆哮着要吃掉东郭先生。

这时，正好有一个老人路过这里，东郭先生就请他评理：“刚才我救了这只中山狼，谁知它转眼就要吃了我，岂不是忘恩负义？”

狼自认有理，狡辩说：“他哪里是想救我，分明就是想憋死我。刚才他把我放在袋子里时，捆住了我的双脚，还在上面压了很多书。现在，我好不容易出来了，难道不应该吃掉他报仇吗？”

老人沉默了片刻，对狼说：“真的是这样吗？那你让我看看你躲在袋子里的情形，是不是真的像你说的那样。”于是，东郭先生又把狼装进了袋子里，然后老人让东郭先生把狼杀掉。可是，东郭先生还是不忍心下手。

老人笑着说：“对于忘恩负义的禽兽，你还这样仁慈，是不是太愚笨了？”说完，他就帮助东郭先生把狼杀死了。

从此，“东郭先生”就用来比喻那些不分善恶、滥施仁慈的人，而“中山狼”就成了忘恩负义的代名词。

丁丁听完这个故事说：“这只中山狼心肠坏，脑袋也不怎么聪明。”

爸爸说：“这个故事告诉我们，人应该对人对事抱有慈悲之心，但不应该怜惜中山狼一样的恶人。否则，吃亏的是自己。”

中山国（公元前414年—公元前296年），是由白狄建立的国家，位于今河北省中部太行山东麓一带，因城中有山而得名，经历了戎狄、鲜虞和中山三个发展阶段，曾长期与晋国等中原国家交战，一度被视为中原国家的心腹大患，最终在公元前296年被赵国所灭。

第四章

词语变身秀

丁丁有话说

有些词语随着时间和后人使用习惯的变化影响，和本来的意思完全不同了，简直就像变装了一样，差点让人认不出来了。这是怎么回事呢？一起去看看吧！

鸿沟
——鸿沟是一条沟吗？

丁丁阅读时，读到这样的句子：“他和父亲之间有一道不可逾越的鸿沟。”他好奇地问爸爸：“‘鸿沟’是一条什么样的沟？”

爸爸说：“‘鸿沟’其实不是沟，而是一条运河的名字。”说完，就给丁丁讲起了“鸿沟”的来历。

秦朝末年，群雄争霸，最后逐渐变成刘邦和项羽两人争夺天下。楚汉两军在河南荥阳这个地方僵持了很久，双方都进退两难。

那个时候，刘邦已经占领了荥阳西边的大片土地，而且背靠自己的封地，粮草兵员源源不断，汉军士气十分旺盛，刘邦的部将还在全国各地继续攻城略地。但刘邦也有所顾忌，因为项羽还一直羁押着他的父亲和家人。

项羽占据着荥阳东边的一些城池，但楚军远离封地，粮草兵员很难补给。随着汉军的不断进攻和胜利，项羽的封地在一天天缩小，随时有灭亡的危险。

在这种情况下，楚汉双方进行了历史上著名的“鸿沟和议”。鸿沟是战国时魏国所修建的一条运河，位于荥阳附近。双方约定平分天下，鸿沟以西的地方划归汉，鸿沟以东的地方划归楚。订约之后，项羽放回了刘邦的家属，带上队伍罢兵东归了。

刘邦也想撤兵西归，但这时候张良、陈平劝他说：“我们已经占据天下的大半，诸侯也都归附于汉。而楚军早已兵疲粮尽，我们不如趁此机会把它消灭。如果现在放走项羽，这是养虎为患啊！”

刘邦听从了他们的建议，他下令汉军继续追击项羽，最后击败楚军，建立了汉朝。

爸爸说：“鸿沟这条普通的运河，因为刘邦与项羽的恩怨，从此就在历史舞台上留下了印记。现在，我们玩的象棋中的楚河汉界指的就是鸿沟。‘鸿沟’现在用来比喻事物之间明显的界线。”

秦末刘邦和项羽的楚汉之争，是中国历史上非常精彩的一段故事。风起云涌、跌宕起伏的历史经过，个性鲜明、活灵活现的历史人物，让这段历史经常成为后人用于文学创作的素材。下面这些成语，都产生于那个时期。请查阅相关资料，了解这些成语的含义。

破釜沉舟　楚河汉界　项庄舞剑　人为刀，我为鱼肉

暗度陈仓　四面楚歌　十面埋伏　一决雌雄

不倒翁

——什么样的老翁不会倒?

妈妈旅游回来，给丁丁带了一个可爱的玩具——不倒翁。

丁丁用手扳动不倒翁的脑袋，它总能自动竖立起来。

爸爸对丁丁说：“这是中国的一种传统玩具，用纸糊成醉汉的模样，中间空心，底部实心，所以扳倒后又能自动竖立起来。关于‘不倒翁’，历史上有这样一个故事。”

春秋时期，楚国人卞和无意间得到一块未经雕琢的美玉，便将它献给了楚厉王。

厉王派玉匠鉴别，玉匠说：“这只是块普通的石头。”厉王认为卞和故意欺骗他，令人砍断了卞和的左脚。

厉王去世后，楚武王继位，卞和再次献玉。可是，武王也听信玉匠的话，认为卞和是个骗子，下令砍掉了他的右脚。

卞和两次献宝，不仅没有人识宝，反而被当成了骗子。楚文王即位后，卞和含冤抱着玉石，一直在楚山脚下痛哭。

楚文王听说这件事，派人召见卞和，询问他哭泣的原因。卞和说：“我悲伤，不是因为失去双脚，而是因为美玉竟被当成石头，忠诚之人却被当作骗子。”

文王派人凿开这块石头，里面果然是一块稀世宝玉，他命人将这块玉做成了玉璧，起名为“和氏璧”。

卞和执着献玉的行为使楚文王大为感动，他称赞道：“卞和真是个扳不倒之翁啊！”

丁丁为卞和鸣不平，说：“这些国君应该善于发现人才，不应该不分析就胡乱做决定。卞和的美玉被证实了，可是他的双脚再也回不来了。”

爸爸点点头，说道：“不过，对于卞和来说，失去双脚也要献宝，可见他锲而不舍的精神。此后，‘不倒翁’一词便流传后世，用来比喻那些坚持真理、不屈不挠的人。随着时间的流逝，如今的‘不倒翁’成了一个贬义词，用来形容那些处世圆滑、能长期保持自己权位的人。”

丁丁陪你一起练

中文词汇有个非常有意思的现象，就是将有些词语的前后两个字颠倒顺序之后，又能组成一个新的词语。但颠倒之后的词语，有的意思和原词语一样，有的意思相近，还有的意思完全变了。你知道分别有哪些词吗？

1．颠倒后，意思不变。如：觉察——察觉。

____

2．颠倒后，意思仍然相近或相关。如：雪白——白雪。

____

3．不能随便颠倒。如：人名——名人。

____

参考答案

示例：1．互相——相互 整齐——齐整 别离——离别 2．水井——井水 蜜蜂——蜂蜜 彩色——色彩 奶牛——牛奶 3．上马——马上 故事——事故 带领——领带 海上——上海

博士
——古代就有博士吗？

趣味词语故事

丁丁因为热爱读书学习，被班上的同学亲切地称为“小博士”。

爸爸知道这个消息后，向高兴的丁丁提了一个问题：“‘博士’是什么呢？”

丁丁自信地说：“博士是我们国家最高级别的学位。获得博士学位的人很受大家尊敬。”

爸爸笑着说：“你说的是现代社会的‘博士’，古代的博士是做什么的，你知道吗？”

现代的博士都离自己远着呢，更何况古代的博士？丁丁急忙请爸爸给他讲个明白。

“博士”这个词语最早产生于战国时代。那时，统治阶层里的知识分子称为“士”，“士”中博闻、博学之人被尊称为“博士”。《史记·循吏列传》里有一句话：“公仪休者，鲁博士也。以高弟为鲁相。”意思是，公仪休是春秋时期鲁国的博士，他由于才学优异，做了鲁国的宰相。

到了秦朝，博士成为正式的官职，光皇帝的御用顾问团就有

“博士七十人”。博士们博古通今，平时参加朝中议事，皇帝有需要时会向他们咨询。

西汉沿袭秦代的官制，也设立了博士七十人。随着汉武帝实施“废黜百家，独尊儒术”的政策，博士逐渐成为以儒家经典为依据、研究历史和政治问题的学者。

“博士”这一名称被各朝各代的人们沿用，更被引申为多种名目，它的含义也发生过不少变化。但不管怎么变化，“博士”一词的主要意思，还是指那些精通某一种职业的人，比如：医学博士、书学博士、算学博士、武学博士等。宋代以后，在市井中甚至还出现了茶博士、酒博士这样的称谓，这种“博士”就更加普通，类似于我们今天所叫的“师傅”。

到了现代，“博士”用来表示教育体制中的一种学位。这种制度起源于欧洲，博士是三级学位（学士、硕士、博士）中的最高一级。

丁丁听完，说：“想不到博士这个称呼有这么久远的历史。”

爸爸说：“学海无涯，要想成为真正的博士，一定要坚持努力学习哦！”

如果你听说过“博士后”这个称呼，那么你一定会好奇：如果“博士”是最高学位，那么“博士后”是什么呢？

其实，博士后是指一个人在获得博士学位之后，在高等院校或研究机构从事学科研究的工作职务。所以博士后和博士最大的区别是，博士后不是一种学位，而是表示一段工作经历。

捉刀
——捉刀人是指厨师吗？

这天，丁丁正津津有味地读历史故事，遇到“捉刀”这个词，他感到不可思议，拿着书去问爸爸：“刀又不会长腿跑掉，怎么还需要捉呢？”

爸爸解释道：“‘捉’的意思是握、拿。至于‘刀’，远古的时候，人们是以刀为笔。人们在竹木简上写字，如果写错了字，就要用刀把错字刮掉重写，所以‘刀’指的就是‘笔’。捉刀人服侍在主人身边，主人需要记录什么，或者写文件、书信，都由他代笔。后来，人们便把代替别人写文章，叫‘捉刀’。”

三国时期，魏武帝曹操的手下有一位武官名叫崔琰，此人高大威武、仪表堂堂。曹操每次看到崔琰，都会在心中暗暗称赞他的相貌。曹操觉得和崔琰相比，自己的相貌真的差远了。

有一次，一位匈奴使者来拜见曹操，曹操认为自己相貌丑陋，不能够起到震慑匈奴的作用，于是他就和崔琰商量，让崔琰代替自己接见使者，而自己扮作一名侍卫站在旁边。

接见完使者后，曹操就派人去询问匈奴使者，对魏王的印象如何。那位使者不假思索地说：“魏王的确很英俊威武，可是我感觉站在魏王旁边的那个捉刀人，看起来倒真是一位了不起的英雄！”

这里所说的“捉刀人”，意思是拿着笔的侍从。

丁丁觉得这个故事很有趣，说：“真想不到，曹操这样的英雄，居然也对自己的外貌不自信。”

爸爸说：“爱美之心，人皆有之。看来，曹操也不能免俗。”

丁丁陪你一起练

请把下列历史名人和后人对他们的称呼用线连起来。

诸葛亮	西楚霸王
项羽	卧龙先生
关羽	美髯公

诸葛亮——卧龙先生　项羽——西楚霸王　关羽——美髯公

斧正
——为什么要用斧子来修正?

趣味词语故事

爸爸的新文章完成后，他在投稿的邮件里写下了“不当之处，敬请斧正”的话语。

丁丁看到后，问爸爸：“为什么要用‘斧正’这个词啊？”

于是，爸爸便给丁丁讲了“斧正”一词的由来。

《庄子》里写过这样一个寓言故事。

在楚国的都城郢（yǐng），有一个人在粉刷墙壁时，不小心沾了一点儿石灰到鼻子上。石灰很薄，就像苍蝇的翅膀一样。这个郢人认识一个匠人，有一手耍斧子的绝活儿，于是他让匠人“运斤成风”，把斧子舞得像疾风刮过一样，鼻尖上的石灰完全被削掉了，但鼻子却一点儿也没有受伤。郢人也面不改色，完全不害怕。

后来，宋国的宋元君听说了这件事，十分好奇。他也在鼻子上弄了一

点儿石灰，请那个匠人来运斤成风。匠人回答说："我过去的确有这个绝活儿，但现在完不成了，因为能与我配合的那个郢人已经去世了。"

后人就把匠人的绝活儿引申到修改文章上，称之为"斧正"，或是"郢正""斧削"，用来表示对修改者的尊敬，赞叹修改者的水平高，修改文章就像匠人用大斧给郢人削去石灰一样，干净利索，恰到好处。

丁丁想象了一下用斧子削石灰的画面，说："我觉得郢人这边面临的挑战比要斧子还大呢。"

爸爸总结道："与'斧正'同义的常用词还有'请（指）教''指正''惠正''雅正'等。其中，指教、请教多用于讲话、言谈中；雅正、指正和斧正一样，多见于文章字画之中。"

丁丁陪你一起练

汉字里有很多读音和字形相同或相近的字，一不小心就会出错。请仔细观察下列词语，改正其中的错别字。

幅射（　　）防碍（　　）气慨（　　）粗旷（　　）

震憾（　　）凑和（　　）精翠（　　）松驰（　　）

参考答案

幅（辐）　防（妨）　慨（概）　旷（犷）　憾（撼）　和（合）　翠（粹）　驰（弛）

38 咏絮

——“咏絮”也是一首诗吗?

趣味词语故事

课堂上，李老师提问道：“你们觉得白雪像什么？”

同学们有的说像鹅毛，有的说像梨花，还有的说像蝴蝶。

李老师说：“古代有一个女子，用柳絮来描绘大雪，赢得了很多人的赞赏。”说着，她给大家讲了谢道韫咏絮的故事。

谢道韫是东晋时期的女诗人，出生在一个书香仕宦的家庭。她的叔父谢安是东晋著名的政治家和军事家，也是古代经典战役淝水之战的总指挥。

有一年寒食节，谢安突然来了兴致，就让侄儿侄女们到自己家讨论诗文。

正说着，突然刮起了一阵风，天空变得暗了下来，不一会儿便纷纷扬扬地下起雪来。谢安看着飘在天空中的白雪，问道：“白

雪纷纷何所似？”

侄儿谢朗回答道：“撒盐空中差可拟。”意思是大雪就像天空在撒盐。谢安若有所思地看了看谢朗，感觉这句诗不是很好。

此时，坐在一旁看雪的谢道韫，缓缓地说道：“未若柳絮因风起。”意思是大雪就像被风吹起的柳絮。谢安听后，立刻点头称赞。

李老师总结道：“‘未若柳絮因风起’这句诗就在当时流传开了，人们都赞不绝口。谢道韫用柳絮来描绘大雪，被人们称为‘咏絮’，专门指代女子工于吟咏，有着非凡的才华。我们现在赞美一个才女就可以用成语‘咏絮之才’。”

下面都是古人在诗词中对雪的描绘，我们一起来读一读吧！

1. 忽如一夜春风来，千树万树梨花开。（唐·岑参《白雪歌送武判官归京》）

2. 窗含西岭千秋雪，门泊东吴万里船。（唐·杜甫《绝句》）

3. 白雪却嫌春色晚，故穿庭树作飞花。（唐·韩愈《春雪》）

4. 千里黄云白日曛，北风吹雁雪纷纷。（唐·高适《别董大二首》）

5. 孤舟蓑笠翁，独钓寒江雪。（唐·柳宗元《江雪》）

结草
——结草是一种编织方法吗?

趣味词语故事

丁丁和妈妈出门散步，看到几个小女孩在用草编绳子玩。

妈妈说：“有时候编草还可以救人命呢。”

丁丁好奇地问：“怎么救？”

于是，妈妈给丁丁讲了一个老人结草报恩的故事。

春秋时期，晋国大夫魏武子有一个爱妾，非常年轻，还没有儿子。魏武子得了重病后，对儿子魏颗说：“如果我死了，你就让她改嫁给别人吧。”

不久后，魏武子病情加重，他又对魏颗说：“我死了之后，你一定要杀了她给我陪葬。”

魏武子死后，魏颗并没有让那位爱妾陪葬，而是把她嫁给了别人。魏颗说：“人在病危的时候，思维是混乱不清的，我应该按照父亲神志清醒时的吩咐来做。”

后来，秦国来讨伐晋国，秦晋两军交战，魏颗作为将领与秦国将领杜回厮杀在一起。双方难分难解之时，魏颗突然看见一位老人用一根长长的草编的绳子，绊住了杜回的坐骑，杜回猛地摔下马来，当场被俘。魏颗率军击溃了秦军，获得大胜。

当天夜里，魏颗在梦中又见到了那位绊倒杜回的老人。老人对他说："其实，我的女儿就是你父亲的爱妾，我感激你保全她性命的恩德，所以来报答你。"

丁丁听完故事，感慨道："有时候，帮助别人，也是在帮助自己。"

妈妈说："后人从这个典故中总结出了'结草'一词，用来比喻知恩图报、至死不忘。"

丁丁陪你一起练

下面这些成语或诗句，都有知恩图报的意思。请将它们填写完整。

1．谁言（　　）（　　）心，报得三春晖。

2．（　　）（　　）思源。

3．投之以（　　），报之以（　　）。

4．感（　　）戴（　　）。

5．滴（　　）之恩，涌（　　）相报。

参考答案

1．谁言（寸）（草）心，报得三春晖。 2．（饮）（水）思源。

3．投之以（桃），报之以（李）。 4．感（恩）戴（德）。

5．滴（水）之恩，涌（泉）相报。

衔环
——衔着的是什么环?

暑假，丁丁到乡下外婆家玩，在马路上救回了一只小猫。没想到，第二天，丁丁在院子门口看到了一只死老鼠。

外婆笑着说："小猫这是在'结草衔环'，报答你呢！"

丁丁问："结草的典故我知道，'衔环'又是什么呢？"

外婆便给丁丁讲起了黄雀衔环的故事。

东汉时期，有一个名叫杨宝的小孩。有一天，他在山下发现了一只受伤的小黄雀。这只小黄雀可能是被老鹰啄伤了，掉落在一棵树下，不能动弹，全身爬满了蚂蚁，看样子快要死了。

杨宝见这只小黄雀十分可怜，心生怜悯，于是就把它救起，带回家去。他把小黄雀小心翼翼地放在巾箱中，每天都拿黄花来喂它。经过杨宝三个多月的精心照顾，小黄雀的伤终于养好了，羽毛全部长了出来，还能蹦蹦跳跳，非常活泼，最后振翅飞走了。

就在小黄雀飞走的当晚，杨宝在睡梦中看见了一个黄衣童子，向他拜谢，称自己本是王母身边的神鸟，要感谢他的救命之恩。黄衣童子取出四枚洁白无瑕的玉环，送给了杨宝，说可以保佑他的子孙位列三公、为政清廉，为人处世像这玉环一样洁白无瑕。

说完，黄衣童子变成一只黄雀飞走了。当杨宝醒来时，发现枕边竟然真的多了四枚玉环。

后来，果然如黄衣童子所说，杨宝的儿子杨震、孙子杨秉、曾孙杨赐、玄孙杨彪四代都官至太尉，而且都刚正不阿、为政清廉，他们的美德为后人所传颂。

外婆说：“‘衔环’经常和‘结草’一起出现，组成成语‘衔环结草’，比喻受人恩惠定当厚报、至死不渝。”

丁丁哭笑不得地说：“小猫的这份心意我明白了，只是我一点也不需要老鼠啊！”

“衔”字在现代汉语里，主要有四个意思：1. 含着、用嘴叼；2. 存在心里；3. 互相连接；4. 行政、军事、学术等系统中人员的等级或称号。

请找出“衔”在下列词语中的正确含义。

头衔（　　）　春燕衔泥（　　）

衔接（　　）　衔恨（　　）

参考答案

头衔（4）　春燕衔泥（1）　衔接（3）　衔恨（2）

株连
——“株连”是一种植物吗?

趣味词语故事

丁丁在电视上看到，皇帝要处死一个人的时候，严重时会在圣旨里加一句“株连九族”。他疑惑地问爸爸：“‘株连’是古代人都爱种的一种植物吗？”

爸爸说：“‘株’，指的是露出地面的树根，根与根之间相互牵连。‘株连’就是指一个人有罪而牵连到其他人。”说完，他给丁丁讲了一个有点可怕的故事。

唐玄宗时，有个大臣名叫李林甫。他能书善画，很有才华，但为人却十分狡猾，善于玩弄权术。

为了讨皇上的欢心，李林甫花钱收买了宫中的太监和妃嫔，让他们在唐玄宗面前替自己说好话，还利用他们打听消息，从而对皇上的举止了如指掌。每次上朝他说的话都符合唐玄宗的心意，因此深受唐玄宗的信任和赏识，后来被唐太宗任命为宰相。

李林甫心胸狭隘。他表面和善，言语动听，但凡是与他不和的人，都会被他偷偷排挤、暗中陷害。

当时武惠妃受宠，李林甫马上去巴结她，还多次劝说唐玄宗立武惠妃的儿子寿王李瑁为太子。如果李瑁真的当上太子，以后继承王位，李林甫就更加高枕无忧了。

可没想到，最后唐玄宗立李亨为太子。自己的计谋落空，李林甫不肯死心。他故意接近太子妃韦氏的哥哥韦坚，然后诬陷韦坚勾结边疆的将领，准备拥立太子为帝。太子只好赶紧休妻，撇清了关系，保住了太子之位。

李林甫还不甘心，他又想在太子另一个妃子杜良娣的身上打主意。杜良娣的父亲叫杜有邻，他和他的一个女婿有矛盾，李林甫又唆使这个女婿诬告自己的岳父谋反。唐玄宗震怒，李林甫于是借这件事情，抓了很多平日他嫉恨的人，以牵连罪把他们都杀了。《新唐书》记载道："株连杀之。"

丁丁不自觉有些害怕，说："这种人真是让人防不胜防啊！"

下面四组词语都和"株连"意思相近，请根据每组第一个词语，将第二个词语补充完整。

1. 牵连——牵（　　）
2. 联系——（　　）联
3. 连累——（　　）累
4. 殃及——遭（　　）

参考答案

1. 牵（扯）　2.（关）联　3.（拖）累　4. 遭（殃）

犀利
——“犀利”是一种东西吗？

趣味词语故事

丁丁和爸爸去动物园，丁丁看着犀牛头上长长的角，惊呼道：“好长好尖的角啊！”

爸爸说：“犀牛的尖角非常锋利，‘犀利’这个词就是从犀牛的这一特点产生的。”说着，他讲了一个关于“犀利”的故事。

西汉时期，有个名叫冯奉世的官员，他精通兵法，遇到事情能果断做出决定，曾经靠一己之力，平息了西域莎车国的反叛。

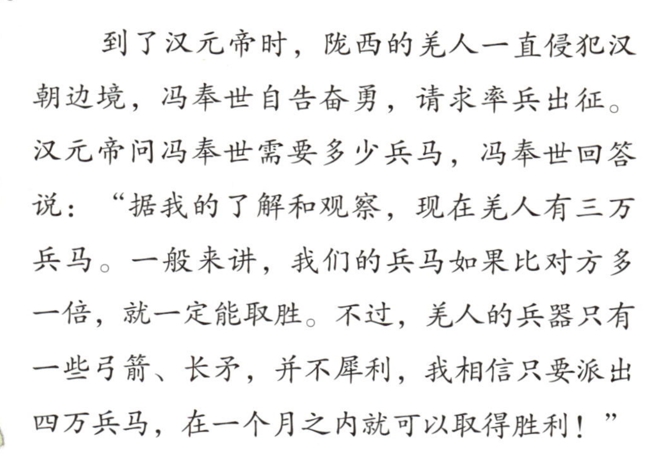

到了汉元帝时，陇西的羌人一直侵犯汉朝边境，冯奉世自告奋勇，请求率兵出征。汉元帝问冯奉世需要多少兵马，冯奉世回答说：“据我的了解和观察，现在羌人有三万兵马。一般来讲，我们的兵马如果比对方多一倍，就一定能取胜。不过，羌人的兵器只有一些弓箭、长矛，并不犀利，我相信只要派出四万兵马，在一个月之内就可以取得胜利！”

可是，当时汉朝正遭遇饥荒，军备物资都不够用，汉元帝勉强给了冯奉世一万二千兵马，让他固守边境。出征之后，冯奉世发现羌人凶猛残暴，不断骚扰边境的百姓，但守军势单力薄，这样下去不仅要打败仗，老百姓还会遭殃，而且会使汉朝廷在西域诸国面前失去权威，所以他坚决要求皇上增兵支援。

汉元帝答应了冯奉世的请求，派出大军，最后成功平息了边祸。

爸爸总结道：“‘犀利’这个词的本义是形容物体坚固、锐利，如同犀牛的尖角。冯奉世分析敌情时所用的‘犀利‘一词，就是形容武器的锋利。后来，适用的范围变广了，也被文人借用来形容语言、文字、目光等很尖利、敏锐。”

请选择最合适的词语，填入下面的句子中。

蚕食　　抱头鼠窜　　狗刨　　豹子胆　　狼吞虎咽　　鱼贯

1. 很多人刚开始学游泳，都是用（　　）这种方法。

2. 美丽的草原遭到了风沙的（　　），正在逐渐变成荒漠。

3. 电影院的门刚一打开，人们就（　　）而入。

参考答案

1. 狗刨 2. 蚕食 3. 鱼贯

名堂
——名堂是有名字的大堂吗?

趣味词语故事

这天，陶陶对丁丁说班主任有事找丁丁，让他去办公室一趟。

没过一会儿，丁丁一头雾水地回来，对陶陶说：“你搞什么名堂？老师根本没叫我。”

陶陶笑着对丁丁说：“今天是愚人节！我跟你开玩笑呢！不过，你刚说的‘名堂’是什么意思？”

丁丁听后，没有生气，反而给陶陶讲了“名堂”一词的来历。

其实，“名堂”里的“名”，指的是人的名字；“堂”，是指堂号。名堂，是古代的日常口语，是“名堂多”的省略，原指古代文人墨客的名字、名号多。

从周朝开始，古人取名，除了“名”，还有“字”。“名”是成年前的称呼，“字”则是成年后步入社会时的称呼。《礼记·曲礼》上说：“男子二十，冠而字。女子许嫁，笄而字。”就是说不管男女，只有到了成年才取字，目的是供他人称呼，以示尊重。比如，属下只可以称尊长的字，而不能直呼其名。

除了“名”和“字”以外，一些文人墨客还热衷于用自己的住地或志趣等来为自己取“号”。比如，诗仙李白，字太白，号青莲居士；杜甫，字子美，号少陵野老。除了名、字、号外，很多文人还喜欢给自己的居室、书房、正堂等命名，甚至直接用居室堂名当作自己的号。而且，这些名称有时候不止一个，不同时期都有不同的名、字、号。比如，宋代大文学家苏轼，字子瞻，又字和仲，号东坡居士、铁冠道人、海上道人，世称苏东坡；东晋大诗人陶渊明，名潜，字渊明，又字元亮，自号五柳先生，世称靖节先生。

古代文人在自己作品上的落款时，往往会将自己的这些名号一一写上，一写就是一大串。老百姓戏称这些人“名堂多”，意思是文人的做法花样多、太讲究、烦琐，一般人难理解。后来，“名堂”就进入了人们的日常口语中。

陶陶佩服地说：“我也帮你取个号吧，就叫‘有问必答先生’！”

丁丁笑着说：“那你就是‘有乱必捣先生’了！”

丁丁陪你一起练

请将下列古代名人的名字和号一一连线。

白居易	柳泉居士
蒲松龄	放翁
欧阳修	香山居士
王安石	六一居士
陆游	半山

参考答案

白居易——香山居士　蒲松龄——柳泉居士　欧阳修——六一居士

王安石——半山　陆游——放翁

第五章

动词总动员

丁丁有话说

斟酌这个词，不只有倒酒的意思；食言这个词，不是把语言吃掉；败北这个词，不是往北方逃走……这些动词是因为什么而产生的？快来看看吧！

斟酌
——“斟酌”是指喝酒吗？

丁丁和爸爸逛商场时看中了一款电动玩具车，央求爸爸给他买一辆。爸爸说：“我需要斟酌一下。”

丁丁皱眉说：“这种时候您怎么想起来喝酒了？”

爸爸笑着说：“‘斟酌’和酒的确有点关系，但不是喝酒的意思。”说着，他给丁丁讲起“斟酌”一词的来历。

《后汉书》里记载过东汉著名方士左慈的故事：“慈乃为酒一升，脯一斤，手自斟酌，百官莫不醉饱。”说的是左慈这个人年轻时就很有神通。有一次，魏王曹操出外游玩，陪同他的有百十来个士大夫。左慈只送来一壶酒、一片肉，他亲手倒酒，给官员们敬酒，最后所有官员没有一个不吃饱喝醉的，就好像左慈带来了倒不完的酒、吃不尽的肉。

“斟酌”的意思就是指倒酒，但是这两个字又有区别。酒没有倒满，叫作“斟”；而酒倒得太满了，叫作“酌”。

为别人倒酒，倒得太多或者太少都不礼貌，所以才要反复斟、酌。把酒倒得刚刚好，这也是“斟酌”一词原本的意思。

斟酌，除了往杯子里倒酒来饮用的意思，还有凡事要反复考虑再决定取舍的意思。在战国时期儒家代表人物荀子的文章《荀子·富国》里，荀子针对一个国家应该怎样发展经济，提出了自己的看法。他说："故明主必谨养其和，节其流，开其源，而时斟酌焉，潢然使天下必有余而上不忧不足。"意思是英明的君主应该顺应时节的变化，在经济上增加收入，节省开支，时常谨慎地考虑这些问题，这样才能使天下的财富绰绰有余，国家就不再担忧财物不够了。

爸爸说："后来，'斟酌'就用来表示考虑事情、文字等是否可行或表达是否恰当的意思。"

丁丁说："不用斟酌了，我看买玩具车这件事情再恰当不过了，有了它，我学习会更有动力的！"

丁丁陪你一起练

在汉语里，很多词语可以拆开加入其他字以后组成一个成语，比如"斟酌——字斟句酌"。请按照这种方式，将下列成语补充完整。

1. 锤炼——（　　）锤（　　）炼
2. 敲击——（　　）敲（　　）击
3. 思想——（　　）思（　　）想

参考答案

1. 锤炼——（千）锤（百）炼　2. 敲击——（旁）敲（侧）击
3. 思想——（冥）思（苦）想

败北
——为什么没有“败南”？

爸爸参加了小区的乒乓球比赛，丁丁和妈妈去观看。一场比赛结束时，有位裁判宣布：“这场比赛的结果是3：2，以蓝队的败北而告终。”

丁丁不解地问妈妈：“‘败北’的败字很好理解，北字是什么意思呢？是不是指失败后向北方逃跑？”

妈妈说：“当然不是。在古代，军队打了败仗，称作‘败北’。但是在战败被敌人追杀的情况下，士兵们根本来不及分辨方向，更不用说专门往北方逃跑了。”

要理解“败北”这个词语，首先要理解“北”字。

原来，“北”是一个象形字，它的本义是“背”或“相背”。在非常古老的汉字甲骨文中，“北”字画的是两个人一个向左、另一个向右背向而坐的形状，生动形象地指明这个字的意思是“背对背”。东汉许慎的《说文解字》一书中说：“北，背也，二人向背。”

古时候，两军作战，打了败仗逃跑的一方，肯定是背对着敌方的，所以“北”这个字就逐渐增加了“失败”的意思。春秋末年著名的军事理论家孙武所著的《孙子兵法》一书中，就有这样一句话：“佯北勿从。”在这里，“北”就是“败逃”，这句话的意思是：“如果敌人假装败逃，我们千万不要盲目追赶。”

秦汉以后，“北”字和“败”字被人们组合在一起，逐渐成为一个常用的词语。《史记·项羽本纪》就曾这样描述项羽的战绩：“吾起兵，至今八岁矣。身七十余战，所当者破，所击者服，未尝败北。”

丁丁说：“难怪没有‘败南’，只有‘败北’，原来是和象形字有关。”

妈妈补充说：“现在，‘败北’已经不仅是指军事失败，而且引申为办各种事情的失利。比如在各种竞争、竞赛（体育比赛、竞标、竞选等）中失败，我们都可以用‘败北’这个词。”

丁丁陪你一起练

你能写出多少带有方位词的成语呢？快来试一试。

1．含有“南北”的成语：________________

2．含有“前后”的成语：________________

3．含有“东西”的成语：________________

参考答案

1．南腔北调　南辕北辙　走南闯北　南征北战

2．瞻前顾后　前赴后继　前仰后合　承前启后

3．东躲西藏　声东击西　东张西望　东倒西歪

周旋
——为什么不是“日旋”？

这天，丁丁读到“周旋”一词时，问爸爸：“‘周旋’为什么不是‘日旋’‘月旋’‘年旋’？”

爸爸说：“首先，你得知道一点，‘周旋’的‘周’不是表示星期的。这里的‘周’有环绕、圈子的意思，和‘圆周’‘周围’的‘周’字意思相同。”

说完，爸爸给丁丁讲了一个关于“周旋”的故事。

先秦神话中有一座叫蓬莱的仙山，《列子·汤问》里描绘它说“其山高下周旋三万里，其顶平处九千里”。意思是每座山自下盘旋而上三万里高，山顶的平地有九千里宽。这里的‘周旋’就是环绕、盘旋的意思。后来，“周旋”用到人与人的关系上，表示尽量拖延时间，和对方相持下去以等待有利时机。

《左传》里记载过这样一个故事。春秋时，晋国发生内乱，晋国公子重耳逃亡到了国外。其他国家认为他很有可能会回国执政，所以很愿意帮助他。

一次，重耳到了楚国，楚成王特地摆了酒宴来款待他。楚成王开玩笑地对他说：“公子将来有一天回到了晋国，要用什么来报答我呢？”

重耳想了想说："宝玉、丝绸，您有的是；雀翎、兽皮和象牙都是贵国的特产。叫我拿什么来答谢您呢？"

楚成王并没有被重耳的好话打动，他笑着说："这么说，难道您就不打算回报我了吗？"

重耳回答说："如果真的回到了晋国，我愿意和楚国交好，让两国百姓安居乐业。假如晋楚两国交战，我会下令让我的军队后退90里（45千米），以此来报答您的恩情。如果这样做您还不能谅解我的话，那我只能左手拿弓，右手拿箭，和您周旋一番了。"

楚成王觉得重耳的回答有理有节，非常佩服，就用最高礼节招待了他。

丁丁好奇地追问道："重耳后来真的履行这个诺言了吗？"

爸爸说："公元633年，楚晋两国交战，已经成为晋文公的重耳让自己的军队后退90里。楚军以为晋军害怕了，立刻追击。晋军利用楚军骄傲轻敌的弱点，打败了楚军，大获全胜。"

丁丁陪你一起练

"周"字在现代汉语里，一般有这几个意思：1. 绕一圈；2. 普遍，整个，全面；3. 周围；4. 完备；5. 星期。请指出下列词语中"周"字的正确含义。

众所周知（　　）　周而复始（　　）

周游列国（　　）　招待不周（　　）

众所周知（2）　周而复始（1）　周游列国（3）　招待不周（4）

47 问鼎
——向“鼎”问什么事情呢？

趣味词语故事

丁丁对青铜器十分感兴趣。有一天，他问爸爸：“鼎是古代人们煮东西用的器皿。那‘问鼎’为什么指企图夺取政权？谁会向鼎提问呢？鼎又不会开口说话啊。”

爸爸回答道：“古代的鼎经常与帝位和权力联系在一起。”

相传，大禹建立夏朝之后，就派人做了九个鼎，用这九个鼎来震慑当时的九个州，所以人们也会将中国称为九州。九鼎也因此成了国家权力的象征，一代一代相传下去。

到了春秋时期，周朝日渐式微，出现了诸侯争霸的局面。楚国不断吞并一些小国，在楚庄王时成为霸主。楚庄王不甘心只做霸主，甚至想取周而代之，一统天下。所以当他出兵北伐一个部落时，就故意来到周王室边境进行军事演习，耀武扬威。

周定王敢怒不敢言，只能忍气吞声，还不得不派一个名叫王孙满的大夫去慰劳楚军。见面后，楚庄王不说别的，却向王孙满打听周朝九鼎的大小和轻重。王孙满很巧妙地回答

说：“天子能够得到天下，是因为天子有德行，而不是因为有鼎。”他还列举了很多夏、商君王的事例来劝诫楚庄王，他说：“如果君王有德行，即使鼎非常小也无法被撼动。反过来，如果君王没有德行的话，再大的鼎也能轻易被移动。周王室现在虽然有点衰弱，但仍然是上天指定的统治者。鼎的轻重，可不是您能够随便问的。”

丁丁这才明白过来，说：“看来，鼎和锅还是有很大区别的。”

爸爸说：“楚庄王问鼎的行为，暴露了他想要取代周王室、取得天下的野心。因而，后人就用‘问鼎’来代指图谋夺取政权。”

丁丁陪你一起练

下面是和“鼎”相关的成语，请把它们放到合适的句子里吧。

人声鼎沸　　一言九鼎　　大名鼎鼎　　鼎力相助

1. 大丈夫（　　），我承诺过的事情一定会做到！

2. 这位胡子拉碴的老人居然就是（　　）的铸剑师？

3. 您和我的父亲是故交，这件事我一定会（　　）。

参考答案

1. 一言九鼎　2. 大名鼎鼎　3. 鼎力相助

48 食言
——什么话可以吃？

陶陶和丁丁约好了周六上午十点在书店门口碰面。周六这天，丁丁在门口等了很久，直到中午，陶陶才气喘吁吁地现身。

丁丁不高兴地说：“说好的事，你怎么可以食言呢？”

陶陶疑惑地问：“我没有吃‘盐’啊！”

丁丁被陶陶逗笑了，随后给陶陶讲了一个关于“食言”的故事。

春秋时期，鲁国有位大臣名叫孟武伯，因为他经常言而无信，所以大家对他的印象非常不好，连国君鲁哀公也对他十分不满。

有一次，鲁哀公设宴，孟武伯照例参加了。出席宴会的，还有一个长得很胖的大臣，名叫郭重。郭重平时很讨哀公喜欢，孟武伯十分嫉妒他，经常借机嘲讽和羞辱郭重。

孟武伯在向鲁哀公敬酒的时候，故意笑着对郭重说：“你吃的是什么，怎么能长得这么胖呢？”

郭重一时不知道怎么回答。鲁哀公对孟武伯的话感到十分厌恶，没等郭重开口，他就替郭重回答道：“食言多也，能无肥乎？”意思就是说：“他把自己说的话全都给吃了，怎么能不肥胖呢？”这句话表面是在解释郭重肥胖的原因，实际上暗指孟武伯，讽刺他平时说话不算数。

鲁哀公当着群臣之面说完这句话，孟武伯顿时面红耳赤。

此后，人们就用“食言而肥”来讽刺那些说话不算数的人，“食言”一词也是由此得来，指对自己说过的话不履行、不守信用，只图自己便宜。如果要表示说话算数，履行诺言，人们就用“决不食言”。

陶陶不好意思地说：“我以后一定说话算数，决不食言！”

丁丁陪你一起练

几位词语小朋友迷路了，你能帮他们找到家吗？

食言：不履行诺言，失信。

誓言：宣誓时说的话。

诺言：应允别人的话。

失言：无意中说出不该说的话。

1．你可不能再一次（　　），否则你就没有机会登台表演了。

2．因为（　　），她给老师留下了不好的印象。

3．你要牢牢记住你的（　　）。

4．不要轻易对别人许下（　　）。

参考答案

1．食言　2．失言　3．誓言　4．诺言

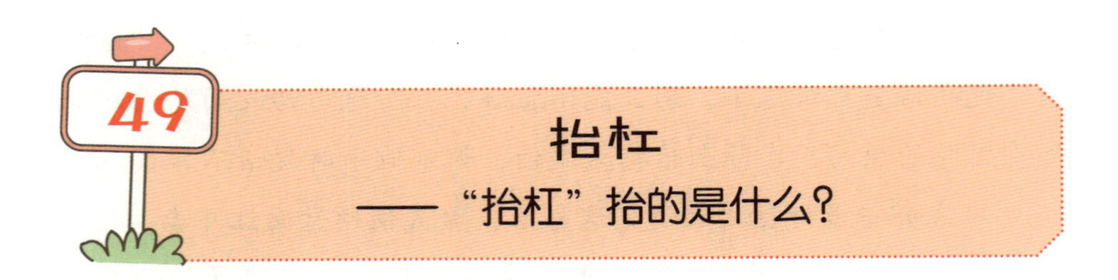

抬杠
——“抬杠”抬的是什么？

妈妈下班回家，对爸爸说：“楼下有两个人因为丢垃圾的事在抬杠呢！”

丁丁听到后，好奇地下楼想去看看是什么样的杠子。几分钟后，他失望地回到家里说：“没有人抬杠啊？我只看到两个人在吵架。”

爸爸和妈妈都笑了。妈妈摸着丁丁的脑袋说：“‘抬杠’不是指抬东西。大家在谈事情、讲道理的时候，一定要据理力争，充分说出自己的意见，坚持自己的看法。但是，如果你说的话本来就没有道理，或者明知道自己是错的，还要继续胡搅蛮缠地争辩，这就是‘抬杠’了。”随后，妈妈给丁丁讲了“抬杠”这个词背后的故事。

“抬杠”，原指用杠穿过吊环将物体抬起。关于它的来源，有一种说法是，以前如果两个人之间发生争执，双方都不肯退让的话，他们就会把一根大木头绑在棍子上，各自把棍子的一头扛在肩膀上。如果有哪一方撑不住垮了，就会被认为输了。

“抬杠”还有斗嘴的意思，这种说法要从中国北方的“抬杠会”说起。

中国大陆的北方，很早就存在一种习俗，就是所谓的“抬杠会”。在每年农历正月十五元宵节这一天，由几个身强力壮的人抬着竹杠，上面有轿子，一个伶牙俐齿的小丑坐在轿子里面。抬着竹杠和轿子的人不停地在人群里穿梭。围观的群众不是来欣赏轿子他们只做一件事，就是和轿子里的那个小丑进行随机的斗嘴比赛。即便观众提出稀奇古怪的问题，小丑也要应答自如。提问和回答的时候大家还会互相争论，甚至用自认花巧的话来对骂，从而逗得大家哈哈大笑。

后来，人们就把这种互相争辩的对话形式，称为“抬杠”。善于抬杠的人，总是借着自己机灵巧诈的嘴上功夫来指责别人，同时又想办法躲避别人的指责。总之，抬杠是一种没有任何建设性的语言行为。

丁丁听后，说：“看来‘抬杠’不是什么值得夸赞的行为。”

丁丁陪你一起练

请将下列成语补充完整。

(　　)红(　　)赤　强(　　)夺(　　)

(　　)不(　　)让　据(　　)力(　　)

(　　)锋(　　)对　劈(　　)盖(　　)

参考答案

(面)红(耳)赤　强(词)夺(理)　(互)不(相)让　据(理)力(争)　(针)锋(相)对　劈(头)盖(脸)

染指
——为什么要染手指？

晚饭时，丁丁喝了一大碗鱼汤，连手指上沾的也没放过。

爸爸见状，说："历史上有个人用手指蘸东西吃，最后惹来了杀身之祸。"

丁丁实在无法想象，便问："怎么会有这种事呢？"

于是，爸爸给丁丁讲了公子宋和郑灵公的故事。

春秋时期，楚国送给郑国国君郑灵公一只鼋（yuán），这是一种大型淡水龟，可以做成绝世美味。

公子宋是郑国的皇族，据说他是一位美食家，而且还有特异功能，别的人都需要用眼睛看、用鼻子闻，而他只需要用自己的食指，就能找到美食。

这一天，公子宋和另一位大臣子家一起朝见郑灵公。在路上，公子宋的食指突然不自觉地抖动起来。公子宋把手指展示给子家看，笑着说："每次我的食指一抖，就说明可以吃到新奇的美食了。"

两人进宫之后，果真看见有厨师正在宰杀鼋，公子宋与子家相视而笑。郑灵公看到之后，就问他们为什么笑。子家就把刚才的事告诉了大家。

在场的大臣们都啧啧称奇，但郑灵公却不太高兴，觉得公子宋抢了自己的风头。宴会开始以后，所有大臣都分到了一碗鼋羹，只有公子宋的餐桌前没有，那场面别提多尴尬了。

郑灵公还不忘嘲讽公子宋：“看来你的食指也不是很灵验啊！”公子宋听完，彻底控制不住自己的怒火，于是在众目睽睽之下，走到熬鼋羹的鼎前，“染指于鼎”。意思是伸出食指蘸着鼋羹，放在嘴中吸吮，然后拂袖而去。

后来，故事中的“染指”一词，被用来比喻人们得到了不应该得到的利益，也指插手某件不该插手的事情。

丁丁听得十分入迷，追问：“公子宋这样做，郑灵公不会生气吗？”

爸爸说：“何止是生气，郑灵公一怒之下，决定杀死公子宋。可公子宋也早有准备，他与子家谋划，抢先杀死了郑灵公，郑国陷入一片混乱，公子宋最终也由于谋杀国君被诛。”

丁丁感叹道：“郑灵公分享美食本来是好意，公子宋不愿被冷落也是人之常情。如果两个人都愿意为对方着想一点，就不用闹到这样悲惨的局面了！”

手指的“指”，在汉字世界里大有用处。和“指”有关的词语不计其数，谁叫手指头对于人来说那么重要呢！下面都是含有“指”字的成语，请将它们填写完整。

指手（　　）脚　　指名（　　）姓

指桑（　　）槐　　了如指（　　）

（　　）指可数　　（　　）指气使

令人（　　）指　　首屈（　　）指

参考答案

指手（画）脚　指名（道）姓　指桑（骂）槐　了如指（掌）　（屈）指可数　（颐）指气使　令人（发）指　首屈（一）指

润笔
——为什么要让毛笔湿润？

丁丁发现爸爸每次使用毛笔之前，都会先把笔毛用水泡一泡，泡开、泡软。他不解地问："为什么要让毛笔泡在水里？"

爸爸说："这样毛笔更容易吸收墨汁，写字时会感觉比较圆润。古人把毛笔泡水的这个动作，叫作'润笔'。"说着，他讲了一个关于润笔的小故事。

郑译是隋文帝杨坚的开国功臣之一。后来，他因为贪赃枉法，遭别人弹劾，被贬官到了外地。不久，他奉诏回京治病，杨坚接见了他，并与他一起喝酒，两人非常高兴。

杨坚对大臣们说："郑译和我同生共死，一起经历了曲折和危难，我是不会忘记的。"于是当场下令，命人草拟诏书，准备恢复郑译的爵

位。这时，丞相高颎（jiǒng）对郑译开玩笑说：“你看这笔太干了，诏书写不了！”意思是郑译想要得到诏书，应该给自己一些报酬。郑译回答说：“我在外当官，这次生病拄着拐杖回来，没得到一个钱，我拿什么给你润笔呢？”杨坚听后哈哈大笑。

此后，“润笔”的意思发生了改变，被泛指为请人家写文章、写字、作画的报酬。

丁丁听了，大笑着说：“古代文人说话可真够拐弯抹角的。”

爸爸说：“因为古代的文人认为说‘钱’很俗气，但是为别人写字作画不要钱的话，生活又会很拮据。‘润笔’一词也是文人们想要报酬又不好意思开口，才特地造了这个雅称。”

丁丁陪你一起练

随着时间的流逝，很多汉字的意思都变了，你能写出它们对应的意思吗？

	古义	今义
例：臭——	各种气味	坏的气味
1．江——	（　　）	（　　）
2．皮——	（　　）	（　　）
3．池——	（　　）	（　　）

参考答案

1．长江　泛指一般的江　2．兽皮　一切动植物的表皮组织　3．护城河　池塘

大发雷霆
——谁的脾气这么大？

趣味词语故事

丁丁一个人在家，拿妈妈新买的口红当蜡笔画画。

爸爸回家看到后，对丁丁说：“你这下闯大祸了，等着妈妈大发雷霆吧！”

丁丁满不在乎地说：“才不会呢，妈妈又不是雷公电母，怎么会打雷！”

于是，爸爸给丁丁讲了一个关于“大发雷霆”的故事。

229年，孙权称帝，立国号为吴，在武昌（今湖北鄂州）建都，后迁至建业（今江苏南京）。

此时，魏国的国君是魏明帝曹睿，他是一个沉溺于声色犬马的庸才，把国家治理得一团糟。魏国辽东太守公孙渊见此情形，便悄悄与吴国结成同盟，孙权封他为燕王。

可是，辽东和建业相距太远了，公孙渊担心自己的事情一旦败露，就会遭到魏国进攻，而吴国根本帮不上忙，最后自己只有被魏国消灭。于是，他觉得与吴国结盟并非上策，便背弃盟约，杀了吴国派来的使臣。

一个小小的太守竟然敢冒犯吴国，孙权得知此事顿时火冒三丈，立即准备出兵讨伐公孙渊。吴国大将陆逊知道孙权要出兵的消息后，马上阻止孙权出兵。

陆逊说："公孙渊背弃盟约杀我使臣，这种做法确实令人愤恨。但是，现在天下形势复杂，群雄四起，如果在这个时候因为小不忍而大发雷霆之怒，恐怕对以后夺取天下、完成统一大业不利。自古以来，干大事的人不会因小而失大。"

孙权仔细想了想，认为陆逊提的意见很有道理，便放弃了讨伐公孙渊的计划。

后来，人们根据这个故事引申出一个成语"大发雷霆"，比喻大发脾气，高声训斥。

丁丁听完，这才明白爸爸的意思，开始一个劲儿地央求爸爸："等会儿妈妈打起雷来，您可不能见死不救啊！"

爸爸拗不过他，说："好吧，我来负责给妈妈买支新的口红。不过，下不为例，以后可不能再随便动爸爸妈妈的东西了！"

丁丁陪你一起学

鄂州，位于湖北省东南部，长江中游南岸，西接"九省通衢"武汉，东连"矿冶之城"黄石，北与黄冈地区隔江相望，南同咸宁地区濒湖毗邻。

鄂州历史悠久、文化灿烂，是有名的古铜镜之乡，驰名中外的武昌鱼的原产地，也是佛教净土宗的发祥地，素有"百湖之市""鱼米之乡"等称号。

三国时期，吴王孙权在此建都，取"以武而昌"之义，改称其为武昌。在东吴立国60年间，武昌作为国都和陪都，先后长达45年，与建业分称"东都"和"西都"。

第六章

别有趣味的社交用语

丁丁有话说

请人吃饭时为什么说“做东”？寻求帮助为什么要说“借光”？宾客来后住宿为什么称为“下榻”？……这些社交用词背后藏着哪些有趣的故事呢？一起来看看吧！

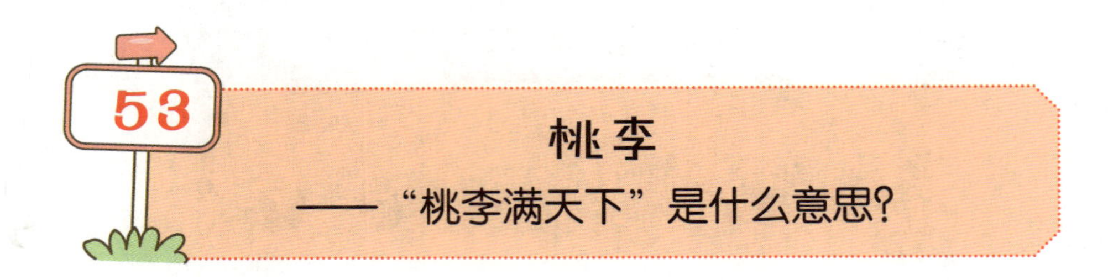

桃李
——“桃李满天下”是什么意思?

趣味词语故事

学校有一位老师退休了，大家都夸赞这位老师“桃李满天下”。丁丁听到后，不明白地问爸爸：“‘桃李满天下’的意思是老师培养出来的优秀学生遍布各地。那么，‘桃李’为什么有人才、学生的意思呢？”

爸爸听了，便给丁丁讲了汉代《韩诗外传》里的一个故事。

春秋时期，魏国有位大臣名叫子质，他在朝廷做官的时候有权有势，曾培养、提拔过很多年轻人。后来，子质因为得罪了魏文侯，被免去了官职。他向那些他以前提拔过的人求助，但是没有一个人愿意出来帮助他。最后，他只好一个人无奈地逃往北方。

他到了北方之后，遇到了一个名叫简子的人。子质向简子埋怨说：“在我大难临头的时候，之前培养、提拔过的人没有一个肯帮助我的，这让我太失望了。”

简子听了之后，笑着开导他说：“你在春天的时候种下桃树和李子树，到了夏天就可以在树下乘凉休息，到了秋天还能吃到果子。但是，如果你在春天的时候种下的是蒺藜，到了夏天不能供你乘凉休息，到了秋天没有果子吃，不仅如此，它还会伤人呢！所以君子培养人才，和植树是一样的道理，要选好了对象再去培养！”

简子的这些话让子质恍然大悟。后来，人们常借这个典故，将培养人称为“树人”，而将培养出来的人才称为“桃李”。

丁丁听了，打趣说：“和种植的桃李不同，老师们培养的‘桃李’是长了腿的，会满世界跑。”

爸爸说：“唐朝宰相狄仁杰为国家推荐了许多人才，有人对他赞叹说‘天下桃李，悉在公门’，意思就是说国家的许多人才都出自狄仁杰门下。”

丁丁陪你一起练

古代的诗人在诗中经常会赋予植物一些情感，你能根据下面的语句判断出正误，并指出错误的解释对应的正确植物吗？

1．竹——苍劲耐寒，象征坚贞不渝。（　　）

2．松柏——虚心有节，象征谦虚礼让、气节高尚。（　　）

3．梅——迎春怒放，象征不畏严寒、纯洁坚贞。（　　）

4．兰——居静自芳，象征高风脱俗、友爱情深。（　　）

5．菊——傲霜而立，清廉高洁，象征离尘居隐、临危不屈。（　　）

参考答案

1．× 2．× 3．√ 4．√ 5．√

做东
——请客为什么不是做南或做北?

丁丁的考试成绩下来了，考得很不错。爸爸高兴地说：“今天我做东，想吃什么尽管开口！”

丁丁开心之余，问爸爸：“为什么请客吃饭要说‘做东’？”

爸爸说：“其实，这跟中国古代待人接物的一些礼仪有关。”说着，给丁丁介绍起“做东”一词背后的礼仪文化。

在中国的传统礼仪文化中，一直认为南尊北卑、东首西次。

古人把南视为至尊，而把北视为失败、臣服。帝王的座位坐北朝南，宫殿和庙宇也是面朝正南。所以，人们把登基做皇帝称为“南面称尊”，而把打了败仗称为“败北”，把臣服于他人称为“北面称臣”。

在东西方向上，古人以东为首、西为次。例如，皇后的住处称为“东宫”，妃子们的住处则称为“西宫”。

我国民间的房子也大都是坐北朝南，房子正中往往是客厅，在客厅朝南的位置通常都会摆放两张椅子，一张在东，一张在西。接待客人时，主人会先把客人迎到西边的椅子上坐下，然后自己才在东边的椅子上坐下。

有些人家会在客厅门前修东、西两条并排的小路，客厅门前的台阶也分为东、西两处。迎接客人时，仆人会把客人引到西边的小路上，由西边的台阶进入客厅；若是主人迎接则与客人并排走在东边的小路上，由东边的台阶进入客厅。在《礼记》中就有这样的记载："主人就东阶，客就西阶。"

后来，人们就把宴请宾客的主人称为"做东"。

丁丁恍然大悟，说："怪不得，大人们吃饭时总是互相让座。原来，吃饭的座位也大有讲究呢！"

丁丁陪你一起学

东汉初年，有一位知名的学者叫桓荣，他在六十多岁时才受到光武帝刘秀的赏识。后来，太子刘庄拜桓荣为老师，对他十分尊敬。刘秀去世后，刘庄登上皇位，史称汉明帝，他也非常尊敬桓荣。当时，室内的座位以面向东方为最尊，即西席。所以，刘庄请桓荣讲解经文时，就让桓荣坐在西席，以表示对老师的尊敬。于是，人们就把家庭教师称为"西席"，后来把所有老师都尊称为"西席"。

借光
——借光究竟借的是什么光?

趣味词语故事

丁丁和爸爸走在街道上，遇到一位迷路的叔叔。叔叔问："您好，借光，莲花街怎么走？"

爸爸耐心地为他指了路，叔叔离开后，丁丁问爸爸："'借光'是什么意思？我们并没有借东西给他啊！"

爸爸说："借光，是请求别人给予方便或向人询问时经常使用的谦辞。"说着，他给丁丁讲起了"借光"的来历。

"借光"一词出自《战国策·秦策》中的一则故事。

战国时期，秦国大臣甘茂遭到奸臣陷害，引起了秦王的猜疑，迫不得已逃往齐国。甘茂逃出秦国的边境函谷关时，遇到了当时有名的纵横家苏代。

苏代作为齐国的使节，正好要出使秦国，就好奇地问："将军，你这是要到哪里去？"甘茂没有直接回答苏代，而是反问道："先生，你听过江边姑娘的故事吗？"苏代说："我没有听过。"于是，甘茂就给苏代讲了一个"借光"的故事。

相传，在一条大江的岸边，住着很多人家。每到夜晚，姑娘们就会带一点儿自己家点灯的油凑到一起，然后把油倒进一盏灯里，一起在灯下做针线活儿。可是，有一个姑娘家里很穷，买不起油。所以，其他姑娘就觉得她占小便宜，准备把她赶走。

于是，这个姑娘对大家说："我确实拿不出灯油来。可是我每天都会早点儿赶到这里，把屋子打扫干净，把座席铺垫整理整齐，这对你们来说不是非常方便吗？再说，灯反正是要点亮的，借一点儿余光给我，让我同你们一起做针线活儿，你们又有什么损失呢？"

大家觉得这个姑娘的话很有道理，就把她留下了。

苏代听了这个故事后，知道甘茂是想让他出手相助。于是，他带着甘茂回到齐国，并在齐王面前竭力推荐甘茂。不久，齐王就拜甘茂为上卿，把他留在了齐国。

爸爸说："现在，'借光'已经成为一种普遍使用的礼貌用语。"

丁丁陪你一起学

纵横家，是战国时期以从事政治外交活动为主的一类人，被称为中国最早也最特殊的外交政治家。他们以审时度势、陈明利害的方法，以"合纵"或"连横"的主张游说列国君主，对当时的形势有一定影响。其中，"合纵"是指战国时齐、楚、燕、韩、赵、魏等六国纵向联合抗秦的外交策略，代表人物是苏秦；"连横"是指以上六国分别与秦国结盟为东西向联合的外交策略，代表人物是张仪。

56 斗胆
——胆子像斗一样大吗?

趣味词语故事

丁丁在历史故事书上读到“斗胆”这个词，书上的解释说斗胆是形容人胆大，多用作谦辞。丁丁还是有疑问，就跑去问爸爸：“一斗有多大，为什么偏偏用斗来丈量人的胆子呢？”

爸爸回答道：“斗，在古代它的本义是一种盛酒的器具，也用作计量粮食的工具，后来才引申为容量或者重量单位。十升是一斗，十斗是一石。汉朝时，一斗相当于现在的2 000毫升。至于为什么用斗大的胆子形容人大胆，这背后还有一个历史故事。”

三国时期，蜀国丞相诸葛亮去世后，大军由名将姜维统领。公元263年，魏国大将钟会、邓艾率军进攻蜀国。姜维率领蜀军以剑阁（今四川剑阁）险道为屏障，阻击魏军。不料，邓艾采用迂回战术，绕过剑阁，秘密抵达蜀国的都城成都。

蜀国皇帝刘禅听说魏军到达成都，吓得方寸大乱，不战而降。姜维得知后，既愤怒又悲伤。可眼看大势已去，自己的抵抗已经毫无意义。于是，姜维心生一计，决定先假意投降钟会，然后找机会复兴蜀国。

钟会看到姜维来降，非常高兴，和他结为好友。在相处的过程中，姜维发现钟会有谋反之心，就劝说钟会拥兵造反，希望趁机光复蜀国。邓艾与钟会一直有矛盾，姜维从中挑拨，使两人的矛盾更加尖锐。

由于邓艾率先攻入成都，他在接受刘禅的投降之后，觉得自己立了大功，非常得意专横。于是，钟会诬陷邓艾造反，派人把他抓了起来。随后，他扣押了魏军的将领，威胁他们跟随自己谋反。姜维怂恿他杀掉这些将领，预备事成之后杀掉钟会，恢复蜀汉。但因为钟会犹豫不定，消息泄露出去，魏军将士冲入蜀宫，杀死了钟会和姜维。

魏军认为姜维孤身一人也敢与魏军作对，实在很有勇气。他们想知道他有什么与众不同之处，便剖开了姜维的腹部，惊讶地发现他的胆囊像斗一样大。

从此，人们就用“斗胆”来形容胆大、有勇气，后来也经常用作自谦之词。

丁丁听完，发出了感慨：“战争的局势真是瞬息万变。假如姜维成功，历史也许就有另一种写法了。”

丁丁陪你一起练

同学们，你还知道哪些表示胆大的成语？请将下列成语补充完整。

胆大（　　）为　　胆大（　　）细

胆大包（　　）　　胆大如（　　）

胆大泼（　　）　　大胆（　　）身

胆大（　　）雄　　大胆（　　）口

参考答案

胆大（妄）为　　胆大（心）细

胆大包（天）　　胆大如（斗）

胆大泼（天）　　大胆（包）身

胆大（心）雄　　大胆（海）口

57 下榻
——为什么是下榻而不是上榻？

课堂上，李老师问："外国元首、政要到中国进行访问时，电视或报纸上常说在某宾馆下榻。那么，'下榻'是什么意思呢？"

丁丁首先举手，说："我知道，'榻'是狭长而较矮的床，泛指床；'下榻'是住宿的意思。"

陶陶疑惑地问："那为什么不是'上榻'而是'下榻'？"

于是，丁丁为大家讲述了"下榻"一词背后的故事。

相传东汉时，豫章郡（今江西南昌）有一位高洁之士，叫徐稚，字孺子。他满腹经纶，所以在当地很有名望。可是，他从不羡慕富贵，虽然家境贫寒，却不愿去做官，一直靠耕田种地为生。地方官多次向朝廷推举他，但他安于清苦的生活，总是坚辞不就。所以，人们称他为"南州高士"。

当时，豫章郡的太守叫陈蕃，他为官清正廉明，非常重视人才，喜欢结交有气节的人。陈蕃十分敬重徐稚的学识和为人，就诚恳地请他相见，听取他的意见。

平时，陈蕃极少接待宾客，可是他在家里专门为徐稚设了一张榻，平时挂起来，只有把徐稚请来秉烛夜谈时，才将榻放下来让徐稚住宿。徐稚一走，这张榻就又挂起来了。

唐朝诗人王勃在《滕王阁序》中写道："物华天宝，龙光射牛斗之墟；人杰地灵，徐孺下陈蕃之榻。"其中，"徐孺下陈蕃之榻"一句，就是引用这个典故，称赞陈蕃礼贤高士。

丁丁总结道："后来，人们就把陈蕃的这一做法称为'下榻'，意思就是留下嘉宾贵客住宿。渐渐地，'下榻'成为招待宾客的礼仪用语。"

李老师补充道："不过，这种说法只适用于书面语而不适用于口语，现在多用于招待宾客。"

历史上关于榻的故事很多，最著名的莫过于宋太祖赵匡胤的故事。公元960年，赵匡胤黄袍加身，自立为帝，建立宋朝。随后，他先后攻灭了荆南、武平、后蜀、南汉等割据政权。公元974年，他召南唐后主李煜到汴京（今河南开封）朝见。李煜害怕自己被扣押，就派人到汴京求和。可是，赵匡胤直截了当地说："卧榻之侧，岂容他人鼾（酣）睡乎？"意思是说："我自己的床铺边，怎么能让别人安睡呢？"这个典故比喻自己的势力范围或利益不容别人侵占。

东道主

——东道主是东方道路上的主人吗?

趣味词语故事

丁丁正在沙发上看冬奥会现场直播，问妈妈：“新闻上说，我国是2022年冬奥会的东道主。‘东道主’这个称呼是因为我们的国家位于地球东方吗？”

妈妈解释说：“‘东道主’这个词已经有很久的历史了，它出自《左传》，讲的是春秋时期的一个故事。”

公元前630年，晋文公联合秦穆公率军包围了郑国国都新郑（今河南新郑）。郑文公向老臣烛之武请教解救郑国的计策，烛之武当天夜里便前往秦国军营，劝秦穆公退兵。

烛之武巧妙地利用秦晋两国之间的矛盾，对秦穆公说：“秦晋两国联合起来攻打郑国，郑国一定会被灭掉。可是，灭掉郑国后，郑国的土地根本没法归入秦国，到头来只能便宜了您的邻国晋国。晋国的国力增加一分，秦国的国力就会相应地削弱一分。”

秦穆公觉得烛之武说得很有理。接着，烛之武又说：“如果您能把郑国留下，郑国将会成为秦国东进道路上的主人，您的使者来往经过郑国，郑国可以供给他们缺少的东西。”

就这样，秦穆公被烛之武说服了，不仅与郑国签订盟约，把大军撤了回来，还留下两千秦军帮助郑国守卫城池。晋文公孤掌难鸣，只好无奈地撤军了。

丁丁赞叹道：“烛之武不惧个人安危，一个人深入敌营，仅用一番话就让敌军撤退，真是个英雄人物！”

妈妈点点头，随后总结道：“当时，秦国在西，郑国在东，晋国在秦、郑两国之间，所以烛之武把郑国称为‘东道主’。后来，人们就用‘东道主’指接待或宴请宾客的主人，并沿用至今。现在，某个国家举办国际性的运动会或专项比赛，也可以自称为‘东道主’或‘东道国’。”

东道主，原意指东方道路上的主人，现在泛指宴请宾客的主人。那么，是否存在西道主、南道主、北道主呢？其实，它们也是存在的，都有史料文献记载。比如，《后汉书》有“北道主人”的记载，《魏书》有“南道主人”的说法，“西道主人”则见于唐朝温大雅的《大唐创业起居注》。它们的意思与东道主基本一样，只是东道主最为常用罢了。

佼佼者
——优秀的人为什么叫“佼佼者”？

趣味词语故事

这天，丁丁正在进行每日阅读计划，在一篇古文里读到“佼佼者”一词。词语解释里写着：佼佼者，指美好、突出的人物，也指某领域上优秀的人。丁丁产生了疑问，跑去问爸爸：“为什么要把优秀的人称为‘佼佼者’呢？”

于是，爸爸给丁丁讲述了“佼佼者”这个词的由来。

西汉末年，地主阶级和农民阶级矛盾激化，官场腐败，而农民深受赋税之苦。为了改变现状，各地农民揭竿而起。其中有一支农民起义军势力比较强大，因军中将士的眉毛被涂成红色，所以此军被称为赤眉军。赤眉军的首领叫樊崇，他带领傀儡皇帝刘盆子和丞相徐宣攻入了都城长安。

当时，天降大雪，粮草补给不足，这支队伍很快被刘秀（后来建立东汉王朝，史称光武帝）率领的军队打败了，于是樊崇等人向东撤离关中地区。刘秀的部将冯异穷追不舍，终于把樊崇等人打败，身处绝境的樊崇等人只好选择投降。

在投降之前，樊崇曾派手下刘恭打探刘秀的口气。刘恭问刘秀：“樊崇和刘盆子现在已经投降，如何处置？”刘秀说：“我会让他们活着，为汉室效劳。”于是，刘恭传信给樊崇。樊崇得知自己不会被杀，便带领刘盆子和丞相徐宣等人前来投降。

这时，刘秀命士兵摆出规模庞大的阵列以示军威，并对身边的樊崇说：“你现在投降不后悔吗？如果后悔的话，我可以先放你一马，来日一决雌雄。”徐宣连忙说道：“我们绝不后悔。在这里，我们好比离开了虎口，回到了母亲的怀抱。”刘秀听后十分得意，便对徐宣说：“卿所谓铁中铮铮，佣中佼佼者也。”意思就是说，你算是铁中的钢，铮铮有声，与一般人比较，你还是较有才能的。

从此，“佼佼者”一词便流传下来。

丁丁听完后，感叹道：“原来，‘佼佼者’最初是指在平凡之人中才能较为特出，后来用以称赞才能出众的人。”

爸爸赞赏地点了点头。

丁丁陪你一起学

中国古代有很多表示才能出众的成语，你能把它们补充完整吗？

首（ ）一指　出类拔（ ）　独占（ ）头　学（ ）五车

文采出（ ）　博古通（ ）　满腹经（ ）　才（ ）横溢

（ ）立鸡群　（ ）世逸才　百里挑（ ）　崭露头（ ）

参考答案

首（屈）一指　出类拔（萃）　独占（鳌）头　学（富）五车

文采出（众）　博古通（今）　满腹经（纶）　才（华）横溢

（鹤）立鸡群　（超）世逸才　百里挑（一）　崭露头（角）

有眼不识泰山
——谁不认识泰山？

丁丁读到“有眼不识泰山”这个词语时，感到十分奇怪，说：“泰山自古以来都是名山，怎么会有人不认识泰山呢？”

爸爸听到后，说：“这里的‘泰山’指的不是东岳泰山，而是一个人名。这个词语和我国古代著名的匠人鲁班有关。”接着，他就给丁丁讲起了鲁班和泰山的故事。

据说，鲁班成名后十分珍视自己的声誉，对产品质量的要求很高，对弟子们的要求也是如此。每隔一段时间，鲁班就要对徒弟进行考核，淘汰掉那些不成器的弟子。泰山就是被鲁班淘汰掉的弟子之一。

泰山是一个篾（miè）匠（意为用竹子制造器物的小手工业者）的儿子，天生腿脚有点不便，所以篾匠就给他取名叫泰山，以祈求平安、健康。当时木工盛行，而编竹器的手艺技术含量低，门槛又不高，篾匠就把泰山送到鲁班门下学习木工。

起初，鲁班很喜欢这个聪明好学的弟子。可是，过了一段时间，他发现泰山的木工手艺并没有什么长进，而且泰山除了学习木工外，还在业余时间编制竹器。鲁班认为泰山不求上进，不务正

业，再三斥责也不见泰山有所改变，鲁班只好将泰山扫地出门。

几年后的一天，鲁班带着弟子们逛集市时，发现一个货摊上摆放着许多竹器家具，做得惟妙惟肖，技艺达到了炉火纯青的地步。鲁班很想结识这位制作竹器的工匠，于是便向人打听此人是谁。

旁边的人告诉鲁班："他就是鲁班大师的弟子，赫赫有名的泰山。"听到这里，鲁班大吃一惊，想起当初辞退泰山的往事，感到后悔莫及、内疚万分，惭愧地长叹一声："唉，我真是有眼不识泰山哪！"

从此，"有眼不识泰山"也就流传了下来，比喻见识太浅，认不出地位高或本领大的人。

丁丁说："鲁班擅长的是木工，他没有发现泰山在竹器上的天赋，也不是什么丢人的事。"

爸爸说："这个故事也说明每个人都有自己的长处，泰山并没有因为被鲁班赶出门而自暴自弃，坚持编制自己擅长的竹器，才闯出了一片自己的天地。"

丁丁陪你一起学

泰山也是一座山的名称，它是中国著名的山，五岳之首，位于山东省中部，总面积2.42万公顷，东西长约200千米，南北宽约50千米，主峰玉皇顶海拔1 545米，气势雄伟磅礴，有"天下第一山"之称。正是因为泰山如此磅礴雄伟，才更反衬出了"有眼不识泰山"的人见闻太窄。

作 文 指 导 报　编

这才是孩子爱看的大语文

诗词篇

北京理工大学出版社
BEIJING INSTITUTE OF TECHNOLOGY PRESS

图书在版编目（CIP）数据

这才是孩子爱看的大语文. 诗词篇 / 作文指导报编
. —北京：北京理工大学出版社，2022. 9
ISBN 978-7-5763-1435-9

Ⅰ. ①这…　Ⅱ. ①作…　Ⅲ. ①古典诗歌－中国－阅读
教学－小学－教学参考资料 Ⅳ. ①G624.203

中国版本图书馆CIP数据核字（2022）第110500号

出版发行 / 北京理工大学出版社有限责任公司
社　　址 / 北京市海淀区中关村南大街5号
邮　　编 / 100081
电　　话 / （010）68914775（总编室）
（010）82562903（教材售后服务热线）
（010）68944723（其他图书服务热线）
网　　址 / http: //www. bitpress. com. cn
经　　销 / 全国各地新华书店
印　　刷 / 雅迪云印（天津）科技有限公司
开　　本 / 710毫米 × 1000毫米　1/16
印　　张 / 9
字　　数 / 100千字
版　　次 / 2022年9月第1版　2022年9月第1次印刷
定　　价 / 198.00元（全6册）

责任编辑 / 时京京
文案编辑 / 时京京
责任校对 / 刘亚男
责任印制 / 施胜娟

前言
Preface

丁丁的大语文奇妙游

丁丁是实验小学的一名小学生，他从小热爱阅读，知道很多同龄人不知道的知识，所以同学们都喜欢叫他“小博士”。可是，正当丁丁为此欣喜之时，现实却给了他当头一棒。这是为什么呢？

原来，新学期开始后，丁丁发现：随着年级的升高，语文学习的范围迅速扩大了，有复杂难辨的汉字、不明来历的词语、难懂的古文和诗词，还有种类逐渐增多的作文……他常常对着书本上密密麻麻的汉字发呆：“最早的汉字是从什么时候开始的？古代小学生的课本长啥样？古人没有手机、电脑，他们最早的通信工具是什么，又是怎么传递消息的呢？……”

这些稀奇古怪的想法，就像一只只小蚂蚁一样，在丁丁的头脑中爬呀爬，搅得他寝食难安。丁丁积累的知识开始不够用了，当同学们再来向他请教时，他开始支支吾吾，不能自信地说出答案了。

“吾生也有涯，而知也无涯。” 丁丁内心里非常焦虑，想着想着，不由得叹了一口气，“唉，再这样下去，‘小博士’的名号可就保不住了。这可该怎么办呢？”

于是，经过深思熟虑，丁丁将自己的烦恼写进信里，寄给了《作文指导报》的编辑姐姐。很快，编辑姐姐的回信就到了。在信中，编辑姐姐指出，语文学习重在熏陶渐染，贵在日积月累，不可能一口吃成个胖子，所以千万不能急功近利。

针对丁丁提到的语文学习难点，编辑姐姐给出了自己的建议：小学语文的学习重点集中在汉字、词语、古文、诗词、文化、写作等几个方面，这些内容看似相通，实际上学起来颇有技巧。比如，学习汉字和词语时，多探寻它们的起源，可以记得更准确；学习诗词时，多了解作者的写作背景，对理解和记忆大有帮助；写作遇到困难时，发现自己的具体问题，才能对症下药……

在信的末尾，编辑姐姐强调，语文学习并不局限于课堂和书本，它来自生活，每时每刻都与我们相伴，只要有一双善于发现的眼睛，生活中处处是课堂。同时，编辑姐姐为丁丁策划了一场说走就走的大语文奇妙游，来帮助他解决在阅读和学习中遇到的问题。

读完信后，丁丁像吃了定心丸一样，一边继续如饥似渴地阅读，积累语文知识；一边在生活和学习中处处留心，凡事都要多问几个为什么。看到丁丁这副不达目的誓不罢休的气势，身边的亲朋好友也被他感染了，纷纷向他伸出了援手。

小朋友，你想知道丁丁会经历一场什么样的奇妙游吗？快快打开本书，让我们一起出发，去见证奇迹吧！

目录
CONTENTS

第一章 一年好景

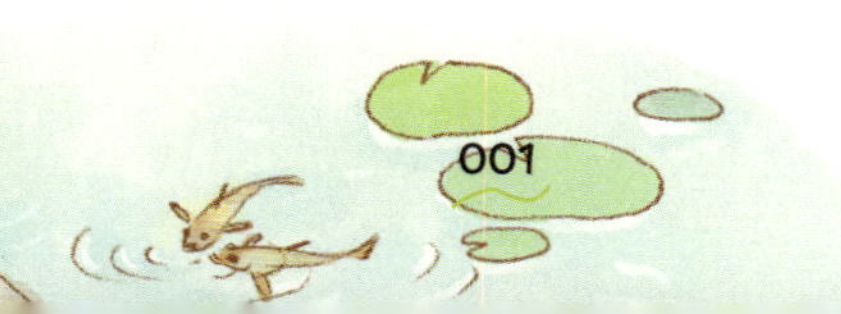

花事

清新生活

第四章 诗中美味

第五章 天真童年

第六章 节日抒怀

第七章 一生的朋友

孤独

梦回故乡

第十章 报国

第一章

一年好景

我们都知道，一年共分为春、夏、秋、冬四个季节，很多人都有自己喜欢的季节。那么，诗人笔下的四季和我们眼中的有何不同呢？下面，我们一起来了解一下诗人笔下关于四季的诗句吧！

01 白居易为什么喜欢江南

趣味诗词故事

春天，丁丁和家人去江南旅游。丁丁被江南的景色迷住了，高兴地说：“这里的景色太美了，令我终生难忘。”

妈妈笑着说：“唐朝有一个诗人跟你有同样的感受，他也深爱江南美景，恋恋不忘。”接着，妈妈讲了大诗人白居易回忆江南美景的故事。

晚春时节，白居易和好朋友刘禹锡在河边一起散步，他们看到青翠的树木、碧绿的河水，面色愉悦。

此时，白居易已经六十七岁了，头发变白，有一些苍老。他凝视着河岸美景，很久都不说话。于是，刘禹锡问道：“兄弟，你是不是有心事？”

白居易回答：“心事倒是没有。我只是在回忆当年的江南。十二年前，我曾经在江南一带做官。长庆二年（822年），我在杭

州任职，两年后又被调到不远的苏州，算起来也有四年左右的时间。那时，我经常下乡去考察民情，因为走动比较频繁，我很熟悉那里的山川湖水。最令我难忘的就是奇妙的江水美景，尤其到了春天，太阳刚刚升起的时候，阳光洒在水面上，红如火。那时的江水很绿很绿，比蓝草还要绿，绿到令人动心。直到现在，我还记忆犹新。”

后来，白居易便根据这段回忆，写下了《忆江南·江南好》这首词。刘禹锡受到启发，感慨地说：“可惜，春天已经匆匆过去，一起来珍惜眼前明媚的时光吧！”

虽然春日美景无限好，但是春天比较短暂，所以我们要加倍珍惜。

听完妈妈的讲解，丁丁说：“看来江南的山水不只打动了我一个人啊！它还打动了唐朝的白居易。”

妈妈说：“其实，美好的景色总是能够唤醒我们对大自然的喜爱之情，每一个真正体验过美景的人，可能都会心生欢喜。我想，江南的春景不仅打动了白居易和你，也打动了我，以及更多的人。”

丁丁陪你学古诗

忆江南·江南好

唐　白居易

江南好，风景旧曾谙。
日出江花红胜火，春来江水绿如蓝。
能不忆江南？

/ 诗中画 /

江南多么美好，如画的风景是我旧日就熟悉的。春天，太阳从江面升起，在阳光照耀下，江边的花朵看起来比火还要红，碧绿的江水更是绿得胜过蓝草。叫我怎能不怀念江南？

丁丁：“日出”对“春来”，“江花”对“江水”，“红胜火”对“绿如蓝”，这两句话真奇妙！

陶陶：是啊，有种说不出来的美。

老师：其实，这首诗只是忆江南的一部分，全文是这样的：

江南好，风景旧曾谙。日出江花红胜火，春来江水绿如蓝。能不忆江南？

江南忆，最忆是杭州。山寺月中寻桂子，郡亭枕上看潮头。何日更重游！

江南忆，其次忆吴宫。吴酒一杯春竹叶，吴娃双舞醉芙蓉。早晚复相逢！

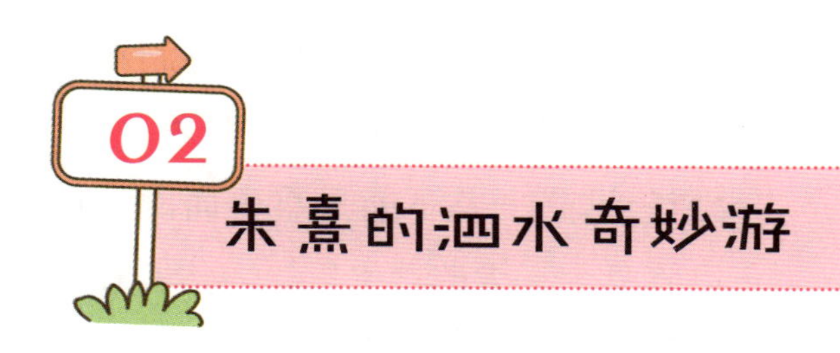

朱熹的泗水奇妙游

有一天，丁丁在读朱熹的《春日》时，自言自语道："泗水是在哪里呢？"爸爸听到后，就给他讲了朱熹与泗水的奇妙故事。

泗水是一条北方的河流，位于山东省中南部。

南宋时，有一位思想家叫朱熹。他出生于南剑州尤溪（今福建尤溪），后来在江西、福建、浙东一带为官，与泗水相隔甚远。

一年春天，朱熹跟好友一起到河边赏景。春天生机勃勃、姹紫嫣红的景象打动了朱熹。于是，他决定作一首诗。在写第一句的时候，他要说明春游地点，经过反复斟酌，他选择了"泗水"。

可是，朱熹没有去过泗水，怎么会写出"寻芳泗水滨"呢？

其实，这跟孔子有密不可分的关系。孔子是春秋时期的思想家，儒家学派的创始人。他生于山东曲阜，离泗水不远。孔子常常悠游于泗水河畔，给弟子们讲课。所以，泗水不仅是一条河，而且是孔子讲学的地方。而朱熹恰恰推崇孔子的思想，一生都在研究和探索儒学，追求圣人之道。这不正像一个人在河畔寻花吗？

于是，朱熹写下了"胜日寻芳泗水滨"的句子。很多人都知道它描绘了一幅春游百花图，却不知道它也蕴含着求道的哲思。

丁丁听后，感慨地说："原来，朱熹并没有真的去过泗水。《春日》中的'胜日寻芳泗水滨'可能是朱熹虚构的一种景象。"

爸爸会心一笑，说："没错，这是一首不能只看表面的哲理诗，值得细细品味。诗人把自己置身于春天的景象里，表达了春游的愉悦心情，同时也透露出致力于儒学研究的赤诚与欣喜。"

丁丁陪你学古诗

春日

南宋　朱熹

胜日寻芳泗水滨，无边光景一时新。
等闲识得东风面，万紫千红总是春。

/ 诗中画 /

风和日丽的日子，在泗水河边游春赏花，四周无边的景物都焕然一新。谁都能看出春天的到来，东风吹拂，百花盛开，满眼万紫千红，处处都是春天的景致。

丁丁陪你聊古诗

老师： 这首诗里创造了一个成语，你发现了吗？

丁丁： 哦，是万紫千红吗？

老师： 对的。这个成语的意思你现在知道了吗？

丁丁： 我猜，是形容春天的花开得很好，颜色很多。

老师： 太棒了！

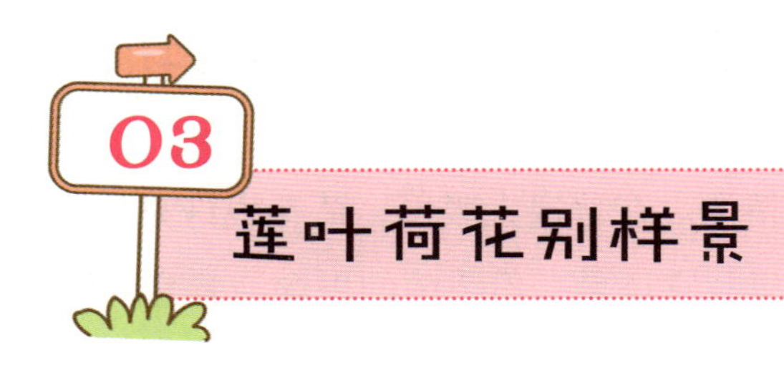

莲叶荷花别样景

趣味诗词故事

丁丁在读《晓出净慈寺送林子方》时，产生了一个疑问："这首诗的题目明明写的是送别场景，可是，诗中为什么没有出现离别字眼，反而在写荷景呢？"于是，他向李老师请教。

李老师笑着说："这要从一个很特别的早晨开始说起了。"

一天早晨，南宋诗人杨万里走出净慈寺，送别好友林子方。

清晨的阳光铺洒在西湖之上，照耀着古雅的净慈寺。这是位于浙江杭州西湖南岸的一座古寺。

杨万里和林子方志趣相投，互为知己，感情深厚。早晨，他们沿着净慈寺门前的小路走了很长一段路，才依依不舍地道别。

林子方将要去往遥远的福州赴任，想要再次相见，不知要等到何时。杨万里看到好友的身影渐渐消失在视线里，心里空落落的。

这时，他看到西湖中碧绿的荷叶连接到天边，鲜艳的荷花比刚刚升起的太阳还要红，心想："我对荷花的喜爱，不正好可以寄托对好友的眷恋吗？"

受此启发，杨万里写下了《晓出净慈寺送林子方》。这首诗虽然写的是西湖的荷景，但是蕴含着对好友的不舍之情。

听完李老师的讲解，丁丁点点头，说：“原来，杨万里写的荷花里蕴含着一份很特别的友情啊！”

李老师说：“一切景语皆情语。在普通人眼里，荷花也许只是一种艳丽的花，但在杨万里的眼里，它还是一份浓浓的思念与眷恋。”

丁丁陪你学古诗

晓出净慈寺送林子方

南宋　杨万里

毕竟西湖六月中，风光不与四时同。
接天莲叶无穷碧，映日荷花别样红。

/ 诗中画 /

毕竟是西湖六月天的景色，风光与其他季节确实不同。莲叶可真多呀，远远地与天相接，看上去是一眼望不到边的碧绿，阳光下的荷花分外艳丽鲜红。

丁丁陪你聊古诗

老师：夏天，给我们留下印象最深的花，恐怕就是荷花吧？

小美：荷花的确很美。说到底，夏天真好。有清凉的西瓜，有漂亮的裙子，有大玉盘一般的月亮，有迎面吹来的凉风……

丁丁：夏天的蚊子有点儿可怕，我在乡下的时候，有一次傍晚坐在树下乘凉，被咬了一身大包，想想都恐怖。

陶陶：夏天，吃冰棍非常痛快。

老师：你们忘了，夏天还有一个很长的假期呢！

04 “王孙”到底是谁

趣味诗词故事

丁丁在初读《山居秋暝》时，对“王孙”这个词语疑惑不解：王和孙都是中国的姓氏，那么“王孙”也是姓氏吗？如果“王孙”是一个人名的话，那么他又是谁呢？

于是，他只好向爷爷请教。爷爷说：“其实，‘王孙’的意思是‘皇帝的子孙’，也指贵族子弟。”接着，他还给丁丁讲了一段王孙去山中拜访王维的故事。

唐朝诗人王维性情空灵，看淡了世间的名利，不愿卷入朝堂纷争，于是隐居到长安郊外的终南山。

终南山中有一个地方叫辋川山谷。诗人宋之问曾在这个山谷中营建了一个山庄，王维在此基础上修建了新的庄园，名叫“辋川别业”。他在这里过着一种半官半隐的生活，时常有王公贵族前来拜访。

当时，王维在社会上积累了一定的名气，很多达官贵人知道王维隐居在山中。有一天，一个王孙慕名而来，跟王维探讨诗词、人生。

他们谈了很久，但是终究会有离别的一刻。傍晚，王孙将要离去，王维流露出一些挽留的意思："如果不嫌弃，您可以在我这里多住几天。其实，山中的秋色很美，您可以慢慢欣赏。"

当时，山中刚刚下过一场雨，空气清新。夜里，明月照在松林之间，清泉发出灵妙之音。再加上白天乡村的女人们洗衣回家后在竹林里喧闹的声音，以及渔夫们在河中捕鱼的场景。于是，王维便写下了这首《山居秋暝》。

爷爷讲的时候，丁丁听得很认真，好像进入了王维的隐居世界。听完讲解，丁丁兴奋地说："有机会，我一定要去终南山亲自见识那里的清泉和竹林。"

爷爷笑着说："肯定有机会的。对于一个生活在嘈杂世界里的人来说，能够静静地感受自然的宁静，那是一种莫大的幸福。"

丁丁陪你学古诗

山居秋暝

唐　王维

空山新雨后，天气晚来秋。
明月松间照，清泉石上流。
竹喧归浣女，莲动下渔舟。
随意春芳歇，王孙自可留。

/ 诗中画 /

空旷的山谷中，一场新雨刚过，天色已晚，空气中的凉意让人感到是初秋了。皎洁的月亮从松隙间洒下清光，清澈的泉水在山石上淙淙流淌。竹林里传来一阵阵欢声笑语，原来是那群洗衣的姑娘回来了；荷塘里的荷叶向两旁晃动，一只渔舟顺流而下，划破了荷塘的这份宁静。春日的芳菲就让它随意去消歇吧，在如此秋山中，王孙自可以久留。

丁丁陪你聊古诗

丁丁：诗名中的“暝”是什么意思？

老师：“暝”表示日落、天色将晚的意思。

丁丁：“暝”和“瞑”长得很像，发音也相同，怎么区分呢？

老师：“暝”的部首是日，跟太阳有关；“瞑”的部首是目，跟眼睛有关，它表示闭眼。

丁丁：我明白了，像成语“死不瞑目”，用的就是“瞑”。

05 雪中最孤独的人

趣味诗词故事

冬天下雪后，丁丁和同学们在雪地里扔雪球、堆雪人，他呼喊着："大家在一起，好热闹啊！"

李老师说："雪天里有一个人最孤独，你们知道他是谁吗？"

丁丁摇摇头说："是陶陶吗？今天他生病了，没来学校。"

李老师笑着说："是唐朝大诗人柳宗元。"

丁丁问："为什么他最孤独呢？"

于是，李老师把柳宗元的故事讲给丁丁听。

柳宗元结婚后，仅仅过了三年，妻子就因病去世了。妻子去世后，柳宗元十分悲伤。可是，这种悲伤还没有完全结束，新的打击又来了。

805年，柳宗元被流放到南方的永州（今湖南永州）。当时，永州远离朝堂，经济不太发达，而且自然环境比较恶劣，瘴气弥漫，野草丛生，十分荒凉。好在有母亲陪伴在身边，他的心灵才有了慰藉。当时，母亲已经60多岁，在永州生活了一年后，便去世了。柳宗元陷入了更加悲伤的境遇中。

虽然朝廷任命柳宗元为司马（一种地方的小官），但是这个官职是一个虚职，官署并没有给他提供专门的住处。所以，他只好勉强在当地龙兴寺一个简陋的小屋里住下，居住条件很差。时常有冷风袭来暂且不说，官府人员还时常探查、官制，柳宗元过着一种被变相"囚禁"的生活，内心就更加苦闷了。为了缓解苦闷，他时常借山水作诗。

有一年冬天，天气寒冷，大雪纷飞。雪后的山川都被覆盖上一层白色，万籁俱寂。柳宗元在江边散步，看到一个渔翁在钓鱼，便有感而发，写出了这首千年流唱的《江雪》。诗中看似描写的是渔翁雪中垂钓，实际上映射的是一种深深的孤独。

李老师讲完后，丁丁的兴奋劲头减小了，他对李老师说："原来，柳宗元的生活如此悲惨。好在有江雪陪伴，他还保留着最后的一份寄托！"

李老师说："一首《江雪》就是柳宗元一生的写照。这首诗更像是一面镜子，把柳宗元的一生都照出来了。"

丁丁陪你学古诗

江雪

唐　柳宗元

千山鸟飞绝，万径人踪灭。
孤舟蓑笠翁，独钓寒江雪。

/ 诗中画 /

绵延万里的群山间，看不到一只飞鸟的踪影，无数条小路上，也没有一个人走动的痕迹。只有一位披着蓑衣的老翁独坐于一只小船上，在这漫天的风雪中静静地垂钓。

丁丁陪你聊古诗

丁丁：咦？冬天那么冷，鱼儿还会出来吗？不过，感觉会在这时候钓鱼的人很有情调啊！

小美：下雪的时候，路上一个行人也没有，只有亮着的街灯。那种静谧和诗中的画面很像，不过我更想看看作者笔下的画面，山水之间的雪，应该更有气势。

陶陶：也就以前的人能这么清闲吧，现在的人连出去玩都是匆匆忙忙的样子。

老师：下雪的时候，大家不要怕冷，记得出门看看美丽的雪景！

第二章

花事

丁丁有话说

在诗人的笔下，花儿们千姿百态，品格各异：含苞待放的桃花，清冷艳丽的梨花，高洁典雅的兰花……正所谓“一花一世界，一诗一情怀”。这世上的花朵都值得称赞。走，和诗人一起赏花去。

06 迟到的山寺桃花

趣味诗词故事

周末，丁丁和爸爸一起在公园散步，路过一片竹林时，听到有人大声朗读白居易的《大林寺桃花》。

丁丁好奇地问：“爸爸，四月的花儿都凋谢了，为什么山寺里的桃花才刚刚盛开呢？”于是，爸爸给他讲了白居易偶遇山寺桃花的故事。

唐朝诗人白居易在江州（今江西九江）做司马时，经常跟好友游山玩水。

有一年初夏，天气比较炎热。闲来无事，白居易便邀请几个朋友去登庐山。他们从山脚下的草堂出发，进入山中后，沿着蜿蜒的山路，一路向山顶爬去，终于到达了大林寺。

据说，这座寺院是南北朝时期修建的，因位于庐山的大林峰上面，所以被称为大林寺。

白居易在大林寺中看到满枝的桃花，十分惊讶。要知道，一般的桃花都是在农历二月或者三月盛开，而那时已是农历四月，山下的桃花基本上凋落了，而山寺的桃花却热烈地盛开着，艳丽无比，清香扑鼻。

其实，这跟桃花所处的海拔位置与气温有关。按照一般的地理规律，海拔每升高100米，气温会下降0.6℃。大林寺的海拔高度在1000米以上，这里的气温比地面上要低6℃左右。此时，山下是初夏，山上却是初春，适合桃花开放。

山寺里的桃花带来的惊喜无法消除，白居易便在游览结束后，写下了《大林寺桃花》，帮我们记录了这种奇妙的自然现象。

爸爸刚讲完，丁丁就笑了起来，说："我终于知道山寺的桃花为什么迟到了。其实，它只是等待合适的温度，初夏时山上的温度刚刚好。"

爸爸说："你说得没错。如果白居易在春天登庐山，此时的大林寺寒冷刺骨，山寺的桃花可能不会开放。"

丁丁陪你学古诗

大林寺桃花

唐　白居易

人间四月芳菲尽，山寺桃花始盛开。
长恨春归无觅处，不知转入此中来。

/ 诗中画 /

山下四月的时候百花就已经凋零完毕，而高山古寺中的桃花才刚刚开始绽放。我常为春光逝去无处寻觅而心存惆怅，却不知原来它转到这里来了。

丁丁陪你聊古诗

老师：这首诗里蕴含了一个科学现象。为什么山里的桃花开得比外面的晚呢？

丁丁：是因为照不到太阳吗？

老师：不是的。因为“人间”与“山寺”所处的海拔不同，通常海拔高度每升高100米，气温下降0.6℃，这两地的温度大概相差6℃，所以山上的桃花开放要晚20～30天。

丁丁：这么神奇。

一天，丁丁读到《左掖梨花》时，问爸爸："左掖梨花是什么意思？"

爸爸回答道："左掖是指唐代大明宫宣政殿左侧。据说，这里种植了一些梨树，到了春天，雪白的梨花就会开放。左掖梨花，也指皇宫里的梨花。"接着，爸爸又讲了丘为与左掖梨花的故事。

唐朝时，国家通过科举考试选拔人才。所以，很多人挑灯夜读，努力学习。丘为就是其中一员。

可惜，丘为参加了多次科举考试都没有考中。随着年龄不断增长，他期待考中的心情也变得更加强烈。

一年春天，丘为和家人一起去郊游，偶然遇见一片梨树。洁白的梨花散发出了一阵阵幽香。偶有轻风吹过，梨花翩翩起舞，令人陶醉。

这时，丘为禁不住想到皇宫左掖的梨树和梨花，心想："我堂堂一个大丈夫，品格高洁，就像梨花一样，我多想让圣贤的君主多看我一眼。就让梨花多飞一会儿吧，飞到宣政殿的台阶上，让皇帝看到它，得到皇帝的赏识。"受此启发，丘为写出了《左掖梨花》。

《左掖梨花》这首诗表面上写梨花的气味和飞舞状态，实际上写丘为渴望受到朝廷重用的心情。也就是说，诗中的梨花其实暗指丘为自己。

爸爸话音刚落，丁丁就点了点头，说：“原来，丘为的梨花是有寓意的啊，我终于明白了丘为的一番心意。”

爸爸接着说：“是啊，功夫不负有心人。丘为在唐玄宗初年，终于考中进士，为国家做了很多贡献。”

丁丁陪你学古诗

左掖梨花

唐　丘为

冷艳全欺雪，余香乍入衣。
春风且莫定，吹向玉阶飞。

/ 诗中画 /

梨花的清冷和艳丽都胜白雪一筹，它散发出的香气一下子就侵入人的衣服里。春风，请继续吹动它的花瓣，让这美丽的花朵能飘落在皇宫大殿的玉石台阶上。

丁丁陪你聊古诗

丁丁：有个成语叫“梨花带雨”，是指沾着雨滴的梨花，用来形容女生哭的样子。

老师：好看的花朵经常被用来形容女子，你能想到哪些？

小美：人面桃花。

陶陶：亭亭玉立，这原本是说荷花的。

老师：是的，这都是说美丽的女子的。

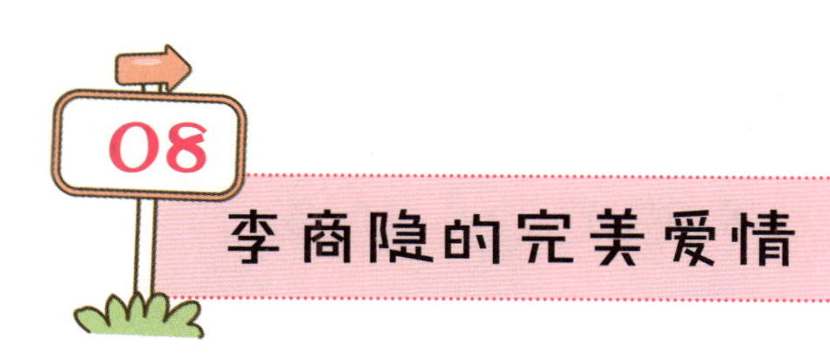

趣味诗词故事

在学习李商隐的《赠荷花》时，丁丁说：“我发现这首诗中没有说明赠送的对象。诗人会把荷花赠送给谁呢？”

李老师笑着说：“当然是送给心爱的人啦。”接着，她给大家讲了一段李商隐的爱情故事。

李商隐是晚唐著名的诗人，27岁时爱上了朝廷将领王茂元的女儿王晏媄。没过多久，李商隐就顺利迎娶了王晏媄。

结婚后，李商隐和王晏媄过着幸福的生活。有一天，他们在院子里散步、聊天，几个小孩子在身边玩耍。

李商隐的情感十分细腻。当他看到孩子把花盆里仅有的几朵花都摘掉了，只留下孤零零的绿色叶子时，忽然感到一阵悲凉，心想：“我和晏媄可不能沦落到这样的地步，我们谁都不能离开对方。”

同时，他也联想到，荷叶和荷花是相互映衬、形影不离的。荷花和荷叶在夏天生机勃勃的样子很可爱，到了秋天一起凋谢的样子也令人感动。

于是，李商隐做了一首《赠荷花》送给妻子，诉说了对爱情的顾虑，也表达了他对夫妻二人不离不弃的美好期待。

丁丁笑着说：“我觉得，李商隐的爱情态度是正确的。”

李老师说：“这首诗让我们更清楚地懂得，爱离不开相互陪衬，需要一起分享快乐，一起承担痛苦。”

丁丁陪你学古诗

赠荷花

唐　李商隐

世间花叶不相伦，花入金盆叶作尘。
惟有绿荷红菡萏，卷舒开合任天真。
此花此叶常相映，翠减红衰愁杀人。

/诗中画/

世间的人们皆重花而轻叶，花被养育在美观的金盆中，花的叶子却落在土里变为尘土。只有荷叶与荷花红绿相映，荷叶有卷有舒，荷花有开有合，衬托得那样完美自然。这荷花与荷叶长期互相交映，如此美丽，当荷叶掉落、荷花凋谢之时，实在令人愁苦至极啊！

丁丁陪你聊古诗

老师：你们对荷花是什么印象？

丁丁：荷花很香，隔老远就能闻到。

小美：荷花的花瓣形状很别致，也很漂亮。

陶陶：荷叶很有趣，我看过电视上的人拿它当伞用。

壮壮：莲子带着一股花的清香，还有一丝苦味，但很好吃。

趣味诗词故事

周末，爸爸陪丁丁去参加画展。丁丁被一幅兰花图吸引住了，站在画前看了很久。爸爸对丁丁说：“清朝有一个名叫郑燮的人，很爱画兰花，你知道吗？”丁丁摇摇头。随后，爸爸便诉说了一段关于郑燮和兰花之间的情缘。

郑燮是清代书画家，年轻时住在扬州以卖画为生。每次画完一幅画，他都要在画面上题“板桥郑燮”的字样，时间长了，大家都称他为郑板桥。

郑板桥喜欢自然恬淡的生活，不愿受到世俗的干扰。而且，他的心地善良，痛恨恶霸，乐于助人。

有一年，乡里有一个勾结官府做坏事的地主听说郑板桥的题字很美，于是请郑板桥写一块牌匾。郑板桥思考片刻后，提笔写下四个字：雅、闻、起、敬。写完之后，他吩咐小吏把这些字的一部分涂上漆，另外一部分不涂漆，结果就出现了“牙门走苟”（谐音为“衙门走狗”）。后来，地主气急败坏地离开了。

1731年，郑板桥中举，开始当官，曾任山东范县、潍县的县长。做官期间，他保持清廉作风。1752年，潍县遇到自然灾害，百姓陷入饥荒状态，郑板桥擅自开仓放粮，解救民众。郑板桥也因此而获罪，离开了潍县。临行时，他只带了简单的行李，当地百姓挥泪送行。民间有人作诗赞美郑板桥的清廉："乌纱掷去不为官，囊橐（nángtuó）萧萧两袖寒。"

郑板桥品性高洁，做事正派，所以他更喜欢象征着高雅、淡泊、独立的兰花。兰花的花叶灵动瘦雅，没有艳丽的姿态。而且，它被誉为"四时不谢之花"，保持着坚强不屈的生命力，跟郑板桥的性情相似。于是，兰花成为郑板桥经常画的一种花。

一天，郑板桥画了一张兰花图，同时诗兴大发，便在兰花旁边写了一首《题画兰》。于是，我们得以更好地了解他高雅淡泊的心境。

丁丁听完后，说道："原来郑板桥是一个兰花迷啊！"

爸爸说："是啊，郑板桥很爱画兰，因为他的骨子里有兰花的高洁品质。他不仅爱画兰花，还爱画竹和石，用以表现心中那份坚忍与执着。"

丁丁陪你学古诗

题画兰

清　郑燮

身在千山顶上头，突岩深缝妙香稠。
非无脚下浮云闹，来不相知去不留。

/ 诗中画 /

兰花长在高山顶处，它的香气飘散四溢，在突出的岩石和岩缝中，美妙的花香更为浓郁。脚下不是没有浮云翻滚喧闹，只是兰花不会去理睬它们，不知它们什么时候来到，自然也不会在它们离去时挽留。

丁丁陪你聊古诗

老师：兰花可是我国的十大名花之一。你们一定见过兰花吧？

丁丁：嗯……我也许见过，但不确定，兰花是蓝色的吗？

老师：不是哦。兰花有很多颜色，像白、白绿、黄绿、淡黄、淡黄褐、黄、红、青、紫等。不过，我们中国人一般更喜欢颜色素雅的兰花，把它当作高洁典雅的象征。

丁丁：为什么？

老师：因为兰花姿态低调、花叶修长，具有质朴文静、淡雅高洁的气质，这很符合东方人的审美标准。

10 梅雪之争

趣味诗词故事

初春时节，天降大雪，晶莹洁白的雪花在空中飞舞。

丁丁看到这些雪花，万分惊喜，感慨地说："这些雪花实在太美了！世界上没有什么花会比它更迷人了！"

小美说："那可不一定。还有一种花可以跟雪花相媲美哦。它就是梅花。"接着，她给丁丁讲了一段梅花和雪花争春的故事。

南宋时，有一个名叫卢梅坡的诗人，喜欢四处旅游，居无定所。有一年初春，卢梅坡路过京城（今浙江杭州），在朋友刘过家里暂住。

当时，虽然已经立春，但是天气还是十分寒冷。下了雪后，地面上铺满了一层雪，房屋和树木上都是白茫茫的一片。往年的京城很少下雪，这一年雪下得比较大，邻里街坊们都有说不出的惊喜，很多大人和小孩相约走在雪地里，欣赏洁白的雪。

卢梅坡也提议："刘兄，我们也去雪地里走走吧！"

刘过回答："好。难得与你一起赏景，去去也无妨。"

于是，两个人出了门，在雪地里散步。他们被雪花的白深深地吸引着，每走一步，都会认真地看着四周的雪景，听着脚下咯吱咯吱的声音。走到湖边一个小道上时，卢梅坡忽然闻到一股清香的味道，扭头一看，发现坡地上有许多梅花正在开放，一朵一朵，洁白如雪。这时，他的注意力又从雪转移到了梅花上。

梅花的香气迷人，卢梅坡循着这股香气，走到一棵梅树面前，把鼻子凑近盛开的梅花，闭上眼睛，感受其中的美妙。可是，睁开眼睛仔细观察梅花，他发现梅花并没有雪花那样洁白，梅花的白也不像雪花那样纯粹。这时，卢梅坡意识到雪花和梅花各有各的优点。

散步结束之后，卢梅坡便写下了著名的《雪梅》，表现出雪花和梅花各自的魅力。

小美刚刚讲完，丁丁就说："梅花和雪花争来争去，也是没有什么结果的。"

小美说：“是啊，无论是梅花还是雪花，它们都有自己的优势，谁也不用瞧不起对方。我们在日常学习和生活中也要努力发现属于自己的优势，展示特殊的个性。”

丁丁陪你学古诗

雪梅·其一

南宋　卢梅坡

梅雪争春未肯降，
骚人阁笔费评章。
梅须逊雪三分白，
雪却输梅一段香。

/ 诗中画 /

梅花和雪花都认为自己占尽了春色，谁也不肯服输。这可难坏了诗人，他放下笔，费心地思考、评判文章。说句公道话，梅花的颜色不如雪花的那般晶莹洁白，雪花却输给梅花那一段独有的清香。

丁丁陪你聊古诗

老师：你们喜欢雪，还是喜欢梅花？

丁丁：雪吧。

老师：嗯，那你觉得它像什么？

丁丁：像小鸟的羽毛，像春天的柳絮，像飘落的蒲公英，像一只只白蝴蝶。

老师：很厉害哦！

第三章

清新生活

丁丁有话说

乡村生活是什么样的呢？荞麦花如雪，桑阴下种瓜，把酒话桑麻……古代诗人们用寥寥数语便描绘出一个充满诗意的生活情景，营造出一种高远的意境，留给我们无限的想象和美感。

11 美妙的荞麦花

趣味诗词故事

有一年秋天，丁丁去乡下探望外婆。太阳落山后，村庄被黑夜包围，村民们都早早地睡了。丁丁出于好奇，跟外婆去村路上散步，但是四周黑黢（xū）黢的，他害怕极了，不由地问：“外婆，是不是天下所有的村庄到了夜里都这样可怕？”

外婆笑着说：“不是的。从前，有一位诗人也经常在夜里散步，他看到村头田地的荞麦花，心情十分愉悦。”说着说着，外婆就把视角转移到了遥远的唐代。

唐朝有一位诗人被称为“诗王”，他就是白居易。

白居易在河南新郑出生不久，家乡就发生了战祸。为了躲避战火，家人带着白居易去往安徽宿州。后来，白居易入朝做官，又迁居到都城长安。

在长安期间，白居易把母亲带在身边，悉心照料。但是，母亲患有神经性的疾

病，经常头晕头痛、精神恍惚。后来，她不幸去世了，白居易悲痛不已。

按照当时的规矩，母亲去世后，儿子要在故乡守孝三年。白居易的母亲原来生活在离长安不远的下邽（在今陕西渭南），去世后，她也被迁葬在这个地方。白居易也从长安暂时卸任，来到下邽的村庄居住。除了经常去母亲的坟头探望，白居易也经常在村中散步。

一个初秋夜晚，白居易又出门散步了。此时，村庄很安静，很多小虫子都在窃窃私语，发出一些零碎的声音。路上没有其他人在行走，白天里的热闹都消失不见了。这时，他感到了深深的孤独，又开始思念去世的母亲，面色忧郁。继续向前走，走到村头，白居易忽然感觉到心中十分敞亮，因为他看到田野里有一片如雪的荞麦花，它们在月光照耀下，显得无比美妙。

遇见荞麦花的兴奋与喜悦，掩盖了对黑夜的恐惧，这种感觉迟迟不散，白居易有感而发，便写下了这首《村居》。没过多久，守孝期就到了，白居易又回到长安料理公务。

听完外婆的讲解，丁丁感慨道："我以为在秋天只有菊花开放，原来荞麦花也会开放。"

外婆说："是啊，荞麦花的花期为阳历八月到九月，连续一个月都在开花，这种花雪白雪白的，让田野里一片明朗。"

丁丁接着说："我也感受到了白居易内心的那份惊喜。虽然他时常挂念去世的母亲，但是，人不能总是陷入悲伤抑郁，也要试着拥抱新的希望。"

丁丁陪你学古诗

村夜

唐　白居易

霜草苍苍虫切切，村南村北行人绝。
独出前门望野田，月明荞麦花如雪。

/ 诗中画 /

在一片被寒霜打过的灰白色秋草中，小虫在窃窃私语，整个小山村的路上都没有一个行人。我独自来到门前，眺望着田野，柔白的月光下是一片一望无际的荞麦田，那满地的荞麦花简直像雪一样纯白美丽。

丁丁陪你聊古诗

老师：想象一下乡村的夜晚，明月当空，夏虫低鸣，这种画面让人倍感轻松。

丁丁：还有满地如雪的荞麦花。

老师：这就是城市生活难有的情趣。

丁丁：人们应该更亲近自然一点儿，做事就不会太急躁了。

相约农家小院

趣味诗词故事

有一次，家庭聚餐时，丁丁问爸爸：“如果你跟朋友聚会，你会选择哪个地点呢？”

爸爸说：“我想最理想的地点是乡村的小院。我很向往诗人孟浩然在《过故人庄》里描述的场景。”说着，他把思绪拉到了很远很远的唐代。

唐代有很多诗人都在朝廷当官，但是有一些诗人是例外的，比如孟浩然。他早年曾经立志做官，但是仕途坎坷，遭受了重重打击。之后，他心灰意冷，放弃了仕途。

后来，孟浩然移居襄阳城东南的鹿门山，过上了悠然的隐士生活。鹿门山一带风景优美，山间云雾缭绕，树木茂密，野花飘香。

虽然住在山林之中，但是他并没有断绝与其他人的联系。当时，孟浩然的好友张子容也在山中隐居，两人经常聊天。孟浩然也常去山下的村庄里游逛，时间长了，就跟当地的农民成为好朋友。

一年初秋，田间稻谷刚刚收获，一位居住在乡村里的朋友邀请孟浩然到家里聚餐，孟浩然高兴地答应了。到了约定的时间，孟浩然准时来到朋友家的小院里。小院虽然简陋，但是非常宽敞，向四周望去，可以看到远处青山耸立，近处的绿树环绕在村庄附近。

到吃饭时，朋友把孟浩然请到大厅里，满桌都是新鲜鸡肉和稻谷做出的美食，香味扑鼻。厅门敞开着，他们一边看着门外怡人的田野风光，一边喝酒聊天，脸上洋溢着欢乐。

饭后，孟浩然要走很远的路回家，于是向朋友辞行。他对朋友说："等到重阳节时，我们再聚吧！到时候一起赏菊。"朋友爽快地答应了。

这一次农家小院相聚的经历给孟浩然留下了深刻的印象，回到隐居地后，孟浩然便写下了著名的《过故人庄》。

话音刚落，丁丁就着急地问："爸爸，我什么时候能享受如此美妙的时光呢？"

爸爸说："等放假时，我带你去乡村体验一下。现代都市里的人生活在混凝土世界里，开门看到的都是高楼，也许只有农村会有边吃饭边欣赏自然美景的机会。"

丁丁陪你学古诗

过故人庄

唐 孟浩然

故人具鸡黍，邀我至田家。
绿树村边合，青山郭外斜。
开轩面场圃，把酒话桑麻。
待到重阳日，还来就菊花。

/ 诗中画 /

村庄里的老朋友备下一顿丰盛的饭菜，邀我去他家做客。走近村庄，一片绿色的树木围绕着房屋，村墙外，不远处横卧着一片青山。推开房间的窗户，面对着谷场和菜园，与朋友喝着酒，聊聊庄稼情况。走时忍不住跟朋友约定，等到重阳节那天，我一定还到这里来看菊花。

丁丁陪你聊古诗

丁丁：乡村的景色真美，空气也好。

陶陶：是啊，天气好的时候，在青山绿树间和朋友吃饭聊天，真惬意！

丁丁：“待到重阳日，还来就菊花。”这种日后相约的行为很贴近生活。

陶陶：这种耕织生活真是有滋有味。

13 不为五斗米折腰

趣味诗词故事

周末，丁丁和爸爸玩成语接龙的游戏。丁丁让爸爸先说出一个成语。爸爸开口就说：“不为五斗米折腰。”

丁丁问：“一般的成语都是四个字，这句有七个字，算成语吗？”

爸爸说：“是的，这也是一个成语。它跟历史上的陶渊明有关。”说着，爸爸就开始讲陶渊明辞官归隐的故事了。

晋朝末年，有一位大诗人叫陶渊明，由于家门口种着五棵柳树，所以，陶渊明也自称“五柳先生”。

据说，陶渊明的曾祖父是东晋的名臣陶侃，后来家境渐渐衰败。393年，陶渊明入朝做官，担任江州（今江西九江）祭酒，相当于一个教育机构的主管。可是，没过多久，他就辞官回老家了。

404年，陶渊明又进官场，曾入刘裕的帐下，当过军事参谋。第二年，他到江西彭泽做县令。但是，仅仅在任八十多天，他便辞官归隐。辞官时，他便声称：“我不能为了那五斗米（晋代县令的俸禄）而丧失原则，不能跟小人为伍！”

离开彭泽县衙后，陶渊明像一只被放飞的笼中鸟，终于可以自由地飞翔了。从此以后，他开始过一种悠然朴素的生活。他在南山下的一块空地上种了豆子，为了清理田地里的杂草，他经常带着锄头去劳作。虽然农田里的生活很忙碌，有时候露水还会沾湿衣服，但是他的心情很好。

不忙的时候，陶渊明便会在屋里写诗，把田园风光及归隐的淡泊心境表达出来。《归园田居·其三》便成功地描绘了一幅悠然的南山种豆图。

爸爸讲完后，丁丁就发出了感慨：“像陶渊明这样自力更生的隐居生活，实在令人羡慕！”

爸爸说：“是啊，在农村田野间生活，虽然身体上比较辛苦，但是心灵自在、不受束缚，也就不会感觉太累。陶渊明把这种心境准确地表达出来了。他不为五斗米折腰，追求心中那份自由，在归隐期间写了大量的田园诗，也因此被后人誉为田园诗的鼻祖。”

丁丁陪你学古诗

归园田居·其三

东晋　陶渊明

种豆南山下，草盛豆苗稀。
晨兴理荒秽，带月荷锄归。
道狭草木长，夕露沾我衣。
衣沾不足惜，但使愿无违。

/ 诗中画 /

我在南山下种有豆子，地里野草猖獗，豆苗稀少。于是，一清早就去那里清理杂草，等我扛着锄头回家时，月光已经洒落到身上。山路狭窄，草木丛生，傍晚的露水打湿了我的衣裳。衣裳被沾湿没什么好可惜的，只要我归耕田园的心愿没有违背就好。

丁丁陪你聊古诗

老师： 陶渊明是中国田园诗的先驱。

丁丁： 古代的读书人都会想做官吧？为什么他选择归隐？

老师： 他做过几次官，但因为厌恶官场的黑暗生活，最后还是选择归隐了。

丁丁： 原来是不想做。

老师： 也正因他归隐田园，我们才能欣赏到这么好的诗。

14 萌萌的种瓜儿童

趣味诗词故事

一天，李老师提了一个问题："大家遇到过萌萌的小孩吗？"

丁丁抢先回答道："老师，我遇到过，只是它出现在诗中。"

李老师说："没关系，你可以讲讲吗？"

丁丁爽快地说："当然可以。"随后，他便绘声绘色地讲起了范成大《夏日田园杂兴》里萌童的故事。

南宋时，有一个名叫范成大的诗人，他曾担任过徽州司户参军、枢密院编修官、礼部员外郎等职务，政绩卓著，晚年回到故乡平江府吴县（今江苏苏州），定居于石湖。

石湖属于太湖支流，位于苏州古城西南。春秋时期，越国人进攻吴国，在山脚下凿石以通往苏州，所以这里被称为"石湖"。

在石湖的这段时间里，范成大喜欢在村庄里走走逛逛。一个晴朗的日子，他出门散心，看到几个小孩子正在学着大人，在一棵桑树下忙着种瓜。这些小孩不懂耕田织布的事，却像大人那样勤劳，看起来萌萌的，给范成大留下了深刻印象。

据此，范成大写下《夏日田园杂兴·其七》，描摹了一幅农村男女耕织的景象，也描绘了可爱的乡间萌童形象。

丁丁讲完后，李老师说："这些小孩子不仅萌，而且热爱劳动。"

丁丁说："是的，我原本以为只有大人会勤劳地种田，却不知道小孩也会学着种瓜。"

丁丁陪你学古诗

夏日田园杂兴·其七

南宋　范成大

昼出耘田夜绩麻，村庄儿女各当家。
童孙未解供耕织，也傍桑阴学种瓜。

/ 诗中画 /

白天到田地里耕作，夜晚在灯下搓麻线，村庄里的男女都有自己的家务要忙。小孩子还不懂耕田织布，也还在那桑树荫下学着种瓜。

丁丁陪你聊古诗

老师：诗人把乡村儿童玩耍之余，为父母分担一些力所能及的农活的劳动景象描写得栩栩如生。

丁丁：整个村子里的人都在踏实劳动，很有生气。

小美：这个画面很美好，但其实在村人眼里，这只是他们日常生活的一部分而已。

老师：我想，这份美好是因为这些人是和大自然在一起工作。

陶陶：现在，很多人都是对着电脑工作，是很高效，但是对眼睛不好。

老师：凡事皆有利弊啊！

趣味诗词故事

课堂上，李老师问大家："如果用一个形容词来描述田野，你会选择什么词？"

丁丁答道："宁静。"

李老师说："其实，宁静不一定适合所有的田野。江南四月的田野就一点儿也不宁静。"

丁丁问："为什么呢？"

接着，李老师给大家讲了南宋诗人翁卷游览乡村的故事，并描述了热闹非凡的田野景象。

翁卷是南宋诗人，年轻时，他参加过一次科举考试，但是落榜了。从此，他就放弃了仕途，过着一种四处漂荡的日子。后来，翁卷在家乡的一个山村里定居下来，搭建了三四间小茅屋，还开辟荒地种了一些果蔬和粮食。

农历四月的一天，翁卷出门去田间劳作。这天，下着淅淅沥沥的小雨，空中一片朦胧，时不时有杜鹃的叫声传来。附近的小山上林草茂盛，到处都是碧绿的色彩。村里的人大部分都在田里务农，他们刚刚忙完蚕桑，现在又忙着插秧了。

繁忙的劳作场景给翁卷留下了深刻的印象，据此他写下了《乡村四月》，表达了对农民热爱劳动的赞美之情。

丁丁感叹道：“原来田野里也有如此热闹的场景啊！”

李老师说：“对啊，田野里本来是宁静的，但是农民在这土地上辛勤劳动、忙来忙去，田野也就变得热闹起来了。”

丁丁陪你学古诗

乡村四月

南宋　翁卷

绿遍山原白满川，子规声里雨如烟。
乡村四月闲人少，才了蚕桑又插田。

/ 诗中画 /

山坡上一片碧绿，稻田里的水色与天光交相辉映。天空中细雨如烟，村子里时不时传来杜鹃的啼声。已经是四月份了，乡村里的人都不停闲，大家才刚结束种桑养蚕的事，就又忙着插秧了。

丁丁陪你聊古诗

老师： 子规就是杜鹃，也是我们常说的布谷鸟。

丁丁： 子规这个名字更好听。

小美： 古代养蚕的人好多，是不是他们经常穿丝绸衣裳？

老师： 其实，农民们穿麻布衣服比较多，丝绸很贵，主要是拿来换钱的。

第四章

诗中美味

丁丁有话说

提到美味佳肴，你会想到什么呢？荔枝、鲈鱼、汤圆……你知道吗？古代诗人不仅爱美食，还把这些美食都写进他们的诗里了。今天，就让我们一起来看看古人的“吃货”本色吧！

吃不够的惠州荔枝

趣味诗词故事

暑假时，丁丁跟爸爸到广东惠州旅游，他问道：“爸爸，你说惠州有什么特色水果呢？”

爸爸回答道：“在惠州，荔枝可能是最有特色的水果了。苏轼还专门为荔枝而写了一首《惠州一绝》。”接下来，他讲了一段苏轼迁居惠州时狂吃荔枝的故事。

苏轼是北宋时期的一个大诗人，字子瞻，号东坡居士。1094年，苏轼从河北的定州迁居到了千里之外的广东惠州。

虽然惠州离当时的都城开封比较远，但是风景优美，有山有水。苏轼来到惠州之后，被这里的美景深深吸引了。惠州的丰湖与杭州的西湖齐名，水清幽碧绿，时常有渔夫划船而过，就像是在画上游动。惠州城外不远就是巍然屹立的罗浮山。罗浮山是一座道教名山，主峰为飞云顶，山上绿树葱茏，云雾缭绕。

有一天，苏轼办完公事，便跟朋友在罗浮山下的湖边游玩。朋友说：“子瞻兄，你可有口福了！我们惠州的水果很多，你可以尽情享用。”

惠州处于亚热带地区，气候温暖湿润，土壤肥沃。这里山下四季如春，盛产各种水果，卢橘刚刚结完果实，杨梅又成熟了，总有新鲜的水果出现。当时，罗浮山下的荔枝正好成熟，鲜红水润的荔枝挂满枝头，令人垂涎。

苏轼在北方很少吃荔枝，他看到这种鳞斑突起的水果，十分惊喜。于是，他跟朋友在荔枝园里摘了很多。苏轼开始疯狂吃荔枝，那清甜鲜嫩的味道让他的舌尖百般迷恋，连续吃了百颗以上都觉得不过瘾。他兴奋地说：“这种水果太好吃了，我要每天吃三百颗。从此，我不想离开惠州了！”

荔枝的绝佳口感给苏轼带来了难忘的味蕾记忆，他根据这种记忆写出了《惠州一绝》。惠州也因为这首诗而名声远扬。

爸爸的讲解让丁丁开始流口水了。丁丁说：“这样一说，我非要吃吃惠州的荔枝了。”

爸爸说：“那是。惠州的荔枝味道很好，连苏轼都因此而不愿离开了。其实，我国地域广阔，物产丰饶，不只惠州有特色水果，其他地方也有，比如山东烟台的苹果、新疆吐鲁番的葡萄、湖北秭归的脐橙等。”

丁丁陪你学古诗

惠州一绝

北宋 苏轼

罗浮山下四时春，卢橘杨梅次第新。
日啖荔枝三百颗，不辞长作岭南人。

/ 诗中画 /

在罗浮山下居住，这里一年四季如春，每天都能吃到新鲜的枇杷和杨梅。要是每天都能吃上三百颗荔枝，我愿意一直做岭南人。

丁丁陪你聊古诗

丁丁：如果苏轼生在现在，不用做岭南人也能每天吃到新鲜的荔枝了。

老师：没错。我们生活在一个幸福的时代。说到荔枝，你们喜欢吃荔枝吗？会不会像苏轼这样“日啖三百颗”？

陶陶：喜欢，荔枝果肉润白，很好吃。但妈妈不会允许我吃那么多的。

小美：我最喜欢的是菠萝，也不知道诗人有没有吃过。

魔性莲子

趣味诗词故事

有一天，丁丁啃着一个大红苹果，若有所思地问陶陶：“你说，这个世界上哪种食物最有吸引力呢？”

陶陶回答道：“我想，应该是莲子吧。这是一种带有魔性的果实。”

丁丁接着问道：“它有怎样的魔性呢？”接着，陶陶讲了一个苏轼吃莲子的故事。

1089年，大诗人苏轼在杭州做官。当时，杭州的西湖没有得到疏浚，长期淤塞，部分湖水干涸，野草丛生。苏轼带领当地百姓清理泥污，疏通河道，西湖美妙风光得以再现。尤其夏天，西湖绿水荡漾，柔风吹拂，吸引了无数游客。

一个夏日午后，苏轼约朋友一起去西湖乘船游玩。他们经过城中的街道。街道上人来人往，十分热闹。各种小商贩们积极售卖特色产品。苏轼一边走一边看着繁华的街市景象。在城墙的一个角落里，他遇到一位在卖绿色莲房的老农。

平时很少遇到莲房，苏轼感觉十分新奇，眼睛里放着光。他没有继续朝西湖方向行走，而是停下脚步，走到莲农的摊位附近，仔细地观摩了很久。苏轼对莲农说："师傅，我可以尝一尝你的莲子吗？"

莲农回答道："当然可以。"说着，他就取了一个莲房，剥出其中的莲子，递给苏轼吃。这种莲子是卵圆形的，褪去绿褐色的皮，表面呈现乳白色，润润的。苏轼小心地吃下莲子，细细品尝它的清香味道，一时间好像忘记了要去西湖游玩的事情。

莲子的味道润泽如露水，清香如月色，把苏轼的魂儿都勾走了。苏轼难以忘却，便提笔写下了《莲》，以表达对莲子的深切喜爱之情。

"原来莲子的魔性这么大啊！它居然可以让一个人忘记西湖美景。"丁丁感叹道。

陶陶说："是的，我也喜欢莲子。它不仅好吃，而且也是一种药物，可以起到抗癌、安神等作用。莲子也有美好的寓意，它的谐音为'连子'，意味着多子多福。民间男女结婚的时候，往往会在床上放红枣、花生、桂圆、莲子，寓意'早生贵子'。"

丁丁陪你学古诗

莲

北宋 苏轼

城中担上卖莲房，未抵西湖泛野航。
旋折荷花剥莲子，露为风味月为香。

/ 诗中画 /

城中有挑担叫卖莲蓬的，但从这儿买莲蓬，抵不上到西湖泛舟野游。随时折取荷花剥莲子吃，那里的莲子，有露水的风味、月色的清香。

丁丁陪你聊古诗

老师： 同是吃莲子，苏轼却能写出这么好的诗句来，尤其是“露为风味月为香”这句。

丁丁： 露水怎么能做莲子的风味呢？月怎么能是莲子的清香呢？

老师： 这是用了通感的修辞手法，在这里能留下无穷的想象空间和无尽的余味。

丁丁： 通感是什么？

老师： 就是“以感觉写感觉”，比如“甜甜的笑”，甜是尝到的，笑是看到的，这两种感觉虽然不同，但是因为在心理反应上有相似点，所以对此进行感觉转移，就是通感。

丁丁： 原来如此。

18 醉美鲈鱼

趣味诗词故事

一天，丁丁跟妈妈一起到水产市场去买鱼。

丁丁问："妈妈，我们选择哪一种鱼比较好呢？"

妈妈说："鲈鱼吧。据说，江南很多百姓都爱吃这种鱼，我们也尝尝鲜。"接着，妈妈给丁丁讲了范仲淹吃鲈鱼的故事。

范仲淹是北宋著名文学家和思想家，他的祖籍在北方的邠州（今陕西彬县），但是他出生在江南的吴县（今江苏苏州），这里有一条宽阔的大江叫松江，它孕育出了各种鱼类，其中就有鲈鱼。

鲈鱼味道鲜美、营养丰富，所以人们都很喜欢吃鲈鱼。范仲淹从小就在松江边长大，也爱吃鲈鱼。

有一次，他跟朋友在江边的饭馆里聚会，有一道菜就是鲈鱼。这一天，风比较大，江上波涛汹涌，风从窗户刮来，一阵凉意袭来。

范仲淹把视线转移到了远处的江上，对朋友说："你看，那些渔民多么辛苦。他们为了捕到鲈鱼，经常受风浪打击。"

朋友应道："是啊，鲈鱼虽美，但是得来不易。"

渔民冒着生命危险捕鱼的情形触动了范仲淹。范仲淹回到家里，写出了著名的《江上渔者》，表达了对江上渔民的赞美之情。

回到家里，妈妈做了一道清蒸鲈鱼，丁丁一边吃一边说："现在吃鲈鱼，除了感到美味可口，我还感受到了渔夫们的辛苦。"

妈妈说："其实，我们吃每一种食物都要记住它的来之不易。"

丁丁陪你学古诗

江上渔者

北宋 范仲淹

江上往来人，但爱鲈鱼美。

君看一叶舟，出没风波里。

/ 诗中画 /

江上，无数人来来往往，他们只知道喜爱鲈鱼的肉质鲜美。请你们看看那些江中的人吧，他们为了打鱼，驾着一只小船，像片叶子一样在大风巨浪里飘荡，忽隐忽现。

丁丁陪你聊古诗

丁丁：渔民真不容易，现在他们还是这么艰难吗？

老师：虽然现在捕鱼不像以前那样危险，但辛苦是难免的。

丁丁：我们是不是不应该吃鱼？

老师：作者不是这个意思，他写这首诗单纯是为了表达对渔民的同情。你想，如果全世界的人都不吃鱼了，那渔民们就要另谋生路了，也许会更辛苦。

美味的马家汤圆

趣味诗词故事

元宵节时，丁丁问妈妈："你说哪种汤圆最好吃？"

妈妈说："如果非要选择的话，我会选马家滴粉汤圆。"接着，她讲述了诗人符曾夜游元宵节的故事。

符曾是清代有名的诗人，他性情恬淡舒雅、热爱生活。他的案桌上常常放置一些书卷，厅堂和院子里种着很多花草。平时，他不习惯攒钱，所以他总是保持着身无分文的状态。

有一年元宵节到了，人们纷纷出门看花灯。空中挂着一轮明月，皎洁的月光与城中灯火交相辉映，十分美妙。符曾和家人一起来到街道上，赏月、赏灯、猜灯谜。

在一个街口，符曾的肚子咕咕直叫，于是打算买一些汤圆。他听说马家滴粉汤圆味道不错，于是决定亲口品尝这种汤圆。

当时，店铺里的工人现场做汤圆——有的人在淘江米，把米洗到如同珍珠那样白亮；有的人在做馅，把桂花和核桃仁融合在一起；还有的人把汤圆的馅包起来，然后用簸箕使劲地摇晃，让汤圆变得更圆一点。当然，也有人负责煮汤圆。符曾吃过一个以后，感觉味道鲜香甜美，于是又吃了好多个。

后来，他根据自己的回忆写下了《上元竹枝词》。

“听您这么说，我的口水都快流出来了。”丁丁说。

妈妈回应道：“汤圆的外形是圆圆的，寓意团圆美好。每到元宵节，家人们一起吃汤圆，其实分享的是一份团圆的幸福感。”

丁丁陪你学古诗

上元竹枝词

清　符曾

桂花香馅裹胡桃，江米如珠井水淘。
见说马家滴粉好，试灯风里卖元宵。

/ 诗中画 /

带着桂花香的馅里裹着核桃仁，用井水来淘洗像珍珠般的江米。听说马家的滴粉汤圆做得好，趁着试灯的光亮在风里买元宵。

丁丁陪你聊古诗

老师：你们喜欢吃元宵吗？最喜欢哪种馅儿的？

丁丁：我觉得黑芝麻的很好吃，不过元宵吃多了不消化。

陶陶：我以为元宵都是甜的，有一次吃到了咸的，太惊讶了。

老师：那你们知道元宵的制作过程吗？

小美：和饺子的制作过程很像，准备馅儿和面皮就好了。不过，这里的馅儿是芝麻、花生、白糖等，面皮则是用糯米粉做的。

20 肥杏满枝头

趣味诗词故事

周末，丁丁跟爸爸和妈妈一起探望外婆，他看到外婆小院里的杏树上结出了很多瘦瘦的青杏，于是摘下一颗吃了起来。他皱起眉头，说："好酸啊！"

外婆说："你不要着急，过些日子，它会变肥，颜色变成橙黄色，那时吃起来就没有这么酸了。诗人范成大写过一首《四时田园杂兴·其二》，提到过肥肥的杏，这里的肥杏应该快成熟了。"为了加深印象，外婆还给丁丁讲了一个故事。

南宋诗人范成大年轻时苦读诗书，最终考中进士，开始为国家效力，他先后在徽州（今安徽歙县）、静江（今广西桂林）、建康（今江苏南京）等地任职。他在任时，积极为百姓减轻赋税，兴修水利，政绩不错。晚年，他辞官回到老家。

范成大出生于平江吴郡（今江苏苏州），这里是江南水乡，田园风光优美。辞官后，范成大没有公务缠身，经常悠游于田野乡间。

初夏的一天，范成大吃过早饭去散步，一边走一边看着风景。当时，田野里盛开着雪白的荞麦花，黄色的油菜花星星点点。快到中午时，天气变得炎热起来。很多农民都躲在屋子里，路上的人很少，只有蜻蜓和蝴蝶在飞舞。

后来，范成大遇到一片果林，这片果林里的梅子已经成熟了，呈现出金黄色泽。杏子也变得越来越肥硕，有些杏已经开始变黄。看着肥硕的杏，范成大忍不住流口水，于是他摘下一颗橙黄色的肥杏，咬了下去，酸甜可口。

这种味道在舌尖上弥漫，带来一种深刻的味觉记忆。范成大写《四时田园杂兴·其二》时，其中的“杏子肥”其实已经记录了成熟杏子的美味。

“原来，肥杏的味道更好，我要再等等，等到杏儿长肥了再吃。”丁丁说。

外婆也笑着说：“不过也好，这一次你体验到青杏的酸味，也是一种宝贵的记忆财富。另外，我要告诉你。杏不仅是一种水果，也是一种药物，可以治疗风寒肺病。有的杏仁是苦的，不能吃；但是有的杏仁则是鲜香的，也算是美味食物。”

丁丁陪你学古诗

四时田园杂兴·其二

南宋　范成大

梅子金黄杏子肥，麦花雪白菜花稀。
日长篱落无人过，惟有蜻蜓蛱蝶飞。

/诗中画/

树上的梅子金黄金黄的，黄澄澄的特别漂亮；杏儿也越长越大啦！荞麦花开得正盛，田地里一片雪白；而油菜花则稀稀疏疏的。白天时间长了，阳光落在篱笆上，把篱笆的影子拉得很短，这时候无人经过，只有蜻蜓和蝴蝶绕着篱笆飞来飞去。

丁丁陪你聊古诗

丁丁：梅子金黄，杏子肥嫩，读起来让人垂涎三尺啊！

小美：梅子、杏子、麦子、油菜，这么多，可以想象丰收时的景象，人们一定一脸喜悦。

丁丁：我也想种一棵果树，让它结果，然后分享给朋友。

小美：蜻蜓和蝴蝶也很有趣。

第五章

天真童年

丁丁有话说

在古诗词的世界里，有很多描写童年趣事的诗句，垂钓、牧牛、放风筝等场景，如同一幅幅色彩斑斓的画卷，勾勒出充满童真的奇妙世界，读起来让人倍感亲切，别有一番情趣在心头。

有趣的纸鸢

趣味诗词故事

周末，妈妈带丁丁去书店看书。丁丁看了一本诗集，偶然翻读到一首《村居》。读到最后一句时，他问道："妈妈，纸鸢是风筝吗？"

妈妈说："是的。纸鸢是用纸做出的像鸟一样的特殊风筝。"

丁丁说："那是不是很好玩？"

妈妈答道："当然，到了春天，我带你去田野放纸鸢。"接着，妈妈讲了关于《村居》的背景故事。

清朝末年，战乱比较多，城市生活不太安定。所以，高鼎晚年选择到远离前线的江西上饶隐居。上饶位于江西东北部，东、北、南三面环山，西面不远处是宽阔的鄱阳湖，风景优美，生活悠然。于是，高鼎就在上饶一个安静的村庄过上了半耕半读的生活。

一年早春，高鼎在河岸上散步。那时，寒冷的冬季刚刚过去，万物复苏，枯草开始长出新叶，杨树和柳树也抽出新芽儿，远远望去，绿色如烟，朦胧一片。成群的黄莺在林中飞舞，时而发出清脆的鸣叫声。

一群孩子刚刚放学，就跑到田野里放风筝。那时，东风习习，

吹过田野，也吹过孩子们的脸颊。孩子们牵着风筝线，借着东风的力量，让纸鸢高高飞起，空中好像有一只巨型的鸟在舞动。他们在田野里相互追跑，脸上露出灿烂的笑容。

孩子们放纸鸢的情景打动了高鼎，为了记录这一场景，他写下了《村居》。每次读这首诗时，耳畔仿佛响起那群孩子的欢笑声。

对没有放过风筝的丁丁来说，这番话无疑是巨大的诱惑。丁丁对妈妈说：“到了东风吹拂的时候，我一定要去放风筝。”

妈妈说：“一言为定。其实，风筝里的童趣是说不尽的，风筝里的文化也是道不完的。风筝是一种源于中国的玩具，据说是一个叫墨翟的人发明的。宋代时风筝已经在民间流行了，它的造型品类很多，包括鹰、蝴蝶、蜈蚣、龙等。山东潍坊是重要的风筝产地，被誉为‘风筝之乡’。”

丁丁陪你学古诗

村居

清　高鼎

草长莺飞二月天，拂堤杨柳醉春烟。
儿童散学归来早，忙趁东风放纸鸢。

/ 诗中画 /

农历二月，青草渐渐发芽生长，黄莺飞来飞去。杨柳的枝条柔嫩又细长，随风摆动，好像在轻轻地抚摸着堤岸。水泽和草木间蒸发出水汽，烟雾迷蒙的景色似乎让杨柳都沉醉了。村里的孩子们放了学急忙跑回家，趁着东风把风筝放上蓝天。

丁丁陪你聊古诗

老师：每到阳春三月，就有很多漂亮的风筝在天上飞。放风筝不仅可以锻炼身体，而且看着各种各样的风筝在天空飞舞，心情也会随之变得明朗愉悦起来。你们有没有放过风筝?

丁丁：我每次都和我爸爸一起去广场上放风筝。我的风筝是一只紫色的蝴蝶。

陶陶：我没有放过，但经常会去看别人放。

小美：嗯，我也是。人多的话我更喜欢在一边看着。

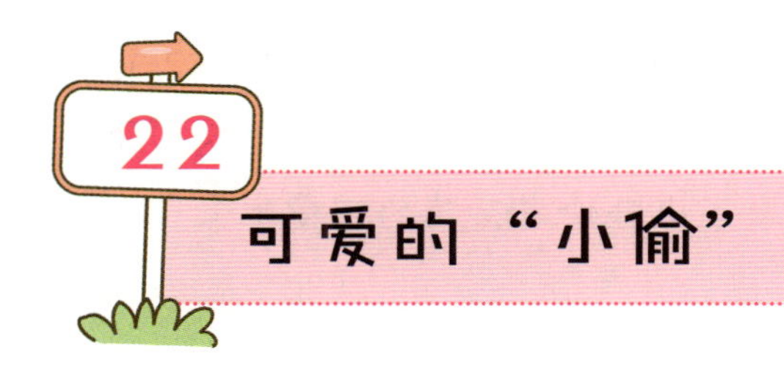

趣味诗词故事

听说有一个小偷把邻居家的门锁撬开了，丁丁皱起眉头说：“这个小偷真可恶！”

爸爸却说：“有一个‘小偷’并不可恶，甚至有点可爱。”

丁丁不解地问道：“爸爸，你说的‘小偷’是谁？”

爸爸说：“它是诗人白居易的《池上》这首诗中描写的主人公小娃。”说着，他跟丁丁聊起了白居易偶遇小娃的故事。

白居易是唐朝著名诗人，他的诗歌题材广泛、语言通俗，一般老人和小孩都能看懂，因此白居易诗名远扬。

白居易曾被任命为太子少傅，在洛阳专门负责教育太子。洛阳地处中原，气候温润，景色优美。白居易教习太子之余，常去山林中游玩。

一日，天气十分炎热，屋子里有些憋闷。白居易给太子辅导完学业之后，就去不远处的山林里乘凉。他经过一片广阔的池水时，看到一个小孩正在小心翼翼地划着一艘船，划到莲花丛生的地方时，小孩偷偷地采下一朵雪白的莲花。采完后，他害怕被抓，就使劲地往茂密的芦苇丛中划动。他努力地藏匿自己，却不知道船已经划开了浮萍，船尾有一条水道呈现出来，自己的踪迹已经暴露了。

看到这样的“小偷”，白居易忍不住笑了。于是，他便写下了《小娃》，用平白的语言描摹出了小娃偷采荷花的可爱形象。

“这个‘小偷’确实可爱，连我都想笑了。”丁丁说。

爸爸说：“他可能并不是真的想偷荷花，只是那白色的荷花太美了，那池水的风光太美了，小娃只想撑着小船在水中玩耍一番。”

丁丁陪你学古诗

池上

唐　白居易

小娃撑小艇，偷采白莲回。
不解藏踪迹，浮萍一道开。

/ 诗中画 /

一个小孩撑着小船，偷偷地采了白莲回来。他不知道怎么掩藏自己的踪迹，水面上的浮萍中间留下了一条船儿划过的痕迹。

丁丁陪你聊古诗

小美：真是个淘气又可爱的小孩子。

丁丁：他被发现的话，会怎么解释呢？我估计大人一定舍不得生他的气。

小美：白莲一定很好看，让人忍不住想去采摘。

丁丁：小娃娃都会划船了，我也要学。

23 儿童戏蝴蝶

趣味诗词故事

有一次课上，李老师问同学们："大家小时候最喜欢哪种小动物呢？"

陶陶说："我喜欢小哈巴狗。"

小美说："我喜欢肥猫。"

丁丁说："我喜欢甲壳虫。李老师，你喜欢什么动物呢？"

李老师说："我喜欢蝴蝶。诗人杨万里曾写了一首《宿新市徐公店》，描写了儿童追黄蝶的情景，它时常勾起我的童年回忆。"于是，她带着同学们走入了诗中的故事。

南宋时，有一位诗人名叫杨万里，他和尤袤、范成大、陆游齐名，他们被合称为南

宋四大家。

杨万里年轻时爱读书，勤奋苦学多年，终于考中了进士。由于国家行政管理的需要，杨万里经常受到调任，更换任所。1192年初春，身在临安（今浙江杭州）的杨万里被派到建康（今江苏南京），做江东转运副使，主管交通事务。

临安到建康之间，路途遥远，其中散布着很多城镇。一天下午，杨万里来到一个名叫“新市”的地方（位于今浙江德清东北）。这里十分繁华，酒楼林立。当时，他的酒瘾犯了，于是就进入酒楼畅饮，不想竟喝到酩酊大醉。

太阳落山时，前方的路已渐渐淹没在黑暗之中。杨万里心想：“黑夜赶路太危险，而且身体疲倦，不如暂住在新市，第二天再出发。”于是，他在酒楼附近找到一个姓徐的人开的旅店住下了。

第二天早晨，太阳高高升起后，杨万里才起床。他看到徐公的小院里篱笆稀疏地分布着，树上的花儿凋落不久，嫩绿的新叶刚刚长出来，但是叶片不大，还不足以起到乘凉的作用。更有趣的是，有一个小孩着急地追一只黄色的蝴蝶，这只蝴蝶躲闪几次后，飞入了菜花地里，不见踪影。小孩在那里找啊找，就像是寻找宝贝。

在新市暂住时遇到的奇妙经历成为一种美好的记忆，印刻在脑海里。后来，杨万里据此写下了《宿新市徐公店二首》。

“这个儿童真欢快！”丁丁感慨地说。

李老师补充道：“儿童都有一颗天真烂漫的心，他们不一定非要捉到蝴蝶，只是感觉追逐它的过程很有趣。杨万里的诗向来有一种清新自然的味道，从那儿童追黄蝶的情景中，我们可以加以体会。”

丁丁陪你学古诗

宿新市徐公店

南宋　杨万里

篱落疏疏一径深，树头花落未成阴。
儿童急走追黄蝶，飞入菜花无处寻。

/ 诗中画 /

屋外的篱笆稀稀疏疏地伫立着，篱笆前一条小路通向远处，树上的花瓣已经飘落下来，但新长出的绿叶却还不足以形成树荫。

有个小孩儿飞快地奔跑着，追赶一只黄色的蝴蝶，可是蝴蝶忽地飞入油菜花丛中，孩子满眼都是黄色的花，再也找不到刚才那只蝴蝶了。

丁丁陪你聊古诗

老师： 这首诗像一架摄像机，为我们记录了乡村生活的一个片段，是不是很有趣？

丁丁： 嗯。不过，油菜花和蝴蝶的颜色混为一体了，这下可看不见蝴蝶了。

陶陶： 是啊，幸好蝴蝶是黄色的，如果它是彩色的，那小孩就要追到油菜田里了。

小美： 我倒觉得，这个小孩未必真想捉住它，他只是为了好玩而已。

认真的钓鱼童

趣味诗词故事

周末，爸爸带丁丁去郊野池塘钓鱼。他们撑起鱼竿，坐在岸边等候鱼儿上钩。丁丁焦急地说：“爸爸，你看，浮漂动了，下面肯定有鱼！”

爸爸说：“丁丁，小声一点儿，别把鱼吓跑了。我们应该学习蓬头稚子的精神。”

丁丁问：“蓬头稚子是谁？”

爸爸说：“他是一个认真的钓鱼童。”接着，他把胡令能偶遇钓鱼童的故事讲了出来。

胡令能是一位唐朝诗人，出生于莆田（今福建莆田）。他年轻时，没有做官，靠洗镜片、补锅、补碗的技艺为生，所以，人们称他为“胡钉铰”。

胡令能是一个恋家的人，不喜欢周游各地，于是在家乡莆田长期生活。

莆田史称兴安、兴化，也叫莆阳、莆仙，是妈祖文化的发源地。这里属于亚热带海洋季风气候，常年湿润多雨，草木茂盛。其境内有木兰溪、延寿溪、秋芦溪等河流穿过，水资源丰富，鱼塘数量众多，分布在平原、丘陵地带。

有一天，胡令能要去一个比较远的村子里找一个朋友。他没有去过那个村庄，所以，一路上逢人就会问路。走到一个岔道口时，胡令能远远地看到一个小孩儿正在池塘旁边钓鱼。这个小孩儿年纪很小，头发蓬乱，他好像刚刚学会钓鱼，侧着身子坐在一堆茂密的草丛间，手握着鱼竿，一动不动。

那时，四周没有其他的人，乡野十分安静。胡令能只好向这个小孩问路，他刚刚朝着小孩走了几步，小孩就远远地招手。而且，招手的动作小心翼翼，生怕惊动了水下的鱼儿。胡令能立刻明白了他的意思，马上停止了前进的步伐。

这个认真钓鱼的小孩儿在脑海里挥之不去，胡令能就为他写了一首《小儿垂钓》。

讲完之后，丁丁说道："这个小孩虽然正在学钓鱼，但是看起来像是一个钓鱼专家哦！"

爸爸说："可不是嘛，他比大人们钓鱼还要认真。做每一件事都可能会有特殊的要求。要钓鱼，一定要有足够的耐心，还要有专心致志的精神。"

丁丁陪你学古诗

小儿垂钓

唐　胡令能

蓬头稚子学垂纶，侧坐莓苔草映身。
路人借问遥招手，怕得鱼惊不应人。

/诗中画/

一个头发蓬乱、面孔稚嫩的小孩正在河边学钓鱼，因为他侧着身子坐在草丛中，野草掩映了他的身影。

有过路的人想向他问个路，结果这小孩儿老远就开始摆手，他生怕惊动了鱼儿，所以才不回应路人。

丁丁：这个小大人，还蛮认真的。

老师：你们不也这样吗？人一旦对什么有兴趣，就很容易沉迷其中。这首诗真切地写出了儿童生活的情趣，让人甚感亲切。

小美：是的，这也是好事。

陶陶：不过，我妈妈总责怪我听不见她讲话，因为我看书太入迷了。

老师：看书是好的，你妈妈也许是担心你的视力。

趣味诗词故事

有一次，小美问丁丁："古代描写小孩儿的诗不少，我知道的有《小儿垂钓》《牧童》等。可是，描写顽皮小孩的诗却很少见，你能举出一个例子吗？"

丁丁想了想，说："唐代韦庄写过一首《与小女》，这首诗就写了一个顽皮的小女孩。"接着，丁丁讲了一段韦庄与小女的故事。

唐代文人韦庄不仅是一位诗人，也是一位词人，与温庭钧齐名，两人并称为"温韦"。

为躲避战乱，韦庄带着父母和妻儿逃到了南方。那时，韦庄没有固定工作，除了在田间劳作外，其他很多时间都会花在照看孩子上面。

他经常陪伴在女儿身边，观察着女儿的一举一动。女儿看到大人们嘴里在说话，也咿呀咿呀地学着。她很喜欢玩小车，达到迷恋的程度，该睡觉的时候也不睡。有一天夜里，她居然哭闹起来。韦庄哄着她："宝贝，不要哭，不要哭，为什么要哭呢？"她嘴里嘟囔着，指着衣服上的图案。原来是衣服上少绣了一朵金线花啊！

跟女儿在一起的琐碎生活片段难以忘怀，韦庄靠它们写下了《与小女》，把一个顽皮小女孩的形象生动地呈现在我们面前。

小美感叹道："看来，这个小女孩真是够顽皮的！"

丁丁说："是啊，她既顽皮，又可爱。而且，我还感觉她十分爱美，小小年纪就会因为衣服不漂亮而哭闹。"

丁丁陪你学古诗

与小女

唐　韦庄

见人初解语呕哑，不肯归眠恋小车。
一夜娇啼缘底事，为嫌衣少缕金华。

诗中画

她刚能听懂大人的讲话，就咿咿呀呀地学着说。她喜爱小车，玩得忘乎所以，不肯老实睡觉。这天，哭闹了一夜也不肯停歇，怎么哄都不成，你猜是为什么？因为她的衣服上少绣了朵金线花。

丁丁陪你聊古诗

老师： 这是诗人写给自己小女儿的，你们说他喜欢自己的小女儿吗？

丁丁： 当然喜欢了！

老师： 为什么？她爱哭又贪玩，一点儿也不乖。

丁丁： 那有什么关系，她还小呢，小宝宝都是这样，诗人肯定也是这么想的。

老师： 没错，儿女在父母眼里都是可爱的。

第六章

节日抒怀

你知道吗？读诗也可以过很多节日哦！清明踏青祭祖，中秋举头赏月，重阳登高饮酒……这些传统节日常被古人作为题材写成脍炙人口的诗篇。今天，我们就来说一说古诗词里的节日吧！

屠苏酒的神力

趣味诗词故事

周末，丁丁在家里读了王安石的《元日》后，问爸爸："屠苏是什么意思？"

爸爸说："这里的'屠苏'是指一种酒，喝了它，万事大吉。"接着，爸爸讲了王安石写这首诗的背景。

王安石是北宋著名的思想家、政治家、文学家。1068年，北宋王朝面临内忧外患，宋神宗召王安石商量对策。第二年，王安石就被任命为参知政事，主持变法工作，着力改善北宋的困境。这时，他心潮澎湃，对未来充满希望。

正月一日这天，王安石走在大街上，看到一片崭新的气象：昨天夜里爆竹响亮，清晨时，地面上留下一些残壳；初升的太阳闪亮夺目，照耀着千家万户的房屋，门前的桃符都换成了新的；人们聚在一起畅饮屠苏酒。

相传，古时候有一位老医生，每年除夕都会给每家分发一个草药包，吩咐大家把它投入自家井水中。等到春节这天，大家在酒里加入井水，饮用后可以驱除瘟疫。后来，春节喝屠苏酒成为一种习俗。

王安石有感而发，写下了这首《元日》，描写了当时人们过春节的热闹场景，同时也映射出自己对变法图强的美好期待。

“原来，屠苏酒如此神奇，它居然可以驱除瘟疫。”丁丁说。

爸爸接着说道：“屠苏酒不仅是一种酒，也是一份新春的祝福，它承载着人们祈求平安幸福的心愿。”

丁丁陪你学古诗

元日

北宋　王安石

爆竹声中一岁除，春风送暖入屠苏。
千门万户曈曈日，总把新桃换旧符。

/ 诗中画 /

一阵热闹的爆竹声过后，旧的一年就算是过去了，春风送来温暖，人们聚在一起，欢畅地喝着新酿的屠苏酒。初升的太阳照耀着千家万户的房屋，人们都在门前忙活，把旧桃符取下来，换上新的。

丁丁陪你聊古诗

老师：这首诗写了新年的三件事情，你们找一找。

丁丁：我知道！是放爆竹、喝屠苏酒、换桃符。

老师：现在贴桃符的人少了，大家把桃符换成了春联，但放鞭炮、喝酒的习俗还在。

陶陶：这么多年还能保留这样的习俗，我们的文化传统真是悠久。

小美：现在，大城市人太多，从空气的清洁和防火等方面考虑，并不提倡放鞭炮。

趣味诗词故事

一次，丁丁问李老师："我听说每到清明节时，大家都会去坟前扫墓。可是，为什么在《清明》这首诗中，诗人要去喝酒呢？"

李老师笑了笑，说："你听过'借酒消愁'这个成语吗？酒可以消解清明节时的愁绪。"

唐朝有一位跟李商隐齐名的诗人，名叫杜牧。他博览群书，才华出众，23岁就写下了《阿房宫赋》，26岁就考中了进士，入朝为官。844年，杜牧被派到池州做刺史，主管监察事务。

池州，又叫贵池、秋浦，它是长江下游的重要港口。这里山地丘陵比较多，气候湿润多雨。

清明节时，杜牧去一个陌生的城镇走访。当时，下着淅淅沥沥的小雨，很多人都到坟前扫墓，纪念去世的亲人。看到这种景象，杜牧不由自主地想到了自己的亲人们。杜牧心想："还是去喝点酒吧，也许喝过之后，就不会这么伤心了。"

这时，他看到一个牧童骑着黄牛迎面而来。于是，他问道："你好，请问这附近哪里有酒馆呢？"牧童指着远处的杏花村，说："那个村子里有酒馆。"杜牧说："谢谢小兄弟！"牧童说："不必客气。"随后，他们就擦肩而过了。

后来，杜牧便写下了《清明》这首诗。

李老师讲完后，丁丁恍然大悟，说："我终于明白了，杜牧在清明节喝酒，是因为他怀着一份对亲人的思念之情。"

李老师说："正因为清明节时太过感伤，杜牧才靠酒来寻求一份心理安慰。"

丁丁陪你学古诗

清明

唐 杜牧

清明时节雨纷纷，路上行人欲断魂。
借问酒家何处有？牧童遥指杏花村。

/ 诗中画 /

清明时节，细雨纷纷，这样烟雾迷蒙的天气很影响人的心情，路上的行人都失魂落魄的。忍不住想买酒浇愁，借问路过的牧童，这附近哪里有酒家？牧童坐在牛背上，指了指前方遥遥在望的杏花村。

丁丁陪你聊古诗

老师： 清明节都有什么习俗，你们知道吗？

丁丁： 扫墓、踏青。

老师： 对。在这个时节，以前人们还会荡秋千、玩蹴鞠。

丁丁： 蹴鞠？

老师： 和现在的足球有些相似。

璀璨的织女星

晚上，爸爸带丁丁到楼下看星空。无数颗星星挂在夜空，闪耀着光亮。其中有一颗特别亮，丁丁指着它，问道：“爸爸，那是一颗什么星？”

爸爸说：“那是一颗织女星。古时候，每到七月初七这天晚上，少女们都会看着它，许下美好的心愿。唐代林杰曾经写过一首诗《乞巧》，描写当时的场景。”说着，他就把思绪拓展到了唐代，以及古代的乞巧节现场。

唐代时，有一个“短命诗人”叫林杰，他只活到17岁就去世了。林杰聪慧伶俐，6岁就能作诗、写文章。他从小就保持了一颗好奇心，并积极参加各种节日活动。

有一年七月初七夜里，城中很多少女都纷纷出门，一边看着天空中的星月，一边在油灯光照下穿针引红线，心中默默地祈祷着自己能够得到一双巧手。当时，林杰看到妈妈和姐姐在仰望星空，他也开始注视深远璀璨的星河，看到天上明亮的织女星。他天真地问：“谁是织女呢？”

母亲告诉他：“传说，织女原来是天帝的孙女，被封为天孙娘娘，她擅长织布，每天负责给天空编织彩霞。后来，她厌倦了这种枯燥乏味的生活，于是私自下到凡间，偶遇牛郎，并嫁给了牛郎，过上幸福的生活。但是，没过多久这件事就传到了天帝的耳朵里。天帝大怒，于是派人把织女捉回天宫，不让她跟牛郎相见。但是，考虑到织女情深意切，天帝便答应他们，每年在七月七日可以在天河的鹊桥上见一面。”

那时，林杰还小，但是对乞巧节上穿针引线的情节印象深刻，而且时常幻想牛郎和织女在天空相见的场景，于是写了这首《乞巧》。

丁丁又问：“爸爸，乞巧节和七夕节是同一个节日吗？”

爸爸说：“是的。乞巧节也叫七夕节，由于它是少女们参加的一种节日，它也叫女儿节或者少女节。女孩儿向织女祈求一双巧手，实

际上也是在祈求自己变得更加智慧。而织女的柔情也感动了无数恋爱的人，所以，织女星带有一种爱情的光芒，成为恋人们寄托情感的对象。实际上，织女星也是天琴座最明亮的一颗恒星，距离地球大约25光年。”

丁丁陪你学古诗

乞巧

唐 林杰

七夕今宵看碧霄，牵牛织女渡河桥。
家家乞巧望秋月，穿尽红丝几万条。

/ 诗中画 /

七夕晚上，仰望着浩瀚无边的晴空，仿佛看见隔着“天河”的牛郎织女在鹊桥上相会的画面。家家户户都待在自家院子里，一边观赏秋月，一边对月穿针，穿过的红线大概得有几万条了。

丁丁陪你聊古诗

老师：你们听过牛郎织女的故事吗？

丁丁：听过，王母娘娘把他们分开了，一年才能见一次。

小美：多亏了好心的喜鹊们，每年为他们搭桥。

陶陶：所以有人说，七夕这天的喜鹊特别少，因为都到天上搭桥去了。

从天而降的秋思

趣味诗词故事

丁丁读《十五夜望月寄杜郎中》时，问妈妈："每到八月十五的时候，不是天下所有的人都会有一份秋思吗？为什么诗人要说'秋思在谁的家里'？难道秋思会有选择性地落入某家某户吗？"

妈妈说："你说得没错。秋思其实更喜欢那些远在他乡的游子们。"接着，她给丁丁讲了唐朝诗人王建的人生故事。

王建出生在寒门家庭，从小过着贫困的生活。为了谋生，他早年离家出走，寓居在魏州（今河北魏县）。后来，王建参军，先后去过北方的幽州和南方的荆州。离开军队后，他暂居在咸阳。813年，王建被任命为昭应县（今陕西临潼）县丞，主要负责县城里的治安等工作，但是官职卑微，生活依然贫苦。

由于生活困苦，而且家人不在身边，他的内心经常生出愁思。尤其在中秋节时，这种愁绪会变得更加浓厚。

一年中秋节的晚上，王建和朋友杜元颍望月聊天。当时，一轮圆月高挂空中，皎洁的月光照射在院子里，地面像霜一样雪白。树上的乌鸦不再叫唤，已经安静地入睡了。寒冷的露水静静地打湿了桂花。杜元颍离开时，王建便写了这首诗送给他。

这首诗表面上写的是中秋夜晚的凄冷景象，实际上表达的是诗人内心的孤独。他表面上念叨着“不知道秋思在谁家”，实际上秋思就在自己身上。

丁丁说：“对那些合家团圆的人来说，中秋夜的思念会少一些。但是，对那些远在外地的游子们来说，思念就会更多一些。”

妈妈说：“是的。秋思往往会落在这些游子身上。”

丁丁陪你学古诗

十五夜望月寄杜郎中

唐　王建

中庭地白树栖鸦，冷露无声湿桂花。
今夜月明人尽望，不知秋思落谁家。

/ 诗中画 /

今夜的月光洁白，照射在院子里，地上就像霜雪那样白，树上栖息着乌鸦，此时停止了聒噪，大概是进入了梦乡。夜渐渐地深了，清冷的露水打湿了桂花。这八月十五的夜晚，明月当空，人们都抬头仰望，就是不知道这秋日带动的思念之情会落到哪家？

丁丁陪你聊古诗

老师：大家都是怎么过中秋节的？

丁丁：吃月饼。

陶陶：和家人一起吃月饼，中秋最重要的是团圆。

小美：赏月，中秋的月亮又大又圆。

茱萸保平安

丁丁读了《九月九日忆山东兄弟》这首诗，但是他不知道为什么在重阳节时人们要佩戴茱萸，只好向李老师请教。于是，李老师给他讲了这首诗的写作背景和茱萸保平安的故事。

唐代诗人王维年轻时，独自旅居长安，勤奋苦学，打算谋取功名。到了重阳节这一天，他看到很多人戴着茱萸囊前往山丘的高处。这时，他的内心很不是滋味。因为亲人都远在山东，路途遥远，王维回家不方便，只好在远方思念亲人。

他心想："虽然我不在家乡，但我知道家乡的兄弟们都佩戴茱萸登高了，唯独缺少我一个人，那是一件多么遗憾的事情啊！"于是，他写下《九月九日忆山东兄弟》这首诗，以表达自己对亲人的思念。

在重阳节里，茱萸扮演了重要的角色。据《续齐谐记》记载，汝南人桓景跟名医费长房学道。有一天，费长房对桓景说："九月九日这天，你们家将有大灾发生。你们需要把茱萸叶和茱萸花放在一个小包里，然后佩戴在身上，再登向高处，方可化解危险。"果然，那天桓景回到家，发现家里的牛羊都死了，幸亏家人佩戴茱萸囊登高，才保住了性命。

由于茱萸可保平安，后来戴茱萸就成为重阳节的一种习俗。

“原来，茱萸也是一种吉祥物，可以保佑平安！”丁丁说。

李老师说：“是啊。茱萸不仅有美好的寓意，而且它的香气比较辛烈，可以对身体起到一定的御寒作用，适合在寒秋时节佩戴。”

丁丁陪你学古诗

九月九日忆山东兄弟

唐　王维

独在异乡为异客，每逢佳节倍思亲。
遥知兄弟登高处，遍插茱萸少一人。

/ 诗中画 /

一个人离开家乡，在异地做客，总会感到凄凉孤独，思念亲人，而每碰上节日更是加倍地想念家人。今天是九九重阳节，相隔虽远，却大概可以想到兄弟们一起登高的画面。他们都身佩茱萸，一副兴高采烈的模样，只是少了我一人，这实在让人伤感和遗憾。

丁丁陪你聊古诗

老师： 你们在重阳节登高了吗？

丁丁： 登过高，但不一定是在重阳节。秋天本来就很适合出游，看看枫叶，看看菊花什么的。

陶陶： 还有，我们现在的人好像不会插茱萸了。

老师： 下次可以试试。

第七章

一生的朋友

丁丁有话说

古时候，交通不方便、通信不发达，亲朋好友之间常常一别数年也难以相见，所以诗人们喜欢以离情别绪为主题吟诗话别，故而流传下很多著名的诗篇。今天，我们就一起来看看古代诗人的朋友圈吧！

相约在冬季

丁丁不明白《别董大》中的“董大”是谁，于是向爸爸请教。爸爸说：“董大就是董庭兰，是作者高适的朋友。”

丁丁又问：“明明叫董庭兰，为什么叫董大呢？”

爸爸说：“古代人喜欢称呼一个人在同族中的排名。董庭兰在同族中排行老大，所以叫董大。”

董大是唐朝的一名琴师，他小时候家庭贫苦，曾四处乞讨，过着漂泊不定的生活。高适是唐朝的一名诗人，年轻时生活也比较贫困，四十岁时，他还过着不太安稳的寄宿生活。因为有相似的生活经历，高适和董庭兰成为惺惺相惜的朋友。

后来，董庭兰离开长安，在睢阳（位于今商丘南部）遇到高适。这天，北风呼啸，空中夹杂着飞舞的黄沙，以致天上的云朵也变成了黄色。没过多久，纷纷扬扬的大雪就从天而降，成群的大雁飞向南边。高适把董庭兰请到家里盛情款待。

短暂的叙谈后，董庭兰又要去往别处。高适对他说：“兄弟，今天离别，不知道什么时候还能再见。不过，你不用伤心。你的名声天下人都知道，不怕没有知己。”

这次冬季相遇后，高适写了一首《别董大》，流传后世。

“高适和董庭兰的这次离别带有暖暖的幸福感！”丁丁说。

爸爸补充道：“没错。那一天虽然天气很冷，但是高适为董庭兰带去了一份心理上的安慰，让整个冬天没有那么冷了。”

丁丁陪你学古诗

别董大

唐　高适

千里黄云白日曛，北风吹雁雪纷纷。
莫愁前路无知己，天下谁人不识君。

/ 诗中画 /

北风呼啸，黄沙千里，遮天蔽日，到处都是灰蒙蒙的一片，以致云也似乎变成了黄色，本来璀璨耀眼的阳光现在也黯然失色，如同落日的余晖一般。大雪纷纷扬扬地飘落，群雁排着整齐的队形向南飞去。此去你莫要担心遇不到知己，天下谁不知道你董庭兰啊！

丁丁陪你聊古诗

丁丁：“莫愁前路无知己，天下谁人不识君。”这句诗真的很鼓舞人心。

陶陶：如果有人对我说这句话，我会非常感动。

壮壮：诗人是个开朗乐观的人，又是离别，又是这么阴沉的天气，他却能说出这么慷慨激昂的话来！

小美：希望朋友失落的时候，我也能像诗人一样可以安慰他。

柴扉见真情

趣味诗词故事

丁丁读王维的《山中送别》时，向李老师提问："老师，这明明是一首送别的诗，为什么没有描写两人送别时的情景，而要写柴扉呢？"

李老师答道："这里的'柴扉'是一个细节景物，虽然诗中没有提到两人招手告别，但是我们可以通过它来想象送别的画面。"接着，她讲了一个王维送别好友的故事，帮助丁丁理解这首诗隐藏的意境。

王维是盛唐时期的诗人，从小就聪慧过人，能写出好诗，还擅长音乐和绘画。他考中进士后，由于在音乐方面有很高的天赋，被任命为太乐丞，负责管理礼乐方面的事情。

后来，王维还担任过监察御史、中书舍人等职务，为朝廷做出很多贡献。但是，唐朝的政局变化无常，王维经常受到排挤。后来，他在长安东南的终南山下定居，过上了半官半隐的生活。

虽然他住在僻静人少的山村小院里，但是因为名声很大，时常有王公贵族、好朋友登门拜访。

一天上午，王维的一个好友来山中做客。他们志趣相投，从诗歌到文章，从音乐到绘画，无所不谈。不知不觉，时间就飞快地流逝了。屋子里的阳光在减少，想来太阳就快要落山了。朋友不方便在王维的住处久留，于是起身打算回家。

他说："过一会儿天就黑了，我要回家。我们改天再聚吧！"

王维点点头，依依不舍地把朋友送到了院子里，又推开柴门，把朋友送到门外，看着朋友沿着深山的小路渐渐走远，直到没有踪影了，他才返回来。

这时，他看到太阳落山时的一道金光照在半开的柴门上，无比美妙。这扇柴门半开着，就好像等待着朋友再次回到这里。王维感叹道："不知道来年春天你还能不能回来！"

这次送别给王维留下了深刻的印象，他据此写下了《山中送别》。诗中的"柴扉"看似静静不动，实际上却很容易让人联想到王维打开柴门、送别好友的场景。

"看来，这扇柴扉的背后隐藏着送别的情景！"丁丁说。

"是啊，这扇柴扉不是一般的柴扉，它寄托着一份对朋友的深深挂念。我们中国的诗歌讲究意境美，很多诗的故事是被隐藏起来的，我们需要通过想象来补充。那一部分没有体现出的内容，恰恰是诗歌的韵味所在。"李老师回答道。

丁丁陪你学古诗

山中送别

唐　王维

山中相送罢，日暮掩柴扉。
春草明年绿，王孙归不归？

/ 诗中画 /

在深山中送别好友，归来时天色已晚，我便关上自家的柴门。在心中问一句，明年山中的春草变绿时，朋友你还会不会再回来？

丁丁陪你聊古诗

老师： 这首送别诗有什么特别的地方？

丁丁： 作者没有写送别的画面，而是写的送别朋友之后的场景。

老师： 但我们仍然能感受到惜别之情，为什么？

丁丁： 因为诗人刚和朋友分开，就在想下次见面的事。

老师： 这就是刚分开，就开始想念。

天涯好友

趣味诗词故事

暑假时，姑姑家的表弟轩轩来丁丁家里玩耍。过了几天，姑姑要带轩轩回千里之外的甘肃，丁丁舍不得轩轩离开，于是大哭起来。

姑姑说：“丁丁，你不要哭，只要你们心灵相惜，即便远在天涯，也不会感觉到孤独。更何况，你们以后还会相见。姑姑给你讲一个诗人送别好友的故事，你就会明白了。”

丁丁擦干眼泪，开始静静地听起来。

唐朝有一位才华横溢的诗人叫王勃，他考中进士后，在京城长安的沛王府里担任修撰之职，主要写一些日常办公文章。

当时，王勃还不到二十岁，朝气蓬勃。他在工作上表现积极，在生活中也喜欢结交朋友。由于经常在官府中工作，他认识了一些官场朋友，其中有一位姓杜的朋友跟他关系要好。这个朋友当时担任少府，即县尉，主要负责地方治安。所以，他被称为杜少府。王勃和杜少府的工作地点不远，两人经常相聚聊天。

当时，出于政务需要，官员经常被调遣到别的地方任职。有一天，杜少府被朝廷派遣到蜀州（今四川崇庆）担任新的职务。离别时，王勃陪着杜少府走了很远的路，一直把他送出长安城门。

那时，城门外一片荒野，远处南山矗立，时而有冷风刮过，更觉得天地苍凉。杜少府看看远处的山，又看看眼前的王勃，眼里涌出了泪水。

在城门外，他对王勃说："子安兄，你暂且留步吧。我要走了，我们改日再见。"

王勃说："兄弟，只要心灵相惜，即使相隔万里，我们也是好朋友。所以，你不用忧伤难过。"

杜少府欣慰地点头，说："我知道了，兄弟。告辞！"说着，他就带着行李出发了，渐行渐远。

王勃有感于这段经历，于是写下了《送杜少府之任蜀州》，给我们留下一段天涯好友的佳话。

姑姑讲完故事后，丁丁的泪水已经干了，只是眼角还红红的。忽然，他转身回到房间，把一个毛茸茸的小熊拿来送到轩轩手里，说："下次再见，不知道要等到什么时候，这个给你当作纪念吧！"

轩轩点点头，接过了小熊。

丁丁陪你学古诗

送杜少府之任蜀州

唐　王勃

城阙辅三秦，风烟望五津。
与君离别意，同是宦游人。
海内存知己，天涯若比邻。
无为在歧路，儿女共沾巾。

/ 诗中画 /

关中一带的茫茫荒野护卫着长安城，风烟迷茫中，遥望向那片你将要去的地方——蜀州。和你离别时，心中怀着无限情意，因为我们都是在官场中浮沉的人。

其实，只要四海之内有知心朋友在，即使两人相隔天涯，也像在身边一样。所以，到了分别的岔道路口，我们不用儿女情长，让泪水打湿衣裳。

丁丁陪你聊古诗

老师：真正的友谊不会因为距离的遥远就有所改变。

丁丁：尤其是现在，交通和网络都这么发达，即使隔得远，我们仍然可以交流。

陶陶：虽然联系方便多了，但如果不懂得珍惜的话，我们还是有可能会失去朋友。

老师：没错，真情难得，我们要珍惜。

明月代表我的心

有一次，李老师问丁丁："如果你的朋友考试没有及格，脸上出现了沮丧的神情，你会怎样去安慰他呢？"

丁丁答道："我会说，遇到挫折要把心态放平和一些。"

李老师说："其实，还有一个方法是，跟他分担忧愁。唐代诗人李白就用这种方法安慰过他的朋友王昌龄。"

唐代诗人李白性情豪放，除了喜欢饮酒作诗，他还喜欢结交朋友。杜甫、王维、汪伦等都是他的好朋友，王昌龄也是其中一位。

738年，王昌龄因事获罪，被派到遥远的岭南地区工作。第二年，他被赦免了，从岭南又迁回北方。这年秋天，他途经巴陵（今湖南岳阳），在这里遇到了李白。两人很快成为好朋友。

后来，王昌龄被降职到龙标（今湖南黔阳）担任县尉。这对当时的官员来说，是一个不小的打击。当时，李白旅居扬州，听说这件事后，感到十分沮丧，眼睛仿佛看见杨花都落了，耳边隐约响起杜鹃鸟发出的悲鸣。

李白很想把这样一份愁思寄托在明月上，告知王昌龄，借此来安慰他，于是写下了这首《闻王昌龄左迁龙标遥有此寄》。

丁丁说："我想，王昌龄读到李白送给他的诗，他沉闷的心情会好很多。"

李老师说："没错。李白把关怀寄托在明月之上，当王昌龄看到空中的明月时，他也能够感知到朋友的关怀，忧愁就会减少一些，心情就会更加宽慰一些，这就是友情的奇妙疗愈作用。"

丁丁陪你学古诗

闻王昌龄左迁龙标遥有此寄

唐　王昌龄

杨花落尽子规啼，闻道龙标过五溪。
我寄愁心与明月，随君直到夜郎西。

/ 诗中画 /

杨花落尽、子规啼鸣时，收到了你路过五溪的消息。我将为你担忧的那份心意寄托给明月，希望可以随风陪伴你到夜郎以西。

丁丁陪你聊古诗

丁丁："左迁"是什么意思？

老师：古代人尚右，升官称为右迁，贬官称为左迁。

丁丁：那"龙标"呢？

老师：诗名中的"龙标"是指龙标县，是王昌龄即将到任的地方；诗句中的"龙标"是指王昌龄，古代人经常用官职名称或任官的地方名来称呼一个人。

忘年交

趣味诗词故事

周末，爸爸问丁丁：“你夸赞过自己的朋友吗？”

丁丁想了想，说：“夸过。有一次，同桌画了一幅葫芦娃的画像，惟妙惟肖，我对他说：‘你画得真棒！’”

爸爸说：“唐朝大诗人李白和孟浩然是忘年交，他曾用一首诗夸赞孟浩然。”

丁丁问：“什么是忘年交？”

爸爸回答道：“忘年交就是指年岁差别大、辈分不同，但交情深厚的朋友。”接着，爸爸给他讲了一段老少知己的故事。

古时候，一些文人性情恬淡，不慕名利，如果遇到仕途不顺，往往会选择隐居在山中。唐朝诗人李白和孟浩然都曾做过隐士。

711年，孟浩然隐居到襄阳的鹿门山。后来，他走出鹿门山，到长安参加过几次科举考试，但没有考中。再后来，他又回到原来的住处，重新归隐。

李白也有隐居的经历。十八岁时，李白在戴天大匡山（今四川江油境内）隐居。几年后，李白走出四川盆地往东进发，进入湖北境内，路过鹿门山时结识了孟浩然。

当时，孟浩然比李白大12岁，算是李白的长辈了。孟浩然虽然隐居在鹿门山，但是他写的诗很好，也是绘画高手，在社会上有很高的名望。

有一天，李白慕名而来，拜访孟浩然。当时，孟浩然正在山中的住处饮酒、赏花，远处山间云雾缭绕，翠松静卧在山腰上。李白看到这样一个悠然潇洒、不求名利的孟浩然，好像看到了自己的影子，感觉遇到了知己。孟浩然把李白请到了家里，他们畅谈人生与诗歌，并结下了深厚友谊。

因为仰慕孟浩然的高尚品性，同时找到了一个知己好友，所以李白很高兴，就写了一首《赠孟浩然》，直接表达对孟浩然的喜爱和赞美之情。

“李白的夸赞简直太直白了，直接就说‘我喜欢孟浩然’。这也是最美的夸赞，因为它是一种发自内心的情感。”丁丁说。

爸爸也说：“朋友在于心灵相通，能够做到这一点，就可以称得上是朋友。朋友突破了年龄的限制。一个年轻人和一个老年人同样可以成为朋友，这也就是我们常常说的忘年交。”

丁丁陪你学古诗

赠孟浩然

唐　李白

吾爱孟夫子，风流天下闻。
红颜弃轩冕，白首卧松云。
醉月频中圣，迷花不事君。
高山安可仰，徒此揖清芬。

/ 诗中画 /

我从心底里敬爱孟先生，他文采出众，风度潇洒，天下闻名。他少年时，鄙视功名，不爱车马冠服；如今高龄，归隐山林，在白云青松下成眠。

皓月当空，夜色沉静，他把酒临风，醉得非凡高雅；繁花似锦，他流连其中，不事君王。他的品格似高山般巍峨，怎可仰望？只能在此向他清高芳馨的品格拜揖。

丁丁陪你聊古诗

老师：李白真的很喜欢孟浩然，这不是他第一次为孟浩然写诗了，还有一首离别诗，叫作《送孟浩然之广陵》。

丁丁：李白和孟浩然都是唐代人，是不是年纪差不多？

老师：这可不一定。事实上，孟浩然比李白大12岁呢！

丁丁：怪不得李白在这首诗里语气很恭敬。

第八章

孤独

丁丁有话说

在大人眼里，我们还小，不懂孤独。真的是这样吗？其实不然。我们和大人一样，也会感到孤独。每当读到古代诗人描写孤独情怀的诗句，我都想踏上千百年诗人的脚印，去追寻他们的孤独。

孤独的敬亭山

趣味诗词故事

在背诵唐代诗人李白的《独坐敬亭山》时，丁丁产生了疑问：“为什么李白要独自坐在敬亭山上呢？”于是，他向妈妈请教，然后妈妈给他讲了李白与敬亭山的故事。

敬亭山是一座历史名山，位于今安徽宣城北郊。这座山海拔不算高，但山中树木茂密，风景优美。

李白第一次来到宣城时，曾经跟朋友一起游览过敬亭山。后来，他把妻儿也接到宣城。闲暇时，李白就会跟亲人朋友一起到敬亭山上游玩，那时他并没有感觉到孤独。

755年，唐朝将领安禄山与史思明发动叛乱，史称安史之乱。不久，李白应邀给永王李璘做幕僚，准备为朝廷效力，平定这场叛乱。可是，李璘拥兵自重，阴谋叛乱。后来，李璘兵败，李白受到牵连，被囚禁在浔阳（今江西九江）的监狱之中，之后被流放到遥远的夜郎，与妻子和朋友离散了。

后来，朝廷发布了大赦命令，李白重获自由。于是，他沿着长江从夜郎回到宣城一带。再次来到宣城时，他发现昔日那里的繁华景象已经不再。此时，妻子和朋友都不在身边，他独自沿着曾经的路，再次登上敬亭山，坐在山峰的高处，看到鸟儿飞走、孤云在山中飘浮，顿时觉得孤独难耐。

浓浓的孤独感在李白的心里挥之不去，后来他就写了这首《独坐敬亭山》，表达了当时孤独的心境。

丁丁感慨道："敬亭山原本不孤独，后来才变得孤独了！"

妈妈说："是的。敬亭山其实也是指李白自己，山上的鸟儿都飞走了，寓意亲朋好友一个都不在身边。这种孤独感太强烈了！"

独坐敬亭山

唐　李白

众鸟高飞尽，孤云独去闲。
相看两不厌，只有敬亭山。

/ 诗中画 /

群鸟高飞，转眼无影无踪；孤云独自飘荡，悠闲自在。我和敬亭山你看看我，我看看你，我们谁也不满足。能理解我心情的，大概只有眼前的它了。

丁丁陪你聊古诗

丁丁："相看两不厌"的"厌"原来不是讨厌的意思呀。

老师：对，这是厌的另一个意思——满足。

丁丁：还有没有别的例子呢？

老师：成语"贪得无厌"里，厌也是这个意思。

37 不眠之夜

趣味诗词故事

有一次，丁丁问陶陶：“你夜里有睡不着觉的时候吗？”

陶陶说：“有一次，我打碎了家里的花瓶，爸爸训了我一顿。我内心不平静，夜里翻来覆去睡不着。”

丁丁说：“你知道吗？唐朝有一个叫张继的诗人也失眠过。他写的《枫桥夜泊》就透露了这一点。”接着，他给陶陶讲了张继失眠的故事。

姑苏，是苏州的古称，位于太湖东岸，这里水渠纵横、河网密布，被誉为“东方威尼斯”。唐代诗人张继就曾来过姑苏城。

张继考中了进士，但在朝廷后续的选拔过程中落选，所以心情比较郁闷。后来，安史之乱爆发，北方局势不稳定，唐玄宗仓皇逃到蜀地，很多人为了躲避战祸，纷纷逃到了江浙地区，其中就有张继。

秋天的一个夜晚，张继乘船来到了姑苏城。姑苏城里没有认识的朋友，而且他的资金有限，于是就暂住在船上。

那天夜里，月亮早已经西沉了，树上的乌鸦发出几声啼叫，满天降着浓霜，寒意弥漫于天地之间。张继站在船头，看到远处江上有渔火光亮，照耀着桥边的枫树。虽然渔火里有一些温暖，但是漂泊的苦日子让他感到忧愁。

他对着渔火和枫树，眼睛渐渐闭上，打算睡觉。但是，秋天的寒冷以及江上的冷气不断袭来，他总是睡不踏实。周围稍微有一点动静，他就会被惊醒。半夜里来自寒山寺的钟声传来，夜变得更加寂寥了。

寒山寺是始建于南朝的一座寺庙，据说是名僧寒山、希迁创建的，所以叫“寒山寺”。寒山寺里的钟声加重了寒意，张继便又睡不着了。

那夜的所见所闻所感，在张继的脑海里形成一种深刻的印象。后来，张继写下《枫桥夜泊》，表达自己当时落魄的心情。

陶陶听了这个故事，说：“这就是所谓的‘夜不能寐’吧？可能是他太孤独了！”

丁丁说：“当时，张继一个人漂泊，确实很孤单。他的内心里有一种说不出的愁苦，以致看到的景物也都充满寒意。这时候，人的神经比较敏感，就容易失眠。”

丁丁陪你学古诗

枫桥夜泊

唐 张继

月落乌啼霜满天，江枫渔火对愁眠。
姑苏城外寒山寺，夜半钟声到客船。

/ 诗中画 /

残月即将落下，乌鸦还在啼叫，空气中飘散着冰雾，让人倍觉寒冷；坐在客船里，对着江边的枫树，看着渔火，忧愁地睡去。姑苏城外的一座寒山古寺里，半夜传出敲钟的声音，那声音远远地传到了这客船上。

丁丁陪你聊古诗

老师：张继留下的诗并不多，但这一首《枫桥夜泊》可以说是家喻户晓。

丁丁：这首诗好在哪里呢？

老师：我们看，前两句意象密集——落月、乌鸦、飞霜、江枫、渔火、不眠人，一明一暗，一动一静，意蕴浓厚；后两句选用城、寺、船、钟声，意境一下子变得空灵悠远了，最重要的是这么多景物搭配起来，和诗人的心情恰当地融到一起。

丁丁：诗人很惆怅，是因为自己漂泊在外吗？

老师：还有对家国的忧愁，别忘了，当时发生了安史之乱。

一只可怜的大雁

趣味诗词故事

课堂上，李老师问：“假如学校组织一次出游活动，其他人都出发了，唯独留下你一个人，你会有怎样的感受呢？”

小美回答道：“失落。”

丁丁回答道：“伤心。”

李老师接着说：“大家说得没错。今天，我们学习唐代诗人杜甫的《孤雁》，去领略一只脱离队伍的大雁的感受。”接着，李老师给大家讲了杜甫和大雁的故事。

唐代有一位诗人号称“诗圣”，他就是杜甫。年轻时，他曾经担任检校工部员外郎，主要负责监管一些工程事项，所以他也被称为“杜工部”。

杜甫小时候家庭生活比较

富足，成年后参加科举考试，但是落选了。后来，他客居京城长安达十年之久，生活十分困苦，家人经常吃不饱饭，甚至他的小儿子都被饿死了。

安史之乱爆发后，长安的局势不再稳定。当时，唐玄宗逃往蜀地避难，太子李亨在宁夏灵武即位，他就是唐肃宗。杜甫则带着家人搬到了鄜州（今陕西富县）羌村居住。后来，他跟妻儿分别，独自投奔唐肃宗，但是不幸被叛军俘虏，被押送往长安。几经周折，杜甫逃出长安城，脱离了叛军的控制。

后来，杜甫带着家人漂泊到成都，在朋友严武的资助下，他建立了一座草堂，勉强地生活着。严武去世之后，杜甫缺乏经济来源，于是打算离开成都，回到巩县（今河南巩义）老家。当他带着家人走到夔州（今重庆奉节）时，由于高山阻隔，加上路途经费稀少，就被滞留在这里了。当时，杜甫年纪已经很大了，经常生病。

在夔州居住期间，杜甫偶尔会在江边散步。有一天，他看到天上的大雁南飞，其中一只落在了队伍后面。正如他现在这样，家乡在中原，而自己孤独地处在川蜀地带。于是，他有感而发，把自己想象成一只掉队的大雁，写出了这首《孤雁》。

诗中的大雁是一只可怜的、多愁善感的孤雁。它不饮水，也不吃饭，哀鸣着向前飞，想要追赶到自己的同伴，野鸭们却嘲笑它的愚蠢。这是多么令人伤感的情景！

“这只大雁虽然掉队了，但是它渴望回到集体中的那种迫切心情是很令人感动的。”丁丁说。

李老师说：“其实，大雁是一种团队精神很强的动物。一般到了秋季，大雁都会集结起来往南飞，它们会排成整齐的队伍，在天空中展示出优美阵型。一只大雁被落下，它会拼命地追赶。它有点儿可怜，同时也有点儿可爱。”

丁丁陪你学古诗

孤雁

唐 杜甫

孤雁不饮啄，飞鸣声念群。
谁怜一片影，相失万重云？
望尽似犹见，哀多如更闻。
野鸦无意绪，鸣噪自纷纷。

/ 诗中画 /

一只离了队伍的孤雁，不饮水、不啄食，它哀鸣着，惦念着它的同伴们。雁群已经消失在无数层的云间了，有谁会怜惜这只孤雁呢？

放眼望到尽头，似乎看到了同伴的身影，哀鸣不已，仿佛能听到同伴的回应。野鸦不了解孤雁的心情，在一边自顾自地聒噪个不停。

丁丁陪你聊古诗

丁丁：大雁是群居动物，这只孤雁离开了队伍，真不知道该怎么办。

陶陶：就好像我们班里的人一起出去春游，我却和大家走散了。

小美：那只乌鸦是理解不了它的心情的。

老师：想象一下，孤雁和野鸦之间会有怎样的对话？

39 近在咫尺的“月亮”

趣味诗词故事

周末，妈妈陪丁丁玩头脑风暴游戏——一个人提出问题后，另外一个人需要在5秒钟内迅速给出答案。

于是，妈妈首先发问：“在什么情况下，月亮跟你近在咫尺？”

丁丁想了想，迅速回答道：“倒影！”

妈妈笑着说：“答对了。我给你讲一个唐朝诗人孟浩然的故事，你会对这一点有更深的印象。”

孟浩然性情恬淡，年轻时在襄阳鹿门山隐居，但他存有一份报效国家的理想，于是刻苦读书，想走上仕途。后来，孟浩然参加了科举考试，可惜没有考中。不久，他回到老家襄阳。

由于考试失利，在襄阳生活时，孟浩然的心情比较抑郁。为了排解心中的苦闷，他离开襄阳去各地漫游，先北上到达洛阳，后又从洛阳转到了吴越一带。

有一天，孟浩然来到了钱塘江上游的建德（今浙江建德）。这里河网密布，雨量丰沛，有多条河流经过，包括新安江、兰江、富春江等。其中，新安江流经建德的一段水流比较缓慢，江岸比较平坦开阔。

当时，天色已经很晚了，太阳刚刚落山，天空中留下一些鱼肚白，天上圆月冉冉升起。由于夜晚行舟比较危险，所以孟浩然选择一块烟雾朦胧的小洲，把船停在了岸边。

这时，他远远看到旷野里只有几棵树，显得天空更低了。他又低下头，看了看眼前的江水，发现里面有一个又大又圆的月亮倒影，好像伸手就可以碰到。于是，他有了一种奇妙的感受："原来月亮离我这么亲近！"

眼前这些景象给他留下了宝贵的记忆，于是写下了《宿建德江》，表达出一份与众不同的淡而美丽的忧愁，见证了近在咫尺的月亮。

妈妈讲完后，丁丁又问："为什么这里的愁是'新'的呢？"

妈妈解释道："你没有发现吗？很多诗人写愁情时，风格都是悲苦的，但是孟浩然的愁则是淡雅灵动的，给人一种新的体验。想想那近在咫尺的月亮，除了内心生出一点点的情思之外，其实它也包含着一份美妙的趣味，一种来自自然的奇妙。"

丁丁陪你学古诗

宿建德江

唐　孟浩然

移舟泊烟渚，日暮客愁新。
野旷天低树，江清月近人。

/诗中画/

把小船移到一处烟雾迷蒙的小洲上，天色渐晚，新愁又一次涌上客在他乡的旅人的心头。旷野无边无际，远处的天似乎比树还要低，江水清明，月亮都显得和人亲近起来。

丁丁陪你聊古诗

老师： 想一想，“野旷天低树，江清月近人”这种感受你们一定也体验过。

丁丁： 四周很空旷，天空看起来就很低，这很有“天圆地方”的感觉，我们被天空罩起来了。

小美： 月亮为什么和人亲近呢？

老师： 你想，诗人在船上，江水很清澈，月亮倒映在水面上，岂不是近在眼前？

深林独奏曲

趣味诗词故事

在公园散步时，丁丁和爸爸路过一片竹林。爸爸问丁丁："唐诗里有一片竹林最孤寂，你知道是哪一首吗？"丁丁摇了摇头。

接着，爸爸说："唐代著名诗人王维写的《竹里馆》，可能是最孤独的了。"随后，他讲了王维深林独奏的故事。

王维不仅擅长写诗，而且具有很高的音乐天赋。

在平时的生活中，王维也喜欢奏乐，这种爱好贯穿了他的一生。他晚年隐居在陕西蓝田辋川镇，这里生长着茂密的竹林。王维经常深入山间竹林，在那里随心所欲地弹琴。

有一天，他抱着自己的琴在竹林的深处坐了下来，接着开始拨动琴弦。美妙的音符开始在竹林里四处飘荡，应和着林间的微风发出的声音，十分美妙。弹完琴后，他还觉得不过瘾，又站起来朝着竹林的上空大喊，声音在竹林中回荡。

有时候，夜深人静时，他也出来散步，看到明月静静地照着黑暗中的深林，整个世界都变得安静起来。

这些经历激发他写下了《竹里馆》，描绘出一幅空灵的竹林独奏画面。读着这首诗，幽静的竹林好像就在眼前一样。

“王维琴声虽然没有人来听，但是无数的竹子却充当了他的听众，这其实也是一种幸福吧。”丁丁说。

爸爸应道：“是啊，王维的孤独不是那种寂寥的孤独，而是一种幸福的孤独。它的诗表现出了一种超脱世俗的心境，以及人和自然融为一体的美妙禅意。”

丁丁陪你学古诗

竹里馆

唐　王维

独坐幽篁里，弹琴复长啸。
深林人不知，明月来相照。

/ 诗中画 /

独自坐在幽静的竹林里，时而弹弹琴，时而撮口而呼。这林子很深，不会被人知晓，月光透过竹叶洒下来，落在了我的身上，也只有它知道我在这里。

丁丁陪你聊古诗

老师：这首诗里，让人感到了山居生活的幽静，很有情趣。

丁丁：竹林、琴声、明月，这几样东西摆放到一幅画中，想想就很美好。

陶陶：有种世外高人的感觉。

老师：哈哈，是呀。

第九章

梦回故乡

丁丁有话说

俗话说，月是故乡明。离开故乡后，游子们无时无刻不在思念自己的故乡。所以，表达思乡之情一直是古代文人墨客写诗作赋的一个重要主题。今天，我们一起来看看描写乡思的诗句吧！

41 热爱这片土地

趣味诗词故事

读王安石的《泊船瓜洲》时，丁丁问爸爸：“诗中出现了好多地名，有京口、瓜洲、钟山，哪一个才是诗人的家乡呢？”

爸爸说：“应该是钟山所在的江宁（今江苏南京）。王安石生活在这里，也很热爱这里。”接着，他讲了王安石离别家乡的故事。

王安石是北宋政治家、文学家，出生在临川（在今江西抚州境内）。后来，他跟随父亲来到江宁，长期定居在这里。

江宁位于长江南岸，城东有一座雄伟的山叫钟山，形状像一条龙，所以有“钟山龙蟠”的美誉。王安石在江宁时，常常在钟山及其附近的江水边游玩。

1068年，朝廷任命王安石为翰林学士，让他到京城汴京（今河南开封）任职。这天，王安石收拾好行囊，离开钟山，来到京口，然后乘船渡过长江，到达北岸的瓜洲（今江苏扬州境内）。当时，天色已经黑了，王安石暂住在瓜洲。

王安石常年生活在长江南岸，如今到达北岸，他忽然感觉自己离家乡很远了，内心十分感伤。他来到江边，望着对岸的京口。江面上刮着柔和的春风，明月照在滚滚东流的长江上。他抑制不住对故乡的思念，便写下了这首《泊船瓜洲》。

其实，瓜洲跟江宁的距离并不远，但是想到自己要离开瓜洲，去往汴京，不知道什么时候才能回来，思乡的情绪就更浓了。

听完故事，丁丁说："看来，王安石也是一个很恋家的人！"

爸爸说："其实，很多人都恋家。"

丁丁陪你学古诗

泊船瓜洲

北宋　王安石

京口瓜洲一水间，钟山只隔数重山。
春风又绿江南岸，明月何时照我还。

/ 诗中画 /

京口和瓜洲不过是相隔一条长河，钟山也只间隔着几座山。春风带暖，又一次吹绿了大江南岸，而天上的明月啊，你什么时候才能照着我回家呢？

丁丁陪你聊古诗

老师： 诗中的"一水间"和"只隔"有什么含义？

丁丁： 意思是离家也不是很远，方便到达。

老师： 至少在诗人眼中是这样的，这又说明他是什么心情？

丁丁： 他很着急回家吧。

老师： 没错，可以说是归心似箭了。

42 故乡到底在哪里

读到唐代诗人崔颢的《登黄鹤楼》时，丁丁不太清楚“日暮乡关何处是”的意思，就请李老师帮忙翻译。李老师说：“这句诗是说，夜幕降临，我的家乡在哪里呢？”

丁丁反问道：“难道作者不知道自己的家乡在哪里吗？”

李老师说：“不是这样的。其实，它的真正意思是，我什么时候才能够回到故乡呢？它表达了诗人的思乡之情。”接着，李老师还讲了崔颢游黄鹤楼的故事。

崔颢从小聪明好学，博览群书，19岁就考中了进士。他担任过太仆寺丞，管理畜牧业事宜，也担任过许州扶沟县尉，但是官位不太显赫，政绩不太突出。后来，他开始云游各地。

有一年，他来到了汉阳（在今湖北武汉境内），登上黄鹤楼观赏长江美景。

黄鹤楼是一座历史悠久的建筑，位于武汉市长江南岸的蛇山山顶。这座楼共有五层，雄伟壮丽。它与山西永济的鹳雀楼、湖南岳阳的岳阳楼、江西南昌的滕王阁，并称为中国古代四大名楼。

崔颢站在黄鹤楼上远眺，看到眼前滚滚长江东流而去，远处苍茫一片。这让他联想到名士费祎乘坐黄鹤飞上天空的画面。江边的冷风袭来，他顿时感觉清醒了。

高远的天空上没有黄鹤，只有白云在静静地飘浮。他把视线拉近，看到汉阳茂密的树木，以及长江鹦鹉洲上丛生的野草。太阳快落山了，江面上烟雾朦胧。

崔颢忽然想起了自己的家乡，感慨道："我的故乡在哪里啊？"

其实，他的故乡就在汴州，只是他远在外地，感觉不到家乡的那份亲近。

"我想，崔颢在问故乡在哪里的时候，他其实已经给出了答案。故乡在他的心中。"丁丁说。

李老师接着说道："你说得没错。崔颢是在思念家乡。他的诗构思巧妙，意境舒朗，美感十足，连'诗仙'李白也很佩服。据说，李白也才曾来过黄鹤楼，他看到《登黄鹤楼》后，发出了'眼前有景道不得，崔颢题诗在上头'的感叹。"

丁丁陪你学古诗

登黄鹤楼

唐　崔颢

昔人已乘黄鹤去，此地空余黄鹤楼。
黄鹤一去不复返，白云千载空悠悠。
晴川历历汉阳树，芳草萋萋鹦鹉洲。
日暮乡关何处是？烟波江上使人愁。

/ 诗中画 /

过去的仙人已经乘着黄鹤离开了，现在这里只剩下空荡荡的黄鹤楼。黄鹤一去，没有再回来过，千百年来，白云一直悠悠飘荡着。阳光照耀下，汉阳的树木清晰可见，鹦鹉洲上，小草青青，覆盖着整个小洲。天色晚下来，我的故乡在哪儿呢？遥望远方，只能看到江上的一片雾霭，真让人忧愁。

丁丁陪你聊古诗

老师：我上初中的时候第一次住学校，大家都很想家，偶尔一个人会偷偷地在被窝里哭。你们呢，在学校会不会想爸爸妈妈？

丁丁：嗯，我到幼儿园的第一天，以为妈妈不要我了，哭得可厉害了。

老师：你们觉得故乡意味着什么？

丁丁：家人，还有朋友。

忐忑的返乡之旅

趣味诗词故事

快到春节了，丁丁在电视上看到一条在外务工人员返乡的新闻，他说：“这些人回家团圆时，心情一定很高兴！”

妈妈听到了，说：“返乡时，有的人心情却是忐忑的。”

丁丁反问道：“谁呀？”

妈妈笑着说：“唐代诗人宋之问。”

唐朝诗人宋之问先后担任过洛阳参军、尚方监丞等职，辅助管理军营以及工匠事务。后来，他被唐中宗贬到了遥远的泷州（今广东罗定）。

泷州位于岭南地区，自然环境恶劣，经济发展水平不高，与唐朝东都洛阳有千里之遥。宋之问来到泷州后，想给家人写信，但是连邮寄信件的地方都找不到，于是跟家人断了联系。

由于太想念家人，等到第二年春天时，他就冒险逃归洛阳。当他途经襄阳的汉江，快要到达洛阳时，内心变得忐忑起来。

他本想向路人问问家乡的情况，但是又闭上了嘴，心想：“我长时间没有跟家人联系，他们会不会责备我呢？”

后来，他就写下《渡汉江》，表达自己回乡时的忐忑心境。

"原来，返回家乡的心情不一定是高兴，也有忐忑。"丁丁说。

妈妈补充道："是啊，不同的人有不同的遭遇，导致心情状态也不相同。其实，宋之问的忐忑里，含有一份深深的对家人和家乡的怀念，这是一种带有温情的忐忑。"

丁丁陪你学古诗

渡汉江

唐　宋之问

岭外音书断，经冬复历春。
近乡情更怯，不敢问来人。

/ 诗中画 /

被流放到岭南后，与亲人的书信来往也断绝了，熬过了冬天，又过了一个新春。越是靠近故乡就越是胆怯，不敢向从家乡那边过来的人打听亲人的消息。

丁丁陪你聊古诗

老师："近乡情怯"这个成语是指人远离家乡多年，不通音信，一旦返回，离家乡越近，心情越不平静，唯恐家乡发生了什么不幸的事。

丁丁：我以为一个人回家肯定是开心得不得了。

老师：也许，这种心情要离过家的人才会明白吧，是一种很复杂的心情。

月光惹人愁

趣味诗词故事

一个宁静的夜晚，爸爸带丁丁到院子里看月亮。他问丁丁：“你看到月亮，会有怎样的感受呢？”

丁丁说：“美丽、漂亮。”

爸爸问：“还有吗？”丁丁摇了摇头。

接着，爸爸又说：“其实，对于一个远在他乡的人来说，月亮也意味着一份淡淡的愁情。”闲来无事，爸爸给丁丁讲起了李白和月光的故事。

李白是唐代的大诗人，性格豪爽，经常到各地旅行。在四川生活时，他差不多把大半个四川跑遍了。即便如此，他还不满足，想要游览更多的地方。

726年，李白来到会稽（今浙江绍兴），暂住一段时间后，他又往北进发了。这年秋天，李白生病了，居住在扬州一个旅馆里。

夜里，李白静静地躺在床上，忽然看到床头有皎洁的月光照过来，就像霜一样白。顿时，李白被这迷人的月光吸引了，于是起身走到窗前，抬头看了看天上的圆月，然后低下头，想起了与家人团聚的时光，以及自己漂泊的日子。

后来，他有感而发写下了《静夜思》，表达了深切的思乡之情。

“这月亮真是的，偏偏照在李白的床上。”丁丁责怪道。

爸爸笑着说：“不要怪月亮。它其实寄托的是一份美好的乡思。”

丁丁陪你学古诗

静夜思

唐　李白

床前明月光，疑是地上霜。
举头望明月，低头思故乡。

/ 诗中画 /

明亮的月光透过窗户洒落到床前，让人怀疑是地上泛起了一层霜。抬起头来，望向空中的明月，低头沉思，想起远方的家乡。

丁丁陪你聊古诗

老师：这首诗大家一定都背过。

丁丁：我发现古代人看到月亮就会容易想家。

老师：因为月亮象征着团圆，就像中秋节吃月饼赏月一样，这已经是约定俗成的了。李白的确很喜欢月亮，大家可以再找找他相关的诗句读一读。

杜甫的兄弟情

趣味诗词故事

语文课上，李老师问道：“我们学的古诗中，有很多是描写友情的，那么有没有描写兄弟情的呢？”

丁丁举起手回答道：“有，诗人杜甫的《月夜忆舍弟》。”

李老师接着问道：“你能给大家讲讲吗？”

丁丁爽快地说：“当然可以。那就要从杜甫的故乡说起了。”

唐代大诗人杜甫出生在巩县（今河南巩义），安史之乱爆发后，叛军一路南下，攻破汴州后，又向西攻打荥阳、巩县。百姓纷纷逃走，杜甫的弟弟们也逃到了其他地方。当时，长安的局势也不稳定，杜甫带着妻儿逃到了秦州（在今甘肃天水境内）。

一天夜里，杜甫走在秦州的街道上。他本来想给自己的兄弟写信，但眼下是战乱期间，信件不能正常送到目的地。况且，他不知道弟弟们是生还是死，也不知道他们究竟在哪里，信件自然也就不知道该寄往哪里。因此，杜甫感觉十分沮丧。

这天正好是二十四节气中的白露，秋天的寒意越来越重，杜甫觉得内心一片苍凉。此时，天空中悬挂着皎洁的月亮。月亮很容易勾起思念之情，杜甫更想念自己的弟弟们，于是写下了《月夜忆舍弟》，表达了战乱时代里一份可贵的兄弟情。

丁丁讲完后，李老师说：“你讲得真好！杜甫的诗里带有一种深深的哀愁，同时也有一份深深的挂念。”

丁丁陪你学古诗

月夜忆舍弟

唐　杜甫

戍鼓断人行，边秋一雁声。
露从今夜白，月是故乡明。
有弟皆分散，无家问死生。
寄书长不达，况乃未休兵。

/ 诗中画 /

戍守的楼上传来更鼓声，开始宵禁，人们不能再外出了；边塞的秋天里，一只孤雁正在鸣叫。从今夜开始就进入白露节气了，说到月亮，还是故乡的最为明亮。

本有兄弟，却都已散落天涯，没有家可以探问他们的生死。寄往洛阳的家书经常不能顺利送达，更何况战乱连连，一直没有休兵。

丁丁陪你聊古诗

老师：从这首诗里你读到了什么？

丁丁：诗人对兄弟的思念之情。

陶陶：我读到了悲伤，有家人却不知其生死，自己饱受战乱之苦，却什么都做不了。

小美：战争时期，这样受苦的人一定有很多。

第十章

报国

古往今来，历史上出现过很多著名的爱国诗人，他们把自己对祖国和人民的热爱用诗歌的形式表现出来，这些脍炙人口的诗句为历代世人争相传诵。下面，我们就来看看哪些是你熟悉的诗句。

46 龙城飞将

趣味诗词故事

周末，丁丁在家里读诗。当他读到《出塞》时，不知道诗中所说的飞将是谁，就向妈妈请教。

妈妈说：“这里的‘飞将’是有争议的，有人说是卫青，也有人说是李广。”接着，她给丁丁讲了关于龙城飞将的故事。

根据《汉书·卫青霍去病列传》记载，公元前129年，汉朝车骑将军卫青曾经被派往边疆攻打匈奴。他从上谷（位于河北怀来境内）出发，使用闪电战术，突袭龙城（匈奴祭扫天地祖先的地方），消灭匈奴数千人，取得胜利。所以，卫青被称为龙城飞将。

但是，也有人认为飞将军是李广。据说，这跟他一次被俘的经历有关。公元前129年，李广任骁骑将军，领兵从雁门（今山西右玉南）攻打匈奴，但因众寡悬殊，负伤被俘。匈奴兵将李广放置在两匹马中间的网上，李广假装死去，趁机夺得匈奴兵的战马向南奔去，最终摆脱了匈奴兵。后来，李广任右北平郡太守，匈奴人既敬佩又害怕，称他为“飞将军”，多年不敢来犯。

无论龙城飞将是卫青还是李广，王昌龄在《出塞》这首诗中都表现出了一种钦佩与赞赏的感情。因为他也曾去边塞地区，参加过一些抵抗入侵者的活动。

“虽然龙城飞将是有争议的，但是王昌龄的雄浑豪迈是没有争议的。他的诗实在太壮美了。”丁丁由衷地说。

妈妈接着说：“正因为他的七言绝句诗雄浑完美，王昌龄也被称为‘七绝圣手’。”

丁丁陪你学古诗

出塞

唐　王昌龄

秦时明月汉时关，万里长征人未还。
但使龙城飞将在，不教胡马度阴山。

/诗中画/

明月还是秦汉时的明月，边关也是那时的边关，离家万里的征夫们却没有回来的。倘若龙城的飞将军还在，一定不会让匈奴度过阴山。

丁丁陪你聊古诗

丁丁：“飞将”指的是谁？

老师：很多人都以为诗中的“飞将”指的是飞将军李广，但这是错误的。同时代的卫青首次出征是奇袭龙城，并获得胜利，所以“龙城飞将”指的是卫青。

丁丁：我想到一句话“不想家的士兵不是好士兵”。如果真的出现龙城飞将，士兵们就可以回家了，不必忍受战争的折磨。

这个春天很苍凉

一天，爸爸问丁丁："春天给你什么样的感觉？"

丁丁回答道："美好，明朗。"

爸爸接着说："没错。但是，在特殊的情况下，春天也会有苍凉感。唐代诗人杜甫在《春望》里，向我们展示了这一幕。"

755年冬天，安史之乱爆发，叛军攻下汴州后，向西直逼都城长安。第二年夏天，叛军攻破了潼关。唐玄宗和大臣们纷纷出逃，杜甫也跟着逃离长安。

不久，太子李亨逃到了灵武（今宁夏灵武），并在那里即位，他就是唐肃宗。杜甫安顿好家人后，就独自投奔唐肃宗，不料被叛军捉住，押到长安囚禁起来。但是，杜甫的官职很小，叛军就把他放了。

这天，杜甫从牢里走出来，在长安的街道上漫步。他看到长安城内人烟稀少，街上长满了野草，看起来十分荒凉。偶尔有一些鸟儿飞来，它们也好像很惊讶。杜甫习惯性地挠挠头，发现自己的头发掉落了很多，都快不能插上簪子了。

看到城中萧条的景象，杜甫情不能已，就写下这首《春望》，表现了战乱对于一座城市的摧残，也表达了他对国家的关怀。

丁丁说："这首诗让人感到十分悲凉。"

爸爸接着说："其实，在安史之乱之前，杜甫也写过一些欢快的诗，如《绝句》里的'两个黄鹂鸣翠柳，一行白鹭上青天'。"

丁丁陪你学古诗

春望

唐　杜甫

国破山河在，城春草木深。
感时花溅泪，恨别鸟惊心。
烽火连三月，家书抵万金。
白头搔更短，浑欲不胜簪。

/ 诗中画 /

长安沦陷，国家破亡，只有山河依旧。春天了，长安城人烟稀少，只有茂密的草木。为乱世感伤，花也忍不住落泪，因离别生恨，鸟也心惊不已。安史之乱以来，战火连连，一封家书比万两黄金还要珍贵。愁思万缕，白发越搔越短，都快不能插簪子了。

丁丁陪你聊古诗

丁丁：杜甫的诗都这么伤感吗？

老师：杜甫前期也写过比较活泼的诗句，只是后来经历了太多战乱，加上诗人忧国忧民的心，他的诗作风格才转向沉郁顿挫。

小美：战争给人带来的变化真大。

陶陶：和平年代的人真幸福。

家园保卫战

丁丁在背王昌龄的《从军行》时，对“楼兰”这个地名产生了疑问，于是向妈妈请教。

妈妈回答道：“楼兰是古代西域的一个小国，位于今新疆境内。”

丁丁又问：“王昌龄为什么说要攻破楼兰呢？”

妈妈说：“其实，王昌龄是借用西汉外交家傅介子斩楼兰王的典故，表明将士们平定边患的决心。”

楼兰曾经是古代丝绸之路的必经之路。汉昭帝时，西域的龟兹、楼兰勾结匈奴，杀害汉朝使者，劫掠商人财物。于是，傅介子作为汉朝使者去责问楼兰、龟兹，并率领汉军斩杀了匈奴使者。

傅介子认为，楼兰、龟兹反复无常，不惩戒他们，不足以震慑其他小国。公元前77年，傅介子以赏赐为名，在宴席上斩杀楼兰王，立在汉朝的楼兰质子为王，将楼兰更名为鄯善国，向汉朝称臣。

唐朝时，为了恢复两汉以来对西域的统治，派了大量军队前去戍边征战。724年，王昌龄跟随大军到了战场前线，他站在一座孤城上，时而远眺，时而俯瞰。

他看到祁连山在青海湖与玉门关之间连绵起伏，山顶上白雪皑皑，山腰的地方一片暗淡；他看到眼前黄沙漫天，士兵们穿着被磨破的盔甲，但是一个个斗志昂扬。

于是，王昌龄写下这首诗，表达了自己保家卫国的豪迈情怀。

丁丁说："遇到侵扰，我们一定要挺身而出，保卫家园。"

妈妈感叹道："自古以来，中国就有很多勇士誓死保卫国土，他们都是中华民族的脊梁。"

丁丁陪你学古诗

从军行

唐　王昌龄

青海长云暗雪山，孤城遥望玉门关。
黄沙百战穿金甲，不破楼兰终不还。

/ 诗中画 /

在边塞孤城的城楼望向玉门关，从青海湖经祁连山到玉门关这一道防线上，天空中乌云密布，烽烟四起，原本银色的雪山看上去一片黯淡。荒凉的沙漠里，战争连连，将士们的盔甲都磨损不堪了，但只要不打败进犯的敌军，就绝不肯卸甲回乡。

丁丁陪你聊古诗

丁丁：我感受到了一股高涨的士气。

陶陶：是将士们的那种为了国家不顾生死的崇高精神。

小美：虽然不是每个人都需要到边疆保家卫国，但我们每个人都应该有这份爱国之心。

悲伤难画

一天，丁丁正在画画，妈妈问他什么东西最难画。

丁丁犹犹豫豫地说："房屋？"

妈妈听后，摇了摇头，说："一些肉眼看不到的东西最难画，比如悲伤。"于是，她给丁丁讲了唐代诗人高蟾难画悲伤的故事。

年轻时，高蟾多次参加科举考试，都没有考中，内心比较失落。876年，他终于考中进士，做到了御史中丞。

当时，各地战乱不休，很多繁华的大都市变得萧条起来。有一次，高蟾来到金陵（今江苏南京），登上高处，看到了一番凄凉的景象。

金陵城内人少了很多，往日的繁华已经不再。太阳快落山了，云朵在天上飘浮不定。城中的绿树显得更暗了，耳畔则传来一些秋天的虫鸣。高蟾想把它们画下来，但想到金陵城辉煌的历史，不由地悲伤起来。他觉得这种悲伤是画不出来的。

于是，高蟾便写下了《金陵晚望》。其中，"晚"字是点睛之笔，表现了金陵城黄昏时的凄凉景色，同时也寓意着对唐朝走向衰败的一种担忧，对已经逝去的繁华的一种留恋。

“看来，悲伤真的很难画啊！”丁丁感慨地说。

妈妈说：“针对高蟾的‘一片伤心画不成’，诗人韦庄写了一首《金陵图》来反驳：‘谓伤心画不成？画人心逐世人情。君看六幅南朝事，老木寒云满故城。’在这首诗里悲伤倒是可以画出来了。”

丁丁陪你学古诗

金陵晚望

唐　高蟾

曾伴浮云归晚翠，犹陪落日泛秋声。
世间无限丹青手，一片伤心画不成。

/ 诗中画 /

眼前的金陵城，曾在天色渐晚的时候，陪着空中浮云飘向那片苍翠的景色，也曾在秋声里陪伴落日。这世上有无数的丹青圣手，可都画不出我心中的一片伤感。

丁丁陪你聊古诗

丁丁：前面在说景色，诗人为什么突然就伤心了？

老师：这个和写诗的背景有关，这是一首题画之作，诗人看了六幅描写南朝史事的彩绘，有感于心，挥笔题下了这首诗。诗人预感到唐王朝即将消亡，这种结局是他无法左右的，因此感到伤心。

丁丁：如果唐王朝没了，那么金陵城也就不会是他看到的样子了。

老师：所以他才难过呀。

50 铁马精神

趣味诗词故事

在读陆游的《十一月四日风雨大作》时，丁丁看到了“铁马”二字，心想：“难道这是一匹用铁做成的马？”于是，他向爸爸求证。

爸爸笑着说：“这可不是铁做的马，而是指身上披着铁甲的战马，用来形容强悍凶猛的骑兵。诗中的‘铁马’不是真实的，而是虚幻的，代表着一种敢于前进的勇气。”说着，他就给丁丁讲起了诗人陆游的故事。

陆游是南宋的文学家，祖籍是越州山阴（今浙江绍兴），生于1125年。

这一年冬天，金兵南下，直逼宋朝都城汴京（今河南开封），并于1127年攻破了汴京，北宋灭亡了。迫于无奈，朝廷将都城迁到临安（今浙江杭州），北宋的很多民众迁移到南方，陆游也跟随父亲移居到老家山阴。

正因为有过这样一段流亡的经历，陆游在童年时代就深深地感受到了国家的痛苦，并且立志报效国家，收复失地。

后来，陆游考中进士，先后担任福州宁德县（今宁德市）主簿、隆兴府通判等，他一直主张抗金。1171年，陆游投身军旅生活，为国家效力。但是，他常常遭到主和派的排斥。最终，陆游罢官回乡，居住在老家山阴的农村里。

1192年的一天，突然下起了暴雨。那天，空中乌云密布，大风卷起湖面上的雨，雨声就像海浪在翻滚。陆游躲在小屋子里，跟一只小猫做伴。大雨连续不断地下个不停，从白天一直下到夜晚。深夜里，陆游躺在床上，听着窗外的狂风暴雨，忽然联想到自己骑着战马，跨过冰冷的河流，冲向北方收复失地。

之后，他写下《十一月四日风雨大作》，描述了自己孤独凄苦的生活状态，同时也抒发了自己渴望重返战场、收复失地的豪情壮志。

“爸爸，铁马精神就是‘老骥伏枥，志在千里’的精神吧？”丁丁问道。

爸爸说：“没错。写这首诗时，陆游已经白发苍苍、垂垂老矣。可是，他心里还想着国家的命运。直到去世之前的那一刻，他都不忘告诫自己的孩子，说‘等到国家统一的时候，你们要给黄泉之下的我说一声’，可见，他的爱国之心到死都没有改变。”

丁丁陪你学古诗

十一月四日风雨大作二首

南宋 陆游

风卷江湖雨暗村，四山声作海涛翻。
溪柴火软蛮毡暖，我与狸奴不出门。

僵卧孤村不自哀，尚思为国戍轮台。
夜阑卧听风吹雨，铁马冰河入梦来。

/ 诗中画 /

天空乌黑，大风卷起江河湖泊上的雨，四周的山上，雨声听起来像波涛翻滚一样。若耶溪出的小干柴烧出的火和身上的毛毡都十分暖和，我和猫儿待在家里不愿出门。

我直挺挺地躺在孤寂荒凉的村子里，还在惦记着为国家戍守边疆。深夜，躺在床上听着外面风吹雨打的声音，迷迷糊糊地梦见，自己骑着战马，跨过冰冻的河流，正奔向边疆。

丁丁陪你聊古诗

老师： 陆游是一位很典型的爱国诗人，他的很多诗都提出收复失地的主张。

丁丁： 他为什么没能实现这个理想呢？

老师： 他屡次受到投降派的打击，不过他始终没有放弃过。作这首诗的时候，他已经68岁了。

丁丁： 能坚持这么久，真了不起。